云南省文物考古研究所田野考古报告第25号

澄江金莲山

（下）

云南省文物考古研究所
玉溪市文物管理所 编著
澄江市文物管理所

文物出版社

JINLIANSHAN CEMETERY IN CHENGJIANG

(II)

by

Yunnan Provincial Institute of Cultural Relics and Archaeology

Yuxi Cultural Relics Management Institute

Chengjiang Cultural Relics Management Institute

Cultural Relics Press

第四章　金莲山墓地出土器物

金莲山墓地出土的器物种类丰富，门类比较齐全，计有陶器、铜器、石器、骨器、木器和海贝等，以陶器和铜器为主，它们是金莲山墓地常见的随葬器物。下面按照陶器、金属器、石器、玉器等分别进行分述。

第一节　陶器

金莲山两次发掘清理的 406 座墓葬中，仅 111 座墓葬出土陶器，田野编号共计 334 个，仅 297 件器物可辨器形。出土的陶器主要为生活用具，包括尊、罐、瓮、壶、釜、鼎、钵、盘、盒、豆、器盖、器纽和圈足等，此外，还有纺轮、弹丸和器形不明的器物。陶质分夹砂、泥质两大类，以夹砂陶为主。夹砂陶中，人为添加掺和料，泥质陶的陶土多经淘洗，较细腻，不见掺和料。器类以罐、釜、尊、纺轮等为主，出土的数量最多。鼎、尊、壶、单耳罐、侈口罐等器类火候较高，陶质较坚硬，釜、瓮、钵、盘等火候稍低，陶质较软。陶色多为灰、灰褐、黄褐色，少量橙红、橙黄、黑褐色。制法分为手制和轮制两种。大部分容器为轮制，器形规整，个别器类器表磨光、施陶衣。纹饰分为拍印、刻划和戳印三种。主要见于壶、尊、侈口罐、瓮、盘和盒。施纹部位主要集中在器物的颈、肩交接处及圈足表面，纹饰包括拍印针叶纹、垂幛纹，刻划斜方格纹、弦纹、重三角纹、短斜线纹、叶脉纹、倒三角纹和水波纹，戳印点纹、戳印小圆坑、剔刺纹等。

1. 尊

60 件。其中 29 件残碎严重，无法分型。喇叭口，扁圆腹，圈足。夹细砂，陶土大部分经过淘洗，夹均匀的白色细小颗粒掺和料，火候偏高。高圈足尊以灰陶为主，足高 8~16 厘米，器形大，喇叭口长，腹扁圆；矮圈足尊多黄褐色，足高在 7 厘米以下，器形小，喇叭口亦短小，腹部较圆鼓。纹饰多为剔刺纹、垂幛纹、连续针叶纹，多以拍印、戳印的方式制作，多位于肩部，有的还在圈足表面戳印小圆坑。根据圈足的高低，分两型。

A 型　14 件。高圈足。根据腹部的变化，分两式。

Ⅰ式　5 件。扁圆腹。标本有 06M108④：1（图 4-1，1）、06M13：8、06M77：12-2、06M137：5 和 06M137：10。

Ⅱ式　9 件。折腹。标本有 08M72：3（图 4-1，2）、08M107：10（图 4-1，3）、08M32③：1~3、08M223②：1、06M9：1~2 和 06M20⑤：1。

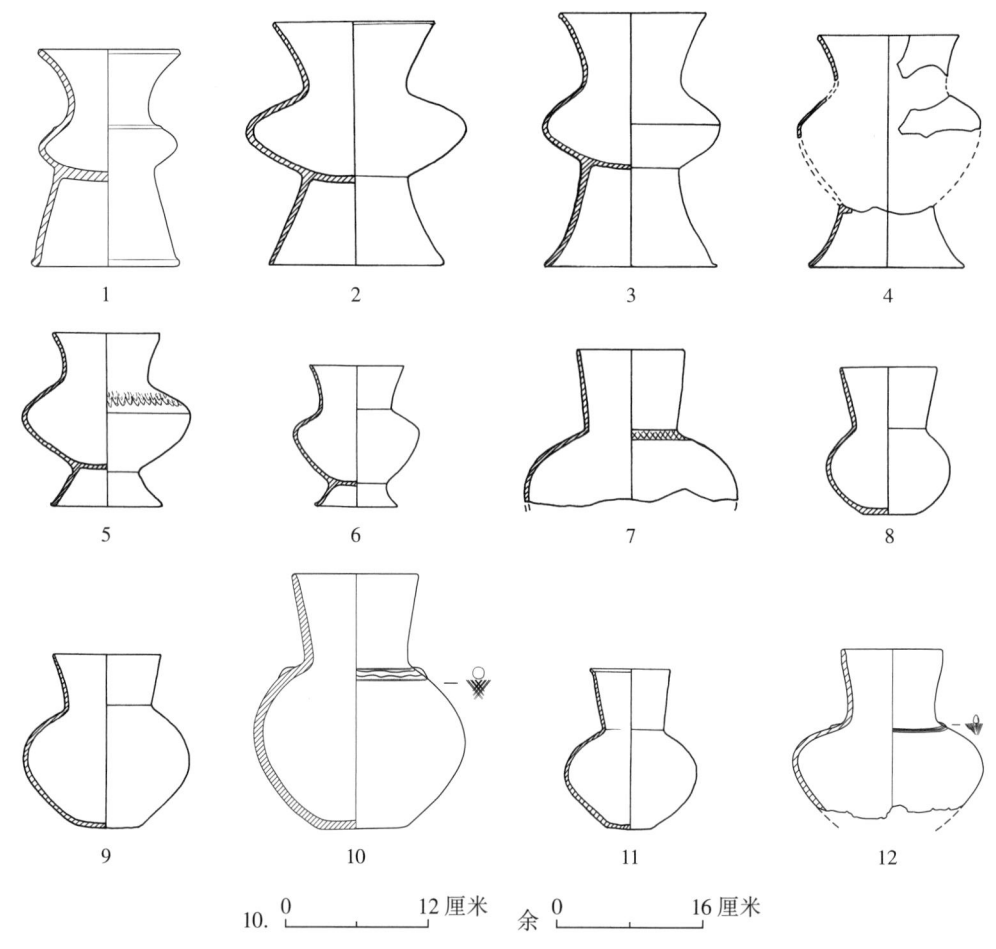

10. [0————12 厘米] 余 [0————16 厘米]

图 4-1　陶尊、壶

1. A 型 I 式尊 06M108 ④：1　2. A 型 II 式尊 08M72：3　3. A 型 II 式尊 08M107：10　4. B 型 I 式尊 08M267 ①：5（T）
5. B 型 II 式尊 08M249：2　6. B 型 III 式尊 06M4：1（T）　7. A 型 II 式壶 06M16：9　8. Ba 型 II 式壶 08M65：1　9. Ba 型 III 式
壶 08M36 ①：2　10. Ba 型 IV 式壶 06M138：3　11. Bb 型 I 式壶 08M91：10　12. Bb 型 II 式壶 06M74：1

　　B 型　17 件。矮圈足。根据腹部的变化，分三式。

　　I 式　14 件。扁圆腹。标本有 08M267 ①：5（T）（图 4-1，4）、08M14：3（T）、08M60
②：2、08M156：1、08M161：1、08M162：1、08M175：2、06M61：1、06M75：3~4、06M89：1、
06M111：3~4 和 06M123：1。

　　II 式　2 件。折腹。标本有 08M249：2（图 4-1，5）、08M91：9。

　　III 式　1 件。折腹，溜肩，最大腹径偏上，下腹深。标本为 06M4：1（T）（图 4-1，6）。

　　无法分型者 29 件，分别是 08M36 ①：1、08M36 ①：8、08M129：2、08M148：1、08M222：7、
08M223 ①：1、08M267 ①：1、06M1：6（T）、06M9：3~4、06M13：4、06M13：12~18、06M16：10、
06M25：3、06M34：2、06M86：1、06M91：1、06M110：1、06M113：36、06M125：2、06M136：4、
06M137：1 和 06M137：2。

　　2. 罐

　　65 件。是数量最多的器形。分为侈口罐、单耳罐、四足罐、敛口罐 4 类。

侈口罐　33件。其中6件残碎严重，无法分型。侈口，高领，鼓腹，平底。夹砂陶，部分器物陶土经过淘洗，夹较细白色或黄色掺和料颗粒，火候高，质地坚硬。陶色呈灰、黄褐、黑、橙红色。纹饰制作上与壶类似，常在领、肩交接处左右对称各饰一半圆形小泥钉，泥钉周围饰刻划叶脉纹，肩部饰刻划弦纹、斜方格纹、短斜线纹。侈口罐中的部分器形与壶近似，但整体偏小，领部相对而言比壶短，胎体偏厚重。分五型。

A型　5件。短折沿。根据腹部变化分三式。

Ⅰ式　1件。鼓腹，最大腹径居中。标本为08M17②：1（T）（图4-2，1）。

Ⅱ式　3件。扁鼓腹，最大腹径偏上。标本有08M119：1（图4-2，2）、06M47：1和06M78：1。

Ⅲ式　1件。圆鼓腹，腹部为三式中最深者。标本为06M78：2（图4-2，3）。

B型　4件。高领，厚胎。根据腹部变化分两式。

Ⅰ式　2件。鼓腹，最大腹径居中。标本有08M72：2（图4-2，4）和08M152：1（图4-2，5）。

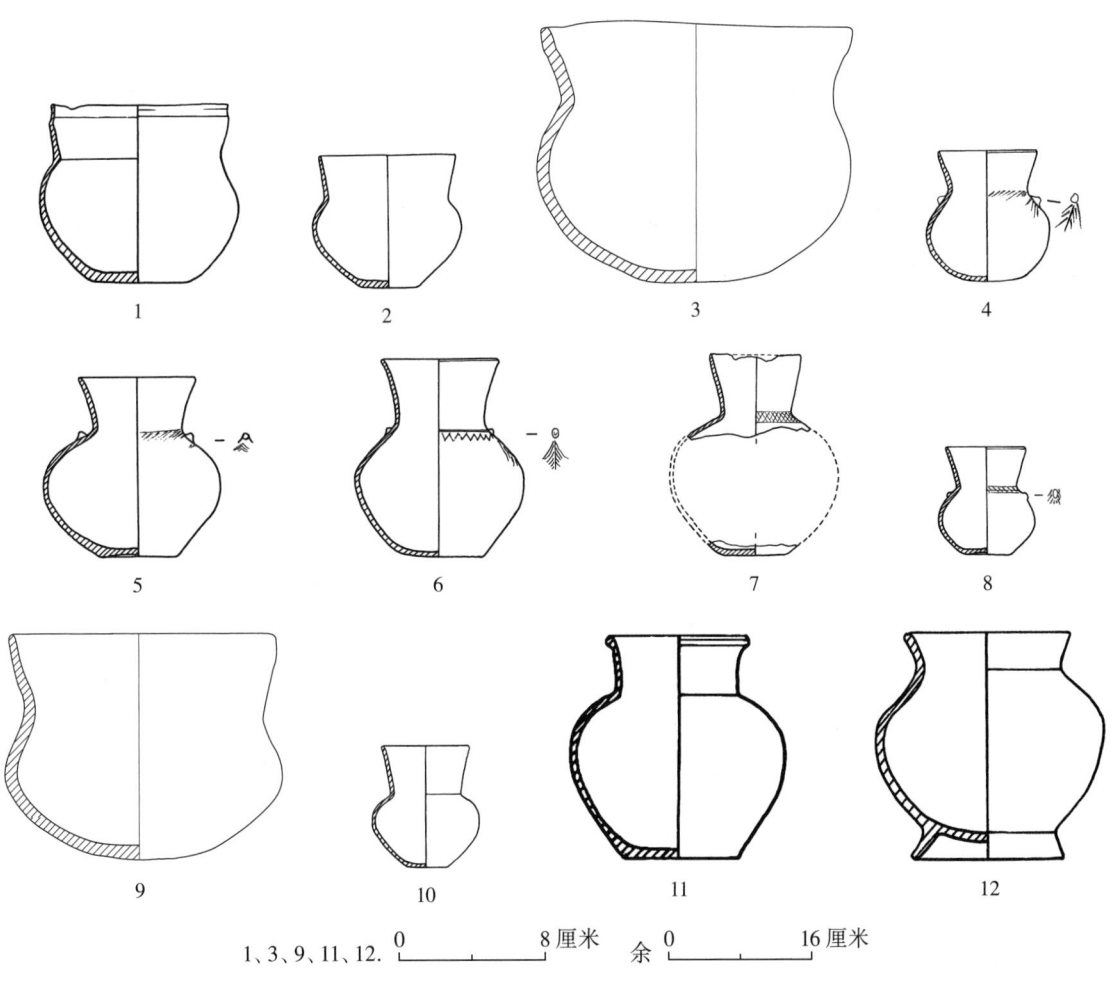

1、3、9、11、12.　0 ——— 8厘米　　余 0 ——— 16厘米

图4-2　陶侈口罐

1. A型Ⅰ式08M17②：1（T）　2. A型Ⅱ式08M119：1　3. A型Ⅲ式06M78：2　4. B型Ⅰ式08M72：2　5. B型Ⅰ式08M152：1　6. B型Ⅱ式08M133：3　7. C型08M36②：1　8. D型Ⅰ式08M36②：2　9. D型Ⅱ式06M47：2　10. D型Ⅲ式08M199：1　11. Ea型08M166：16　12. Eb型Ⅱ式08M230：1

Ⅱ式 2件。鼓腹，鼓肩，最大腹径偏上。标本有 08M133：3（图 4-2，6）和 06M138：2。

C 型 7件。高领，球形腹。标本有 08M36 ②：1（图 4-2，7）、08M36 ①：4、08M91：7~8、08M133：5、08M133：8（T）和 06M30：1。

D 型 6件。高直领，鼓腹。根据腹部变化，分三式。

Ⅰ式 3件。扁圆腹，最大腹径居中。标本有 08M36 ②：2（图 4-2，8）、08M36 ③：1 和 06M125：1。

Ⅱ式 2件。圆鼓腹，鼓肩。标本有 06M47：2（图 4-2，9）和 06M47：3。

Ⅲ式 1件。鼓肩，最大腹径偏上，腹部为三式中最深者。标本为 08M199：1（图 4-2，10）。

E 型 5件。器形较小，根据有无圈足分两亚型。

Ea 型 3件。尖唇，短颈，鼓腹，平底。标本有 08M166：16（图 4-2，11）、06M10：15 和 06M11：10。

Eb 型 2件。矮圈足。根据腹部变化分两式。

Ⅰ式 1件。扁圆腹，最大腹径居中。标本为 06M84：8。

Ⅱ式 1件。圆鼓腹。标本为 08M230：1（图 4-2，12）。

无法分型者 6件，分别是 06M6：25（T）、06M14：6、06M51：1、06M125：6~7 和 06M136：3。

单耳罐 29件。其中 12件残碎严重，无法分型。夹砂陶，陶土大多经过淘洗，夹均匀的细小白色掺和料颗粒，火候高，质地坚硬，断面及器表可见细密针眼状气孔。陶色以灰褐、黑褐和橙红色为主。素面。根据器体形态差异，分五型。

A 型 6件。侈口，圆鼓腹，宽耳，器形大，耳位于口肩部、接在口沿下。标本有 08M10：3（图 4-3，1）、08M175：1（图 4-3，2）、08M118：1（圆鼓腹略浅）、06M22：8、06M80：1 和 06M80：6。

B 型 7件。盘口，垂腹，宽耳，耳位于颈、腹部。根据颈部的不同，分为两亚型。

Ba 型 6件。长颈，根据颈部变化分三式。

Ⅰ式 1件。短弧颈。标本为 06M68：1（图 4-3，3）。

Ⅱ式 2件。短直颈。标本有 08M56：2（图 4-3，4）和 06M19：2。

Ⅲ式 3件。颈部起凸棱。标本有 08M10：1（图 4-3，8）、06M90：5（图 4-3，7）和 06M58：10。

Bb 型 1件。束颈，单耳位于上腹部，尖圜底。标本为 08M166：2（图 4-3，5）。

C 型 1件。侈口，瘦腹，圜底，单耳位于口沿至腹部，器形小。标本为 08M7：5（图 4-3，9）。

D 型 3件。侈口，垂腹，平底，单耳位于肩腹部，表面刻划辫纹，耳上部有两羊角状凸起。腹部略有差异，不分式。标本有 08M97 ②：11（图 4-3，6）、06M108 ①：1（图 4-3，10；腹上部略弧）、06M10：1（腹上部略直）。

无法分型者 12件，分别是 08M10：5、08M24：1、08M133：4、08M133：6、08M134 ①：1、08M148：2、08M155 ①：5（T）、06M1：29（T）、06M13：7、06M13：11、06M16：13 和 06M125：8。

四足罐 2件。局部残碎。轮制，陶土经过淘洗，较细腻，夹白色、黄色细小掺和料颗粒，火候高，

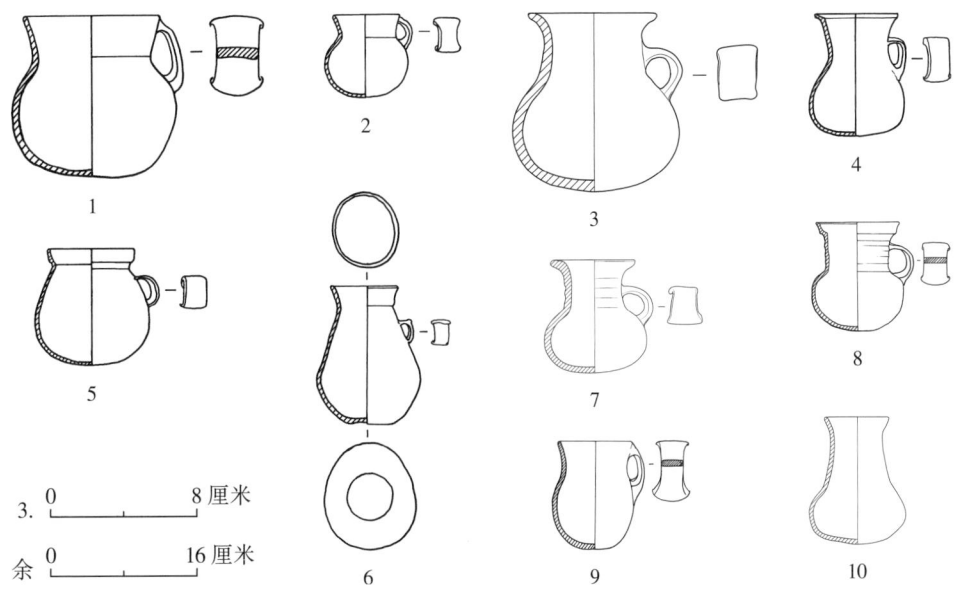

图 4-3 陶单耳罐

1. A 型 08M10：3　2. A 型 08M175：1　3. Ba 型 I 式 06M68：1　4. Ba 型 II 式 08M56：2　5. Bb 型 08M166：2　6. D 型 08M97②：11　7. Ba 型 III 式 06M90：5　8. Ba 型 III 式 08M10：1　9. C 型 08M7：5　10. D 型 06M108①：1

质地坚硬。内外壁抹平，内外壁均可见褐色或浅黄色陶衣遗痕，口沿外壁均磨光，腹部近底部内壁略粗糙。整体特征为圆唇，子母口，鼓肩，腹下部斜直内收，平底，四扁足外侈，上有覆斗形盖与子母口相扣，盖顶部有圆形纽，纽身缺失，仅剩圆形纽座痕迹。素面。标本有 06M1：5（T）（图 4-4，1）和 06M1：40（T）。

敛口罐 1 件。08M82：1（图 4-4，2），夹细砂，方唇，敛口，鼓腹，圜底。局部略残，器形小。灰褐色、橙黄色相间。轮制，器形规整，内外壁抹平，内外器壁均施一层黑色陶衣。素面。口径 6.4、腹径 10.39、高 8.54 厘米。

3. 瓮

3 件。鼓腹，小平底。无完整器，未分型。夹砂黑褐陶，陶土经过淘洗，较细腻，火候高，质地坚硬。轮制，器形规整，均施一层黄色陶衣。08M212：2（图 4-4，8），弧腹，平底，足缘外侈，腹上部饰纵向弦纹。底径 8.8、残高 22 厘米。08M211：1，仅残留小平底，底径 7.9 厘米。08M193：4，仅残留小平底。

4. 壶

18 件。其中 3 件残碎，无法分型。高领，鼓腹，小平底。夹细砂，火候高，陶色多黄褐。领部有斜、直之分，领高在 7 厘米以上。腹径 12.8~23.2 厘米，底径 6~7.4 厘米。纹饰多位于肩部，刻划重弦纹、水波纹、斜方格纹、重三角纹、短斜线纹和叶脉纹等。部分在领、肩交接处左右对称饰一半圆形小泥钉。根据领、腹部特征分两型。

A 型 2 件。直领。根据肩、腹变化分两式。

I 式 1 件。扁圆腹，最大腹径居中。标本为 06M137：3。

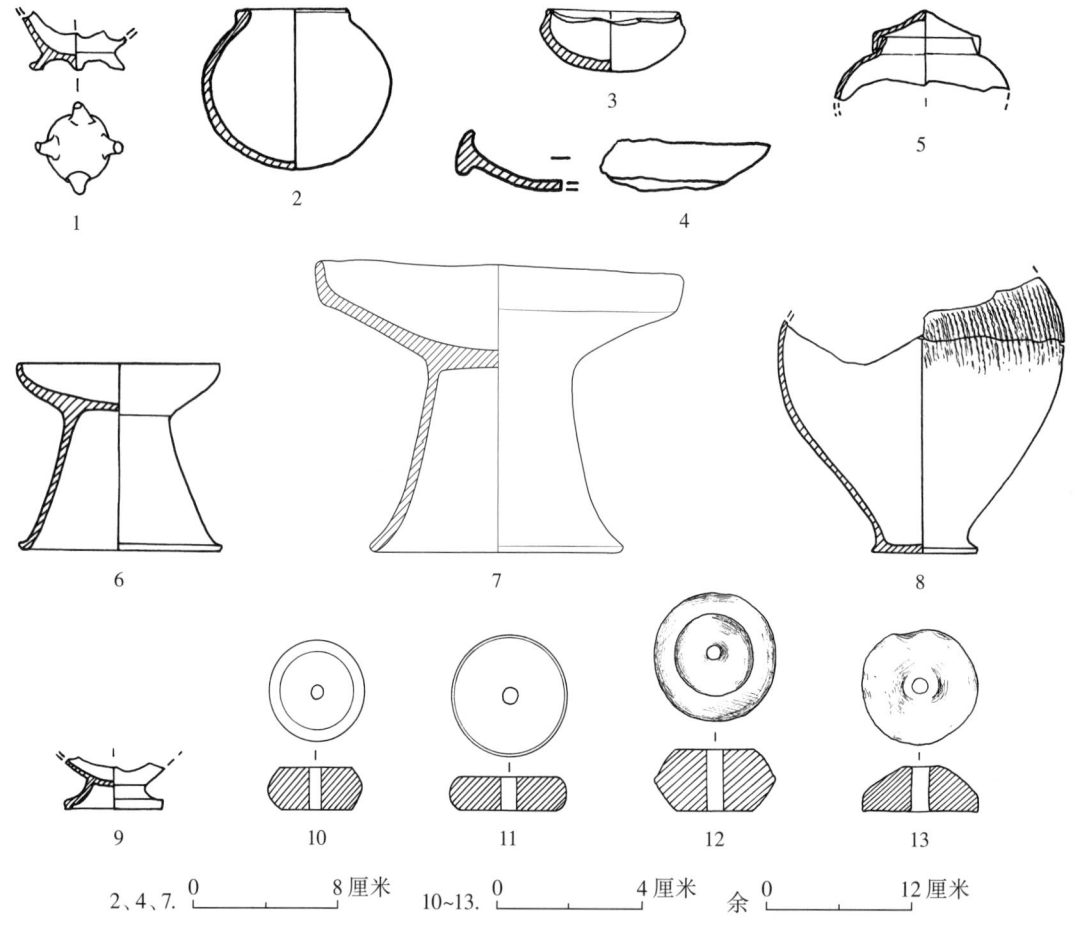

图 4-4 陶罐、钵、盘、盒、豆、瓮、纺轮

1. 四足罐 06M1 : 5（T） 2. 敛口罐 08M82 : 1 3. B 型钵 08M175 : 8 4. A 型盘 08M31 ① : 3 5. 盒 06M1 : 5-1（T）、5-3（T） 6. Aa 型豆 06M20 ④ : 1 7. Ab 型豆 06M61 : 2 8. 瓮 08M212 : 2 9. B 型豆 06M20 ① : 8 10. Aa 型纺轮 08M200 ② : 2 11. Ab 型纺轮 08M200 ② : 3（T） 12. B 型纺轮 08M44 ① : 2 13. C 型纺轮 08M60 ② : 3

Ⅱ式　1 件。圆鼓腹，鼓肩，最大腹径偏上。标本为 06M16 : 9（图 4-1，7）。

B 型　13 件。斜领。根据领、腹部的差异，分两亚型。

Ba 型　10 件。斜直领。根据腹部变化分四式。

Ⅰ式　1 件。扁圆腹，最大腹径在中部。标本为 08M223 ① : 3。

Ⅱ式　3 件。圆鼓腹。标本有 08M65 : 1（图 4-1，8）、08M29 : 2 和 08M72 : 1。

Ⅲ式　4 件。圆鼓腹，鼓肩，最大腹径偏上。标本有 08M36 ① : 2（图 4-1，9）、08M36 ① : 3、06M16 : 5 和 06M16 : 12。

Ⅳ式　2 件。圆鼓腹，鼓肩，腹部为四式中最深者。标本有 06M138 : 3（图 4-1，10）和 08M222 : 8。

Bb 型　3 件。斜直领，近口部略弧。根据腹部变化分两式。

Ⅰ式　2 件。扁圆腹。标本有 08M91 : 10（图 4-1，11）和 08M91 : 6。

Ⅱ式　1 件。圆鼓腹，鼓肩，最大腹径偏上。标本为 06M74 : 1（图 4-1，12）。

无法分型者 3 件，分别是 08M14：2、08M32①：2（T）和 08M102：1。

5. 瓶

2 件。尖唇，侈口，长弧颈，鼓腹，小平底。未分型。夹砂黑陶，火候低，陶质疏松。手制后经慢轮修整，器表施黄褐色陶衣。器形小，仅 1 件完整。素面。08M75：1，口径 6.6、残高 7.2~10.6 厘米。06M75：2，口径 5.8、腹径 7.2、底径 3、高 10.8 厘米。

6. 釜

40 件。其中 18 件残碎严重，无法分型。敞口，圆鼓腹，圜底。夹砂陶，夹细小白色掺和料颗粒，火候高。陶色以黄褐色、橙红色为主，少量灰褐色。除折沿釜的口沿部位有一周宽弦纹外，无其他纹饰。根据口沿差异分两型。

A 型　18 件。折沿。分三亚型。

Aa 型　4 件。内折沿，折棱位于口、腹交接处内壁。根据腹部变化分三式。

Ⅰ式　1 件。扁圆腹。标本为 06M37：5（图 4-5，1）。

Ⅱ式　2 件。圆鼓腹。标本有 08M155②：7（图 4-5，2）和 08M25①：2。

Ⅲ式　1 件。深圆腹，腹部为三式中最深者。标本为 08M157：1（图 4-5，3）。

Ab 型　13 件。外折沿，在口沿外壁起一周凸棱。根据腹部差异分五式。

Ⅰ式　1 件。腹较扁，为五式中最浅者。标本为 06M111：2。

Ⅱ式　6 件。扁圆腹。标本有 08M107：12、08M223①：2、06M77：11、06M121：1、06M122：2 和 06M122：4。

Ⅲ式　2 件。扁圆腹，腹部较Ⅱ式深。标本有 06M111：1（图 4-5，4）和 06M22：15。

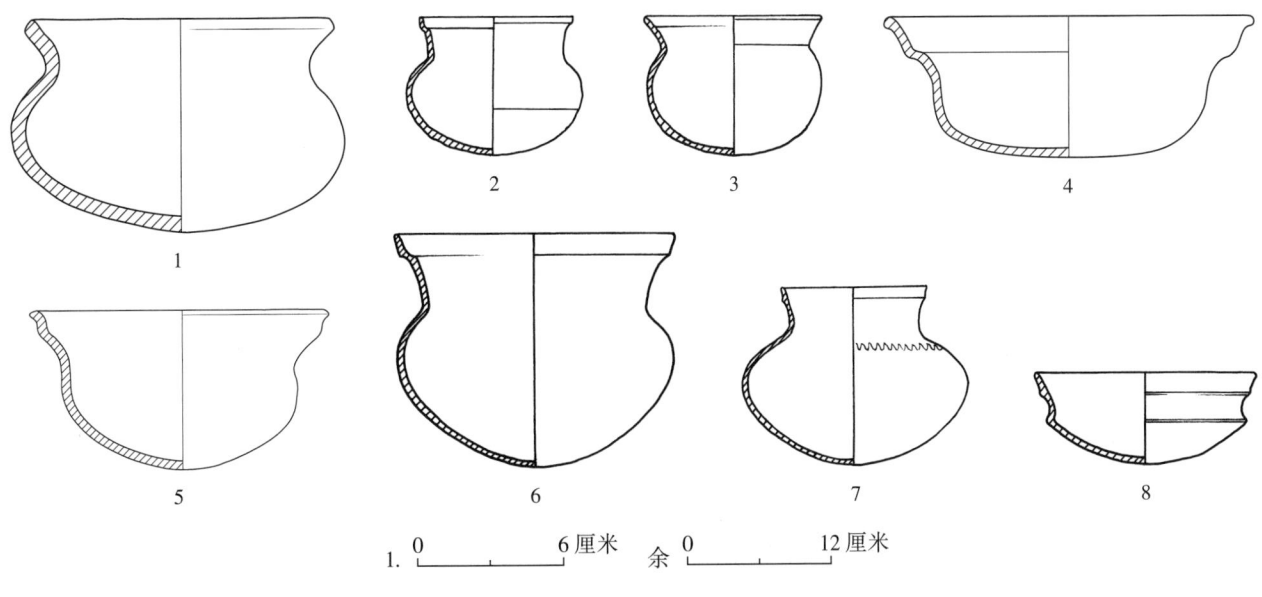

图 4-5　陶釜

1. Aa 型Ⅰ式 06M37：5　2. Aa 型Ⅱ式 08M155②：7　3. Aa 型Ⅲ式 08M157：1　4. Ab 型Ⅲ式 06M111：1　5. Ab 型Ⅳ式 06M77：12-1　6. Ab 型Ⅴ式 08M63②：5　7. Ab 型Ⅴ式 08M218：1　8. Ac 型 08M133：10（T）

Ⅳ式　1件。尖圆腹。标本为06M77：12-1（图4-5，5）。

Ⅴ式　3件。尖圆腹，腹部为五式中最深者。标本有08M63②：5（图4-5，6）、08M218：1（图4-5，7）和08M107：11。

Ac型　1件。外折沿，折腹。标本为08M133：10（T）（图4-5，8）。

B型　4件。卷沿。根据腹部变化分三式。

Ⅰ式　1件。扁圆腹，最大腹径居中。标本为06M13：9。

Ⅱ式　1件。圆鼓腹。标本为06M20①：9。

Ⅲ式　2件。深圆腹。标本有06M109：1和06M119：2。

无法分型者18件，分别是08M145：1、08M162：3、08M232：2、06M1：37（T）~39（T）、06M6：24（T）、06M13：3、06M20①：10、06M32：2、06M51：9、06M51：10、06M65：2、06M75：1、06M110：2、06M119：5、06M121：2和06M122：5。

7. 鼎

7件。仅1件完整。盘口，圆唇，扁圆腹，小平底，梯形扁（瓦）足外侈。素面。陶土经过淘洗，较细腻，夹较细、均匀的白色掺和料颗粒，火候高，质地较硬。陶色以黑、橙红色为主，器表施黄褐色陶衣。轮制，器形规整，内外壁磨光。根据足部高低及腹部差异，分两型。

A型　1件。矮足，扁腹，腹浅，器表粗糙，鼎足以上部分为釜形。标本为06M88①：2（图4-6，1）。

B型　6件。高足，圆腹，腹深，器表磨光。标本有06M1：35（T）（图4-6，2）、06M1：2~4（T）、06M6：21（T）、06M6：27（T）。这些瓦足与06M88①：2的相似，估计其鼎身也应该相似。

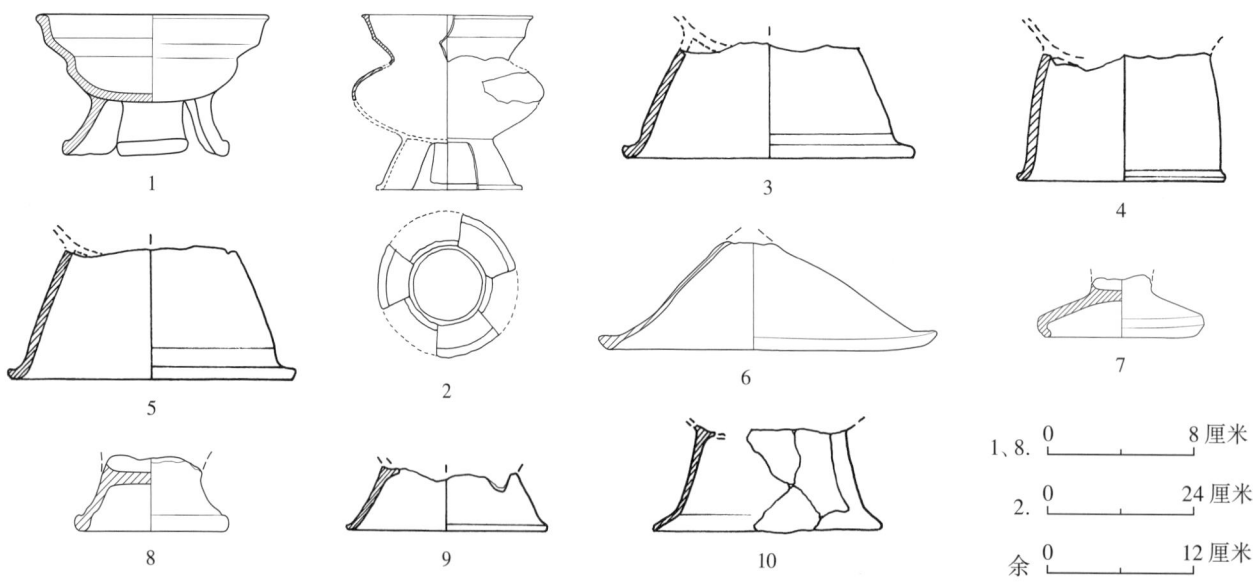

图4-6　陶鼎、鼎足、器盖、圈足

1. A型鼎06M88①：2　2. B型鼎06M1：35（T）　3. B型鼎足06M2：4（T）　4. B型鼎足06M1：19（T）　5. B型鼎足06M1：18（T）　6. C型器盖06M122：3　7. B型器盖06M17：1　8. D型器盖06M84：11　9. Ab型圈足08M63②：8　10. Ac型圈足08M133：9（T）

此外，还有一些鼎足。足身呈梯形，俗称瓦足，扁薄，足壁斜直，近底部加厚外侈。标本有06M1：18（T）（图4-6，5）、06M1：19（T）（图4-6，4）、06M2：4（T）（图4-6，3）、06M1：10（T）、06M1：13（T）、06M6：22（T）和06M6：23（T）。

8. 钵

3件。其中1件残碎无法分型。褐色夹砂陶，夹白色掺和料颗粒，火候低，陶质疏松。素面。根据整体形态差异分两型。

A型 1件。敛口，鼓腹，平底。标本为06M84：9。

B型 1件。直口，折腹，圜底。标本为08M175：8（图4-4，3）。

无法分型者1件，为08M256：2。

9. 盘

6件。多残损。橙红色夹砂陶，火候低，陶质疏松。手制后经过慢轮修整，内外壁施褐色陶衣。圆形，剖面呈T形。根据足部差异分两型。

A型 4件。圈足。胎薄，盘面中心饰同心圆纹。标本有08M31①：3（图4-4，4）、08M31③：1、08M58：8和08M122①：1，其中08M31③：1较残碎。

B型 2件。平底。标本有08M36①：7和06M109：2。

10. 盒

3件。局部略残。褐色夹砂陶，陶土经过淘洗，较细腻，火候高，陶质坚硬。3件同出一墓，器形较小，造型一致。轮制，内外壁磨光，整体特征为圆唇，敛口，鼓肩，斜直腹，平底。口至腹部髹黑、红色漆，内外壁均施浅黄色陶衣。标本有06M1：5-1（T）、5-3（T）（图4-4，5）和06M1：1-1（T）。用途不明。

11. 豆

7件。其中1件残碎无法分型。夹砂陶，夹细小白色掺和料颗粒，陶色偏灰褐，少量橙红色，个别器物因火候不均，陶色驳杂。多轮制，器形规整，少量手制后经慢轮修整。器表均施褐色或黄色陶衣。素面。根据圈足高低分两型。

A型 5件。高圈足。根据腹部差异分两亚型。

Aa型 4件。弧腹。标本有06M20④：1（图4-4，6）、06M1：36（T）、06M20①：11和06M84：7。

Ab型 1件。折腹。标本为06M61：2（图4-4，7）。

B型 1件。矮圈足。标本为06M20①：8（图4-4，9）。

无法分型者1件，为08M238：4（T）。

12. 器盖

16件。总体特征近似倒扣的喇叭口（覆钵形）。夹砂陶，陶色以灰、橙黄色为主。多轮制，器形规整，内外壁抹平，均施褐色或黄色陶衣。素面。根据整体形态差异分四型。

A型 1件。圆锥形，中空，锥尖有两圆孔互通。标本为08M101②：2。

B型 1件。覆钵形，圆形抓手，中部内凹，沿内收。标本为06M17：1（图4-6，7）。

C 型　5 件。覆斗形，盖沿外翻，整体器形较大。标本有 06M122：3（图 4-6，6）、08M25 ①：3、06M1：15（T）、06M1：33（T）和 06M1：34（T）。

D 型　9 件。喇叭口形，整体器形小。标本有 06M84：11（图 4-6，8）、08M16：2、08M77 ②：8（T）、08M214：1（T）、06M4：2（T）、06M84：10-1~10-2、06M119：1 和 06M122：1。

器盖当为釜或罐的盖。

13. 器纽

2 件。夹砂灰陶。手工捏塑成形，器表抹平。06M1：9（T），立体虎形，捏塑成型后粘贴于器身，利用虎腹的自然凹陷部位做抓手，表面抹平，虎头缺失，尾部弯曲。06M1：41（T），纽座椭圆形，纽身似孔雀，昂首，展翅，翘尾，长 3、宽 1.5、残高 1.5 厘米。

14. 圈足

10 件。其中 1 件无法分型。圈足多橙黄色，质地坚硬。

A 型　9 件。分三亚型。

Aa 型　2 件。圈足矮，足壁圆鼓，边缘加厚、外卷。标本有 06M1：31（T）和 06M1：32（T）。

Ab 型　6 件。圈足矮，足壁斜直。标本有 08M63 ②：8（图 4-6，9）、08M36 ①：5（T）、08M129：1、08M223 ②：2、06M51：2 和 06M125：4。

Ac 型　1 件。圈足高，足壁略弧。标本为 08M133：9（T）（图 4-6，10）。

无法分型者 1 件，标本为 08M267 ①：6。

15. 纺轮

54 件。其中 2 件残碎严重无法分型。夹砂陶，陶色有黑、黑褐、灰、灰褐、灰白、橙黄和橙红等几种。既有轮制也有手制，手制纺轮整体粗糙，大部分纺轮器表施褐色或黄色陶衣。素面。根据整体形态差异分三型。

A 型　44 件。圆饼形。根据器身中部凸棱明显与否分两亚型。

Aa 型　13 件。凸棱明显。标本有 08M200 ②：2（图 4-4，10）、08M6：2（T）、08M7：6、08M12：9、08M95：3、08M249：1（T）、K1：5、06M3：6（T）、06M6：5、06M24：1、06M37：1、06M70：1 和 06M143：3。

Ab 型　31 件。凸棱不明显，近圆弧。标本有 08M200 ②：3（T）（图 4-4，11）、08M16：1、08M29：3、08M36 ③：2、08M42：1~2、08M56：1、08M66：2（T）、08M67 ④：2、08M69 ①：1（T）、08M69 ③：8、08M69 ⑧：1、08M74 ③：1、08M97 ①：3、08M133：7、08M155 ①：2（T）、08M174：1、08M184 ①：1、08M184 ②：1、08M191：10、08M209：1（T）、08M223 ②：3、08M267 ②：1（T）、06M31：1、06M35：5、06M36：3、06M116：2、06M119：3~4、06M131：1（T）和 06M137：4。

B 型　6 件。算珠形。标本有 08M44 ①：2（图 4-4，12）、08M43：3、08M157：2、08M166：1、06M6：2 和 06M80：5。

C 型　2 件。覆钵形。标本有 08M60 ②：3（图 4-4，13）和 06M13：2。

无法分型者 2 件，分别是 08M72：4 和 08M91：5。

16. 弹丸

1件。完整。06M6：1，浅灰色夹砂陶，圆球形，表面抹平，直径1.8厘米。

17. 其他

因为器物太过残碎，无法辨认器类及器型。

第二节　金属器

金莲山墓地出土的金属器包括武器、手工工具、农具、生活用具、装饰品、车马器、钱币和印章等几大类，其中，以武器、手工工具以及装饰品的种类最全、数量最多。这些器具绝大多数是用铜制作，也有一部分是由铜铁合制，还有部分是铁制的。

一、武器

金莲山的武器有矛、戈、剑、镞、镦、镈、钺、啄等，制作这些武器的原料包括铜、铜铁合制和铁制。

1. 铜矛

59件。其中2件无法分型。根据器身长短的差异分两型。

A型　21件。器身长度多超过20厘米。根据骹口形制，有、无双系以及矛叶形态之差异，分五亚型。

Aa型　8件。椭圆空心骹，鸭嘴形骹口，骹口下两侧对称各有一系，有的未穿透。矛叶中线起脊，剖面为扁菱形，后锋折角多为钝角。两侧刃斜直，前端内收成锋。双系处骹表面多饰凸棱纹。标本有08M63②：2（图4-7，1）、08M72：7、08M222：4、06M13：6、06M14：2、06M44：3、06M51：6和06M143：9。

Ab型　2件。骹口平齐，骹口下两侧有双系。矛叶后锋折角为锐角，中线起柱状脊。骹表面饰纹饰，器形规整。标本有08M58：4（图4-7，2）和06M117：2。

Ac型　6件。骹口平齐，无系，柳叶形矛叶，器形修长规整。标本有06M20①：1（图4-7，3）、08M105①：4、08M151①：8、06M11：16、06M71：2和06M113：8。

Ad型　3件。骹口平齐，无系，矛叶后锋为钝角。标本有08M74①：3（图4-7，4）、06M16：4和06M77：2。

Ae型　1件。骹口平齐，骹中部两侧有双系，柳叶形矛叶。标本为08M194：2（图4-7，5）。

属于A型的铜矛还有06M22：1（图4-7，6）。

B型　33件。器身短小，长度不超过20厘米，多为15厘米左右。根据骹口形制，有、无双系及总体器形差异分五亚型。

Ba型　7件。鸭嘴形骹口，骹口下两侧对称各有一系，有的未穿透。器形基本同于Aa形，但器身短小。标本有08M175：4（图4-8，1）、08M96：2（骹口凹陷甚）、08M222：3、06M13：1、06M40：1、06M51：3和06M66：1。

Bb型　7件。鸭嘴形骹口，无系。标本有08M28：7（图4-8，2）、08M178②：3、

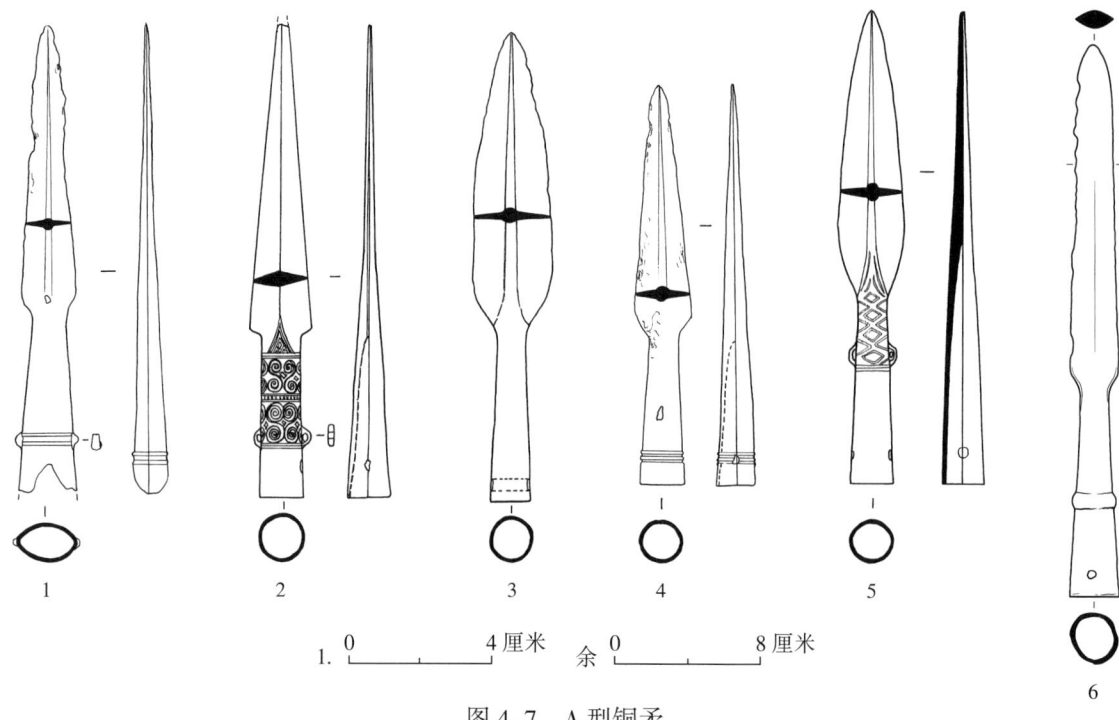

1. ├────┤ 4厘米   余 0 ├────┤ 8厘米

图 4-7　A 型铜矛

1. Aa 型 08M63②：2　2. Ab 型 08M58：4　3. Ac 型 06M20①：1　4. Ad 型 08M74①：3　5. Ae 型 08M194：2　6. A 型 06M22：1

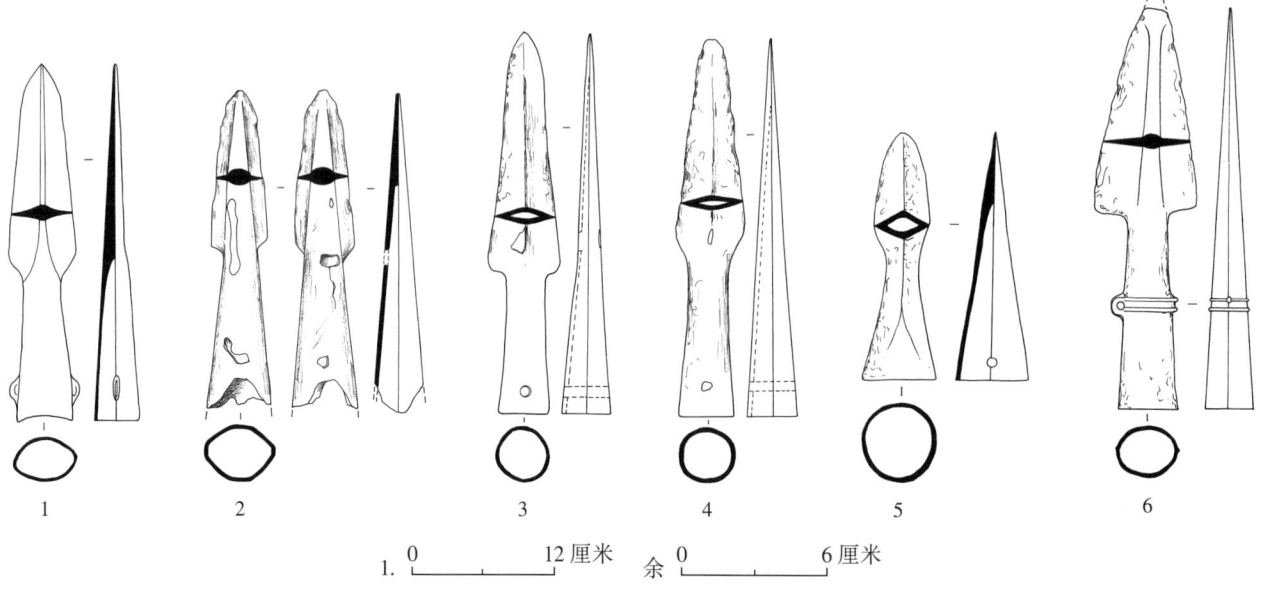

1. ├────┤ 12厘米   余 0 ├────┤ 6厘米

图 4-8　B 型铜矛

1. Ba 型 08M175：4　2. Bb 型 08M28：7　3. Bc 型 08M107：4　4. Bc 型 08M107：8　5. Bd 型 08M194：1　6. Be 型 06M14：7

08M210①：2、06M1：21（T）、06M89：2（T）、06M94：3 和 06M96：1。

Bc 型　13件。骹口平齐，无系。近骹口处两面多对称有一圆形穿孔。标本有 08M107：4（图 4-8，3）、08M107：8（图 4-8，4）、08M8③：2、08M59：1、08M87：1~2、08M96：1、08M122②：1、08M155②：4、06M39：1、06M41：1、06M69：1 和 06M102：1。

Bd 型 1 件。大喇叭口形骹，矛叶短小，小于骹。标本为 08M194：1（图 4-8，5）。

Be 型 1 件。椭圆空心骹，骹口平齐，三角形矛叶，中线起脊。标本为 06M14：7（图 4-8，6）。

属于 B 型的铜矛还有 06M39：6（图 4-9，1）、06M132：1（图 4-9，2）、06M143：8（图 4-9，3）和 06M84：1。

另外，还有 3 件铜矛，器形比较奇特，06M42：3（图 4-9，4）、06M63：2（图 4-9，5）和 06M94：2（图 4-9，6）。另有 2 件残损严重的铜矛，无法分型，为 06M18：1（T）和 06M144：3。

06M125：3（图 4-9，7）为铜矛的铜挂钩，06M51：6 铜挂钩与其器形相同，这是在墓葬中首次发现铜矛及其附着的挂钩。

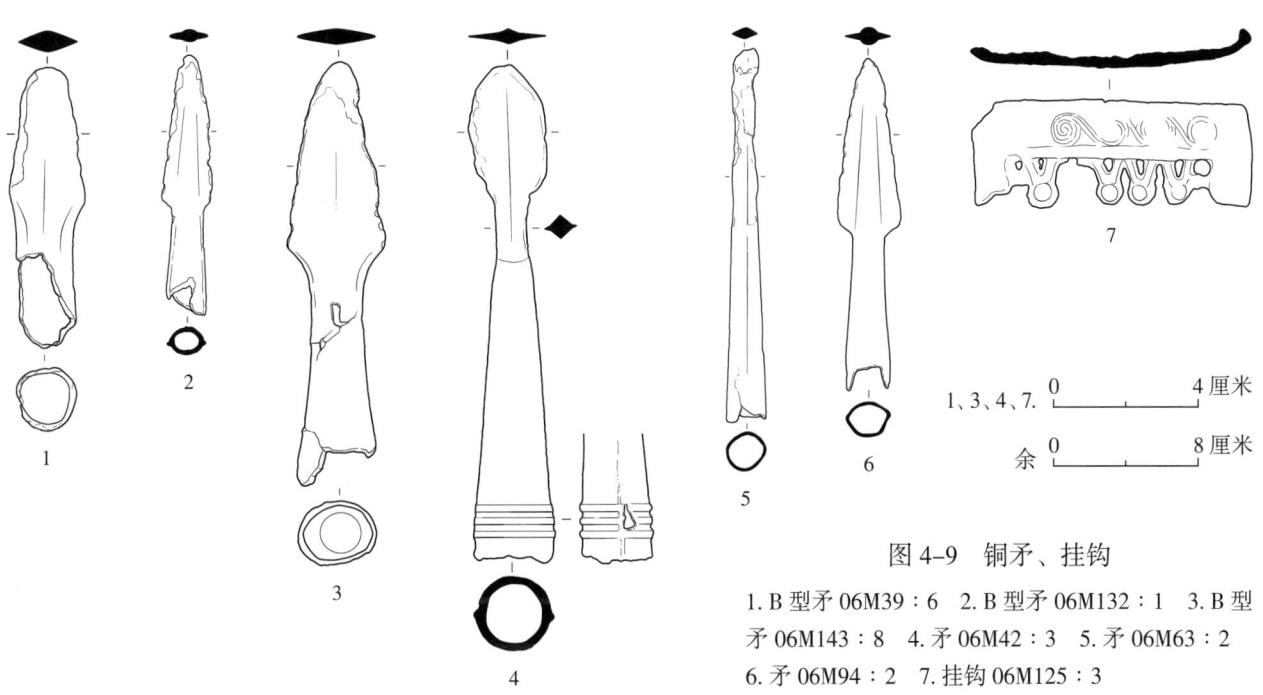

图 4-9 铜矛、挂钩

1. B 型矛 06M39：6 2. B 型矛 06M132：1 3. B 型矛 06M143：8 4. 矛 06M42：3 5. 矛 06M63：2 6. 矛 06M94：2 7. 挂钩 06M125：3

2. 铜戈

21 件。其中 1 件无法分型。根据器形及纹饰的差异分四型。

A 型 11 件。直援，无胡，一穿，直内。援近三角形，背侧平直，刃缘微弧；本有一圆穿，两面正中各有一翼，翼两端呈尖状凸出，两翼用以纳柲，少量铜戈在翼内残存木屑；内似鱼尾状，有一圆穿。根据器身形态分两式。

Ⅰ式 9 件。器身较宽短。标本有 08M86：4（图 4-10，1）、08M124：2、08M195：3、08M204：3、08M238：1、06M12：1、06M25：1、06M64：3 和 06M81：1。

Ⅱ式 2 件。器身较窄长。标本有 08M94：1（图 4-10，2）和 08M239：2（图 4-10，3）。

B 型 6 件。直援，无胡、两穿，直内。本有一圆穿，其周围饰一周芒纹；内近阑侧有一长方形穿；内末端两面饰蛙人纹，末端为卷云纹。分两式。

Ⅰ式 2 件。援窄长，援与锋无明显分界，呈三角形，与援两侧有明显的折角。标本有 08M107：3（图 4-10，4）和 06M16：3（图 4-10，5）。

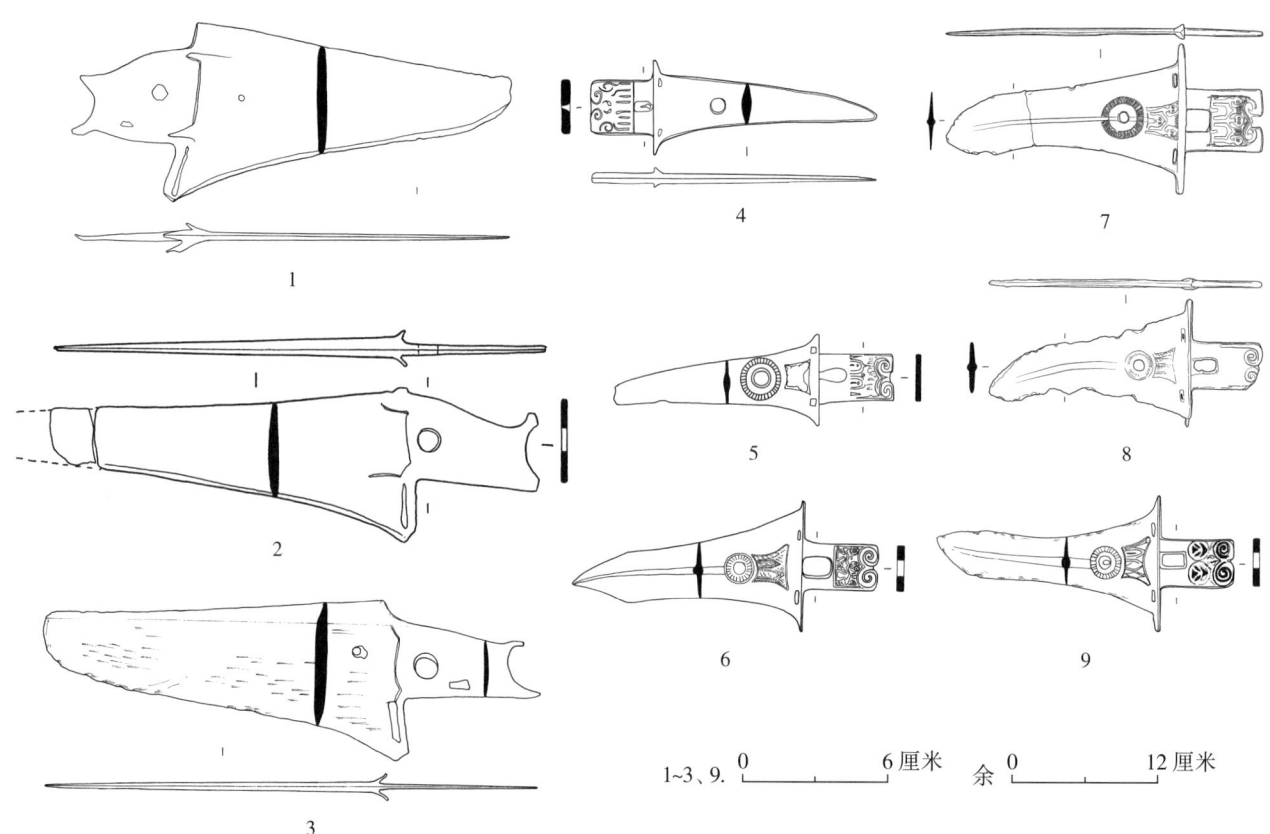

图 4-10　铜戈

1. A 型 I 式 08M86：4　2. A 型 II 式 08M94：1　3. A 型 II 式 08M239：2　4. B 型 I 式 08M107：3　5. B 型 I 式 06M16：3
6. B 型 II 式 08M194：3　7. B 型 II 式 06M113：5　8. B 型 II 式 06M113：1　9. B 型 II 式 08M181：1

  II 式　4 件。援与锋有分界，至前端收缩向下成尖锋。标本有 08M181：1（图 4-10，9）、08M194：3（图 4-10，6）、06M113：1（图 4-10，8）和 06M113：5（图 4-10，7）。

  C 型　2 件。直援，长胡，有銎，短直内。标本有 06M14：8（图 4-11，1）和 06M97：2（图 4-11，2）。

  D 型　1 件。直援，无胡，两穿，直内，援饰云雷纹。标本为 06M115：1（图 4-11，3）。

  另有 1 件有銎戈，残，06M63：1（图 4-11，4）。

  3. 铜剑

  剑　28 件。其中 3 件无法分型。根据茎部及格的差异分三型。

  A 型　4 件。扁平实心茎，无格。标本有 08M178①：1（图 4-12，1）、06M35：1（图 4-12，3）、06M35：2（图 4-12，4）和 06M63：3（图 4-12，5）。

  B 型　7 件。扁圆空心茎，蛇首形茎首，无格。标本有 08M107：5（图 4-12，6）、06M16：2（图 4-12，7）、06M16：11（T）（图 4-12，8）、06M69：4（图 4-12，9）、06M77：8（图 4-12，10）、06M113：17（图 4-12，11）和 06M137：7（图 4-13，1）。

  C 型　14 件。椭圆空心茎或圆形空心茎，喇叭口茎首，一字格。根据茎表面的装饰，分两亚型。

  Ca 型　13 件。茎表面无镂孔，素面或饰纹饰。分三式。

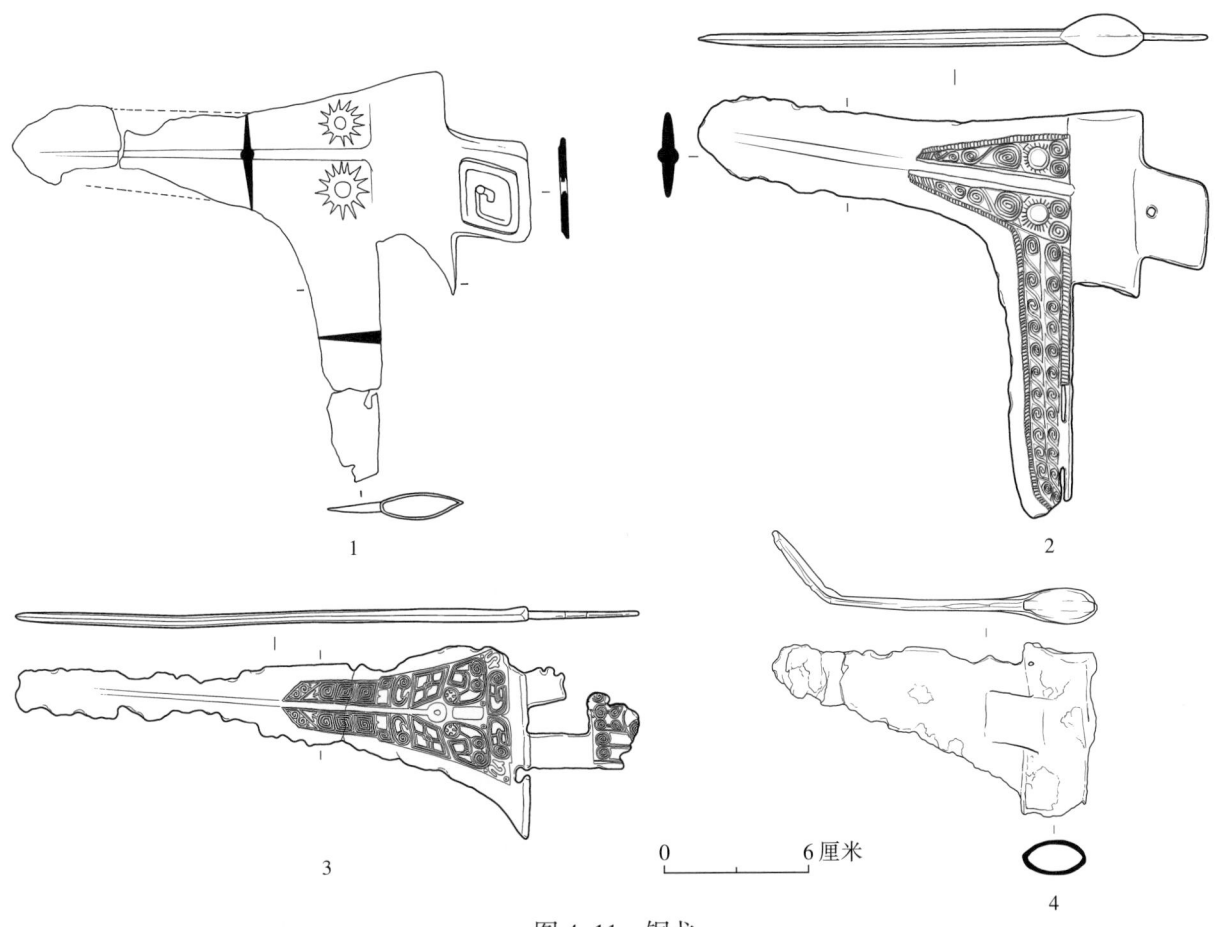

图 4-11　铜戈

1. C 型 06M14：8　2. C 型 06M97：2　3. D 型 06M115：1　4. 06M63：1

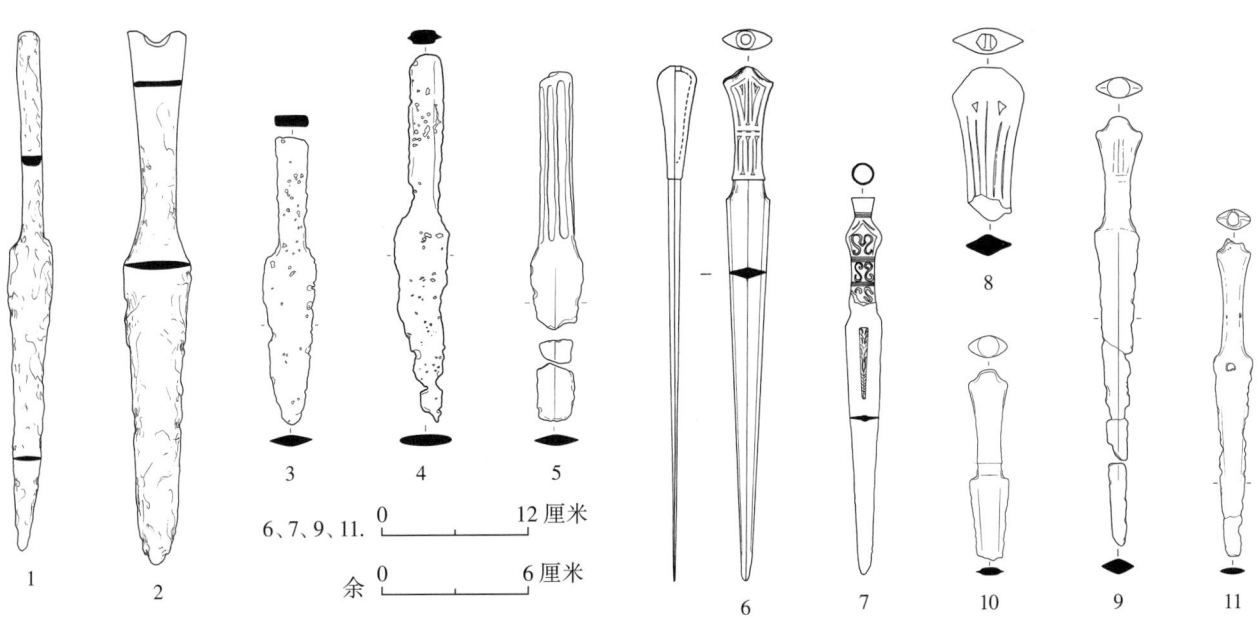

图 4-12　铜剑

1. A 型 08M178①：1　2. 08M178②：1　3. A 型 06M35：1　4. A 型 06M35：2　5. A 型 06M63：3　6. B 型 08M107：5
7. B 型 06M16：2　8. B 型 06M16：11（T）　9. B 型 06M69：4　10. B 型 06M77：8　11. B 型 06M113：17

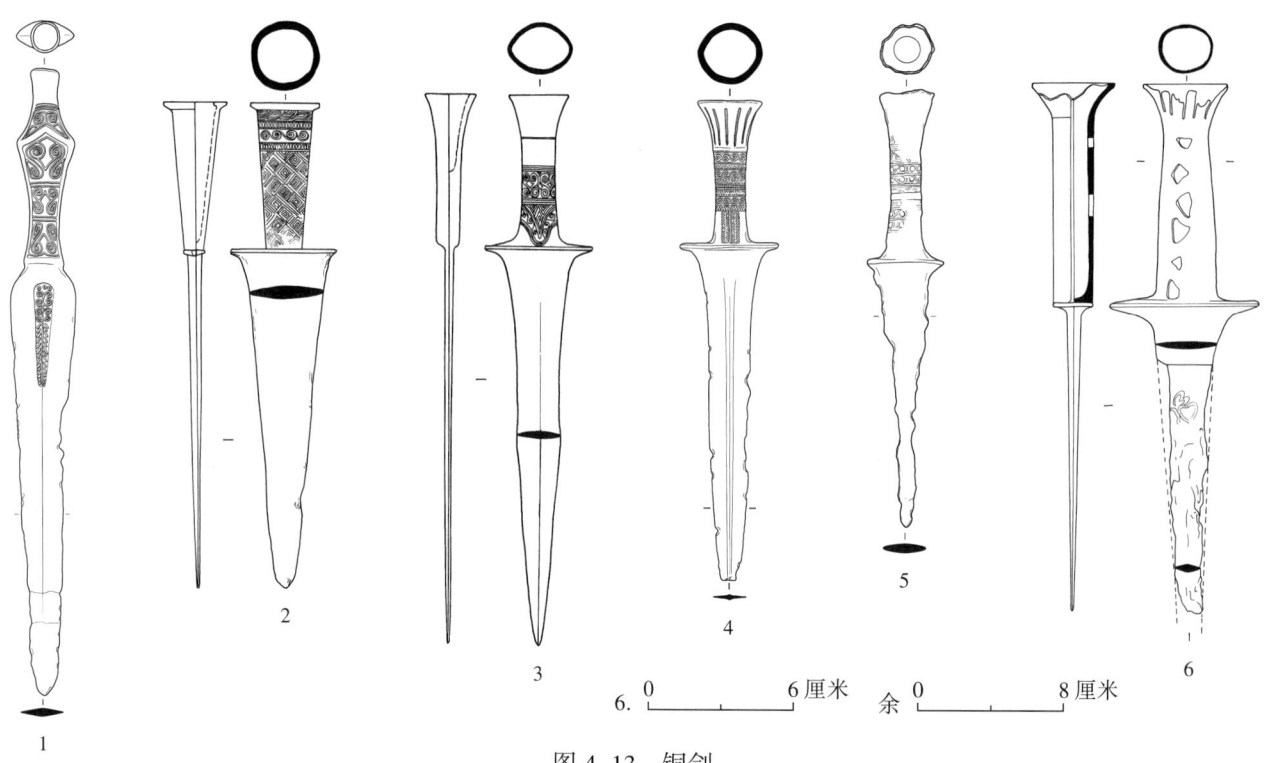

图 4-13　铜剑

1. B 型 06M137：7　2. Ca 型 I 式 08M87：6　3. Ca 型 II 式 08M58：6　4. Ca 型 III 式 06M113：19　5. Ca 型 06M143：7　6. Cb 型 08M191：1

I 式　3 件。器身较宽，斜直刃。标本有 08M87：6（图 4-13，2）、06M71：3 和 06M84：4。

II 式　7 件。器身稍窄，刃微弧。标本有 08M58：6（图 4-13，3）、08M151①：6、06M7：5、06M20①：5、06M37：6、06M42：4 和 06M117：1。

III 式　2 件。器身瘦长。标本有 06M113：19（图 4-13，4）和 08M52：1。

属于 Ca 型的铜剑还有 06M143：7（图 4-13，5）。

Cb 型　1 件。茎表面饰镂孔。标本为 08M191：1（图 4-13，6）。

另有 3 件无法分型，分别为 08M178②：1（图 4-12，2），茎首实心扁平，呈分叉状；08M175：5，无格，茎残断不存；06M69：11，残存刃部。

4. 铜镞

180 件。除 1 件为三棱镞外，其余均为双翼镞。

双翼镞　179 件。其中 1 件无法分型。根据铤部差异分三型。

A 型　11 件。扁平铤，铤部中线多有凹槽。器身多一面平。根据镞身形态的差异，分两亚型。

Aa 型　5 件。阔叶形镞身。标本有 08M86：2（图 4-14，1）、08M114：2、08M244：1、06M72：2-2（T）和 06M73：4（T）。

Ab 型　6 件。柳叶形镞身。标本有 08M195：1-2（图 4-14，2）、08M124：1-1~1-2、08M204：6、08M239：1 和 08M239：4。

B 型　98 件。细长铤。根据镞身形态差异分四亚型。

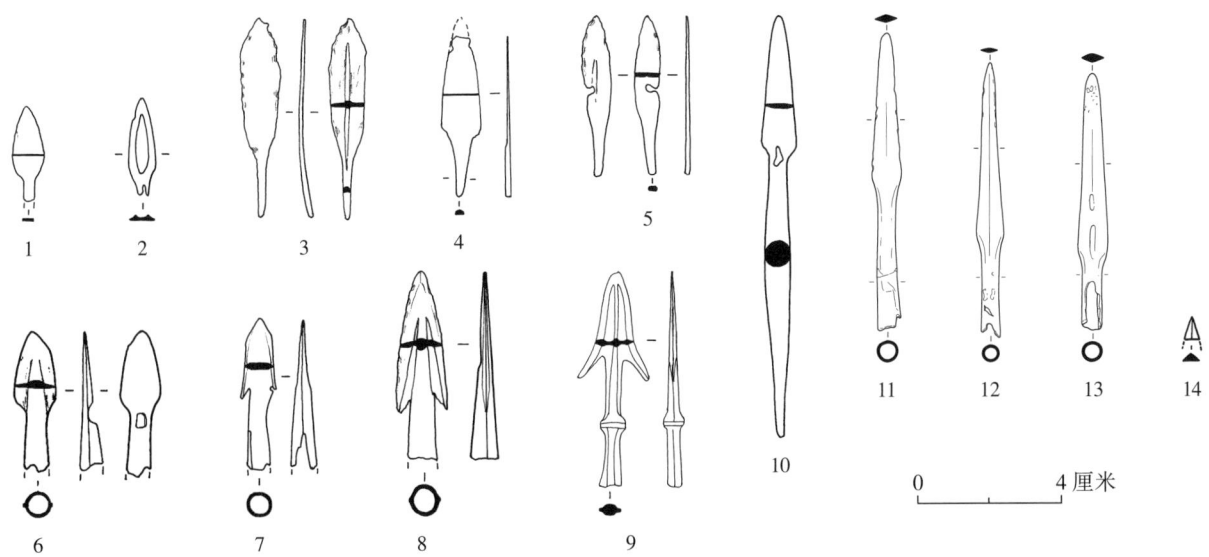

图 4-14　铜镞

1. Aa 型 08M86∶2　2. Ab 型 08M195∶1-2　3. Ba 型 08M8③∶4-2　4. Bb 型 08M8③∶7　5. Bc 型 08M8③∶4-1　6. Cb 型 08M105①∶5　7. Cc 型 08M151①∶7-5　8. Cd 型 08M74①∶5　9. Bd 型 08M93④∶4-1　10. Ca 型 08M58∶3-1　11. Ce 型 06M77∶3-13　12. Ce 型 06M77∶3-16　13. Ce 型 06M77∶3-15　14. 三棱镞 08M238∶3

　　Ba 型　33 件。近圭形镞身。标本有 08M8③∶4-2（图 4-14，3）、08M3∶1、08M8③∶8、08M58∶3-4、08M59∶2-1~2-3、08M88①∶3-1~3-3、08M93④∶4-5~4-8、08M113①∶1-2、08M113①∶2-1（T）~2-2（T）、08M122②∶2-3、08M122②∶6、08M151②∶1（T）、08M182∶1、08M210①∶1（T）、06M39∶5-1~5-3、06M69∶6-2~6-3、06M73∶2（T）、06M77∶3-18、06M79①∶5-1、06M96∶2 和 06M113∶35-3。

　　Bb 型　10 件。近三角形镞身。标本有 08M8③∶7（图 4-14，4）、08M17①∶1、08M28∶4（T）、08M93④∶4-2、08M210①∶3、08M210②∶3（T）、06M72∶1（T）、06M77∶3-8、06M77∶3-10 和 06M77∶3-12。

　　Bc 型　47 件。柳叶形镞身。标本有 08M8③∶4-1（图 4-14，5）、08M31②∶4-1~4-2、08M58∶12（T）、08M87∶16、08M87∶21-2~21-5、08M87∶22-1~22-4、08M93④∶4-3、08M107∶9-1~9-10、08M113①∶1-1、08M113③∶1、08M122②∶4、08M122②∶5、08M210②∶1（T）、08M210②∶2（T）、08M210②∶4（T）、08M210②∶5（T）、08M210③∶1（T）、06M20①∶3-1~3-4、06M20①∶3-6、06M69∶6-1、06M69∶6-4、06M71∶6-1~6-3、06M72∶2-1（T）、06M77∶3-1~3-7、06M77∶3-9、06M77∶3-11、06M79①∶5-2、06M112∶4-1 和 06M117∶4-4。

　　Bd 型　4 件。带后锋。此型镞器形也不完全相同。08M93④∶4-1（图 4-14，9），后锋外翘，关位置低。08M5∶2-1，后锋相对内敛，镞身较宽，关位置低。08M5∶2-2，关有明显的凸棱。06M113∶35-1，无关，一侧后锋残。

　　属于 B 型的还有 08M58∶13（T）、08M194∶14、06M91∶5 和 06M117∶4-5。

　　C 型　69 件。扁圆铤（銎式镞）。根据镞身形态差异分五亚型。

Ca 型 30件。镞身窄长，多为窄长三角形，少量近圭形。铤部多残断。完整者为圆铤，铤部长于镞身，末内收成尖。器形多规整，刃部打磨锋利。标本有08M58：3-1（图4-14，10）、08M2：1（T）、08M2：2、08M2：8、08M52：6-2、08M58：3-2~3-3、08M58：9、08M77②：3、08M87：21-1、08M93②：1、08M105①：9、08M151①：7-1~7-2、08M159：2、08M166：15、08M194：12~13、06M2：1-1~1-3、06M35：10-1~10-5、06M88②：2-1~2-2、06M113：35-2和06M143：5。

Cb 型 12件。镞身短小，多近圭形，少量近三角形。标本有08M105①：5（图4-14，6）、08M101②：1、08M151①：7-3~7-4、08M151①：7-6、08M159：1、08M210①：7、06M11：5、06M20①：3-5、06M69：6-5、06M77：3-14和08M52：6-1。

Cc 型 2件。镞身短小，有后锋。标本有08M151①：7-5（图4-14，7）和08M46：1。

Cd 型 5件。镞身窄长，有后锋。标本有08M74①：5（图4-14，8）、08M5：1、08M74①：6、06M79③：2-1和06M88②：2-3。

Ce 型 3件。镞身细长，略比銎宽。标本有06M77：3-13（图4-14，11）、06M77：3-15（图4-14，13）和06M77：3-16（图4-14，12）。

属于C型铜镞的还有08M28：3（T）、08M93④：4-4、08M93④：5、08M96：3、08M151①：7-7~7-8、08M184②：3、06M22：2、06M24：3、06M77：3-17、06M79③：2-2、06M108②：1、06M117：4-1~4-3、06M117：4-6和06M144：1。

另有1件残存镞尖，无法分型，为08M223①：4。

三棱镞 1件。08M238：3（图4-14，14），残存镞尖。

5. 铜镦、铜镈

铜镦 3件。空心圆锥状，銎口下对称各有一穿孔。标本有06M1：12（T）（图4-15，1）、08M93④：3和06M113：27。

铜镈 9件。其中1件无法分型。根据平面形状分为两型。

A 型 1件。平面呈倒梯形。标本08M86：6（图4-15，2）。

B 型 7件。平面近长方形，銎口两端微上翘。銎口下有纹饰。器体与底部分铸；底部向上卷曲包于器身底部外缘，为该器使用时所造成的外沿翻转。器体合范铸造，两侧范线明显。根据器形大小不同分两亚型。

Ba 型 1件。器形较短小。标本为08M160：2（图4-15，3）。

Bb 型 6件。器形较窄长。标本有08M195：2（图4-15，4）、08M204：5、06M12：2、06M25：2、06M91：2和06M99：2。

另有1件残铜镈，无法分型，为06M81：4。

6. 铜箭箙

3件。器形差异大，有的可能为附着于其他物质之外的箭箙饰。标本有08M194：7（图4-15，6）、06M112：5和06M113：25。

7. 铜臂甲

2件。标本有06M6：13-1（图4-15，5）和06M113：26（图4-15，7）。

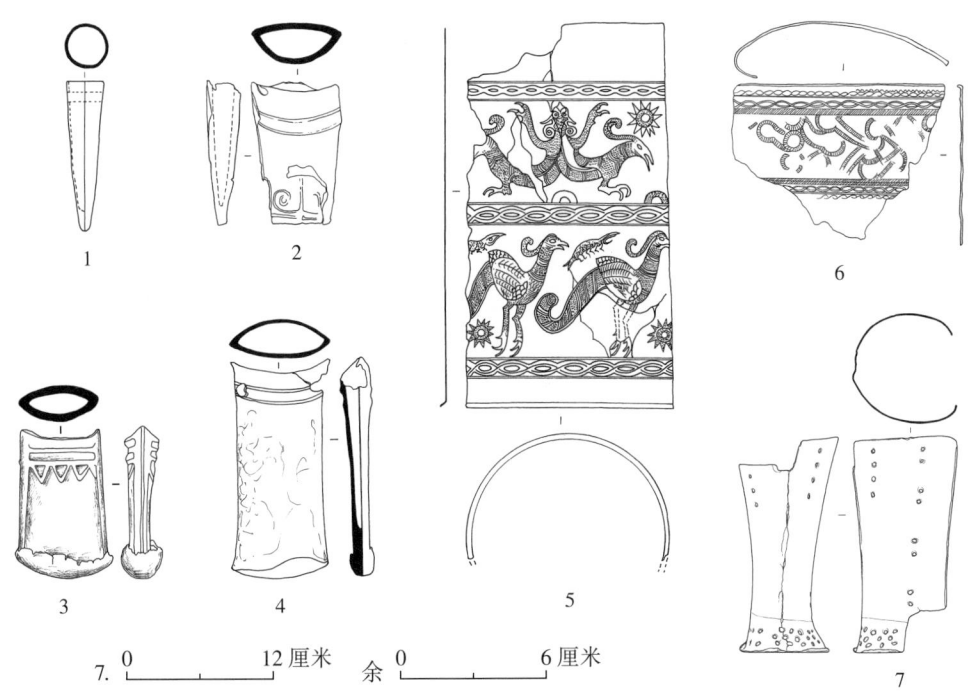

图 4-15　铜镦、镈、箭箙、臂甲

1. 镦 06M1：12（T）　2. A 型镈 08M86：6　3. Ba 型镈 08M160：2　4. Bb 型镈 08M195：2　5. 臂甲 06M6：13-1　6. 箭箙 08M194：7　7. 臂甲 06M113：26

8. 铜铍

3 件。标本有 08M190：1（图 4-16，1）、06M12：4（图 4-16，2）和 06M132：3（图 4-16，3）。

9. 铜钺

3 件。标本有 08M76：1（图 4-16，6）、08M194：4（图 4-16，7）和 06M113：6（图 4-16，8）。

10. 铜啄

1 件。标本为 06M112：1（图 4-16，5）。

11. 铜刺

1 件。标本为 06M97：1（图 4-16，4）。

12. 铜骹铁矛

24 件。根据铜质骹的形制、装饰及铁质矛叶的差异，可分为两型。

A 型　19 件。空心圆骹或椭圆骹，骹口下饰凸棱纹，以二、三周为主，凸棱两侧各有一对称的倒三角形穿。矛叶形态多样。根据铁质矛叶的差异，可分为两亚型。

Aa 型　3 件。矛叶较宽扁。根据铜骹的发展趋势，可分为两式。

Ⅰ式　2 件。铜骹剖面近圆形，渐内收。标本有 08M52：2（图 4-18，1）和 06M88①：1。

Ⅱ式　1 件。铜骹剖面上部近圆形，下部为菱形，四脊较明显。标本为 08M2：3（图 4-18，2）。

Ab 型　12 件。矛叶较窄长。根据铜骹剖面形状的差异，可分为两式。

Ⅰ式　4 件。铜骹剖面近圆形，渐内收。矛叶前端内收成锋。标本有 08M10：2（图 4-18，3）、08M74①：4、08M206①：1 和 06M31：5（T）。

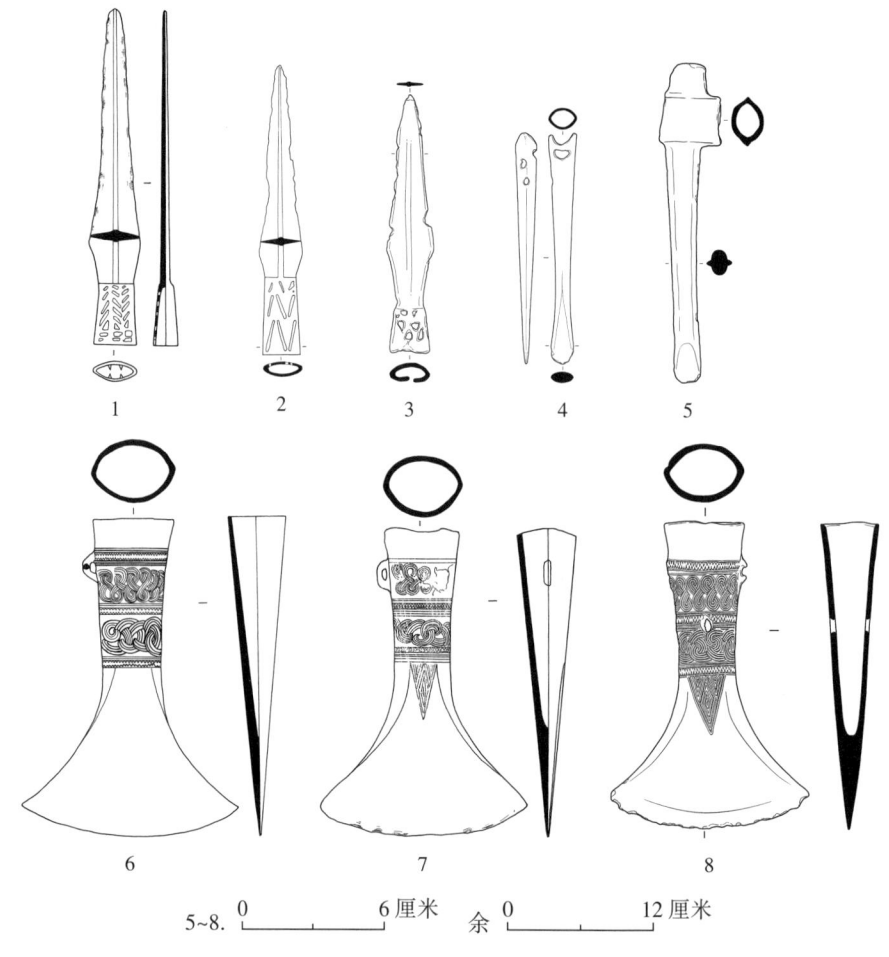

图 4-16　铜铍、刺、啄、钺

1. 铍 08M190：1　2. 铍 06M12：4　3. 铍 06M132：3　4. 刺 06M97：1　5. 啄 06M112：1
6. 钺 08M76：1　7. 钺 08M194：4　8. 钺 06M113：6

Ⅱ式　8件。铜骹剖面上部近圆形，下部为菱形，四脊较明显。矛叶后端细长，剖面近椭圆形或圆形，前端渐宽扁，形成近三角形锋。标本有08M2：4（图 4-18，4）、08M5：3、08M97 ②：4、08M166：11、08M193：1、06M10：6、06M21：1 和 06M36：6。

属于 A 型的还有 08M46：4、08M52：3、06M36：1 和 06M42：2。

B 型　5件。空心圆骹，素面。骹口下两侧对称各有一圆角方形穿。窄长柳叶形矛叶。标本有08M76：2（图 4-18，5）、06M102：2、06M113：7、06M113：9 和 06M113：10。

13. 铜柄铁剑

21件。铁质刃部均为窄长直刃，有的刃部表面残留木鞘痕迹，少量还套有铜镖。根据铜柄形态的差异，可以分为五型。

A 型　6件。椭圆空心茎，蕈形茎首，非字形长格。茎表面凸起小圆点（粟点纹），格两面饰几何纹。有的还带有铜镖。标本有08M191：2（图 4-17，1）、08M12：6、08M46：2、06M36：5、06M36：8（带铜镖）和06M79 ③：3。

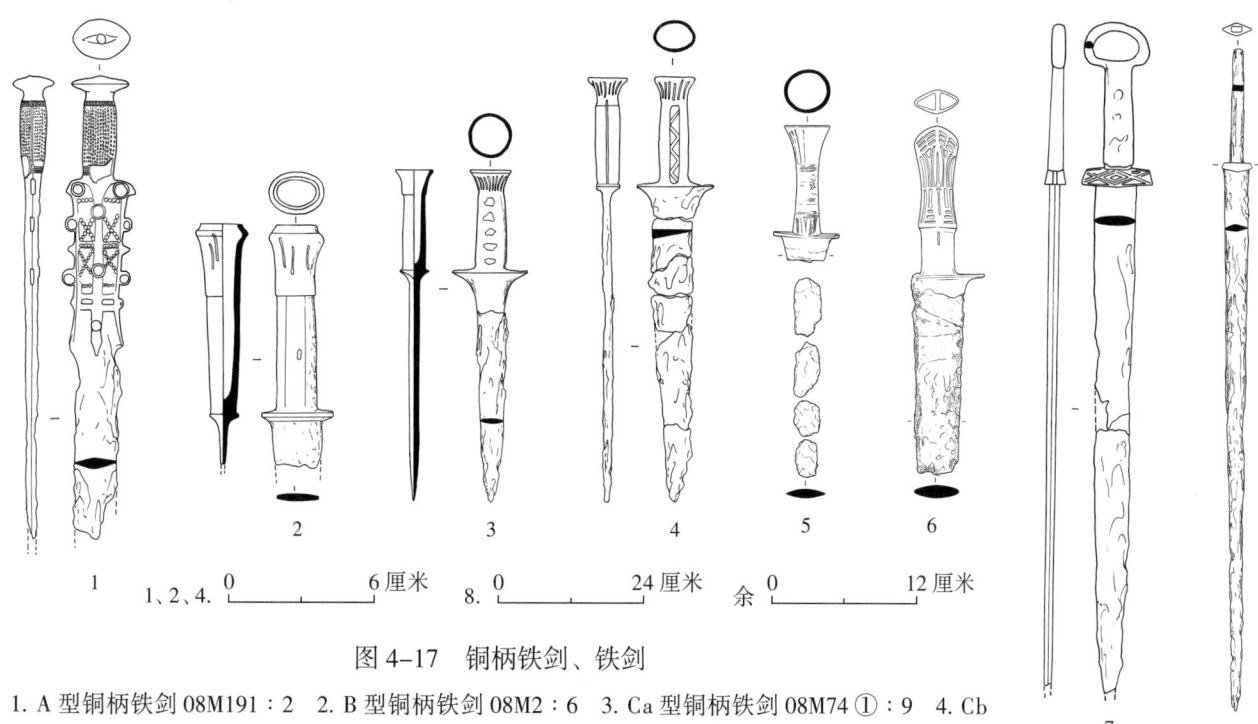

图 4-17　铜柄铁剑、铁剑

1. A 型铜柄铁剑 08M191：2　2. B 型铜柄铁剑 08M2：6　3. Ca 型铜柄铁剑 08M74①：9　4. Cb 型铜柄铁剑 08M191：4　5. Cc 型铜柄铁剑 06M113：18　6. E 型铜柄铁剑 06M113：20　7. D 型铜柄铁剑 06M11：11　8. 铁剑 08M97②：1

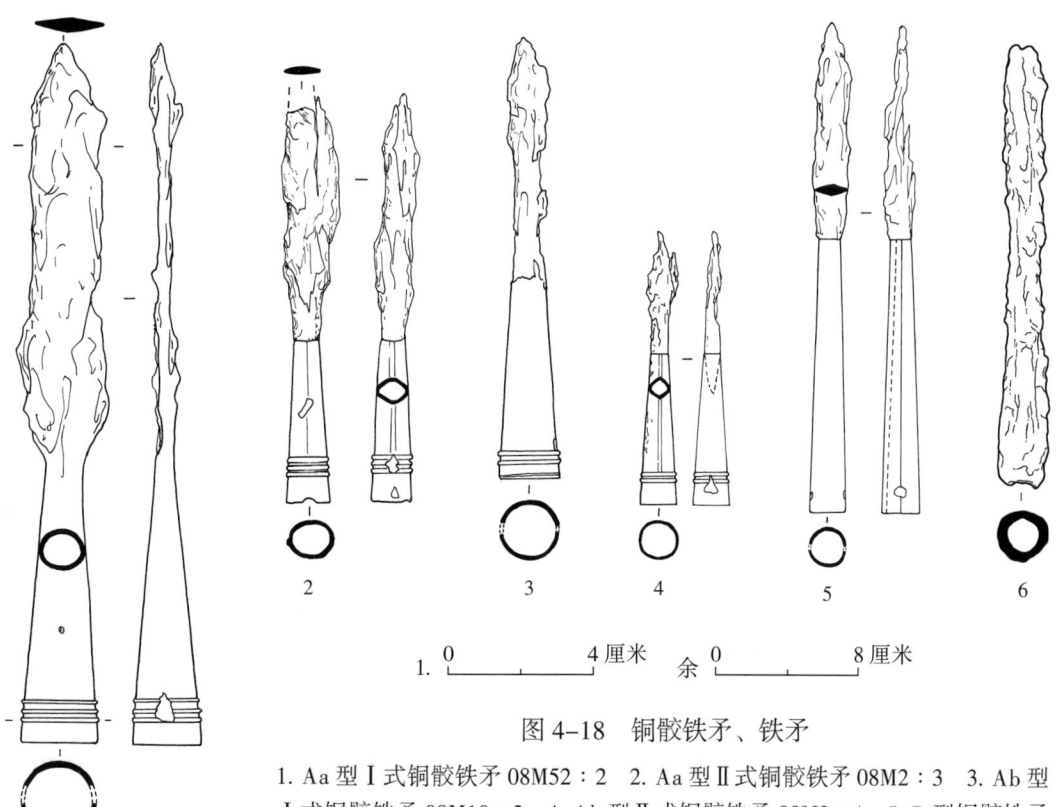

图 4-18　铜骹铁矛、铁矛

1. Aa 型 I 式铜骹铁矛 08M52：2　2. Aa 型 II 式铜骹铁矛 08M2：3　3. Ab 型 I 式铜骹铁矛 08M10：2　4. Ab 型 II 式铜骹铁矛 08M2：4　5. B 型铜骹铁矛 08M76：2　6. 铁矛 06M58：8

B 型　1 件。椭圆空心茎，喇叭口茎首，顶部内收。一字格。标本为 08M2：6（图 4-17，2）。

C 型　11 件。椭圆空心茎，喇叭口茎首，一字格。茎首饰一周竖线镂孔。根据茎部装饰的差异，分为三亚型。

Ca 型　6 件。茎两面饰竖向排列的圆形镂孔或椭圆形镂孔。标本有 08M74 ①：9（图 4-17，3）、08M97 ②：2、08M206 ①：5、06M10：12、06M31：4（T）、06M107：5。

Cb 型　1 件。茎两面饰竖向排列的三角形镂孔。标本为 08M191：4（图 4-17，4）。

Cc 型　4 件。茎表面饰几何纹。标本有 06M113：18（图 4-17，5）、08M166：6、08M194：5、06M106：2。

D 型　1 件。扁圆实心茎，椭圆形环状茎首，菱形镡。标本为 06M11：11（图 4-17，7）。

E 型　2 件。蛇形茎首。标本有 06M113：20（图 4-17，6）和 06M107：2。

14. 铁矛

2 件。标本有 06M58：8（图 4-18，6）和 06M19：4。

15. 铁剑

3 件。细长实心茎，无格，窄长剑身。多有铜质菱形镡。标本有 08M97 ②：1（图 4-17，8）、06M10：11 和 06M58：12。

二、手工工具

手工工具有斧、削、凿、锛、锥、刻刀、刀和錾等，以斧、刀、削、凿的数量为多。制作这些手工工具的原料有铜、铜铁合制和铁制。

1. 铜斧

34 件。少量铜斧銎内残存木柲痕迹。

椭圆銎斧　9 件。其中 1 件无法分型。銎口两侧微上翘，单系，器身瘦长，束腰，双面刃。銎口下饰纹饰一周，与銎口边缘平行。根据銎部纹饰的差异分为三型。

A 型　5 件。銎部饰一周绞索纹。根据刃部形态差异分为两亚型。

Aa 型　3 件。弧刃。标本有 08M63 ②：1（图 4-19，1）、08M222：2 和 06M51：5。

Ab 型　1 件。直刃。标本为 08M175：3（图 4-19，2）。

属于 A 型的椭圆銎斧还有 06M51：4（图 4-19，3）。

B 型　2 件。銎部饰一周连续菱形纹，其内有两个背向的山字纹。标本有 08M58：5（图 4-19，4）和 08M151 ①：3（图 4-19，5）。

C 型　1 件。銎部饰一周螺旋纹。标本为 06M77：1（图 4-19，6）。

另有 1 件纹饰不明，为 06M143：4（图 4-19，7）。

方銎斧　22 件。其中 1 件无法分型。根据刃部形态差异分为两型。

A 型　11 件。刃部微弧，近平直。根据器形大小不同分为两亚型。

Aa 型　7 件。器形小，长度不超过 14 厘米。标本有 08M5：4（图 4-20，1）、08M46：3、08M97 ②：12-1、08M105 ①：3、06M42：1 和 06M107：1。08M97 ②：12-2，为 Aa 型斧明器。

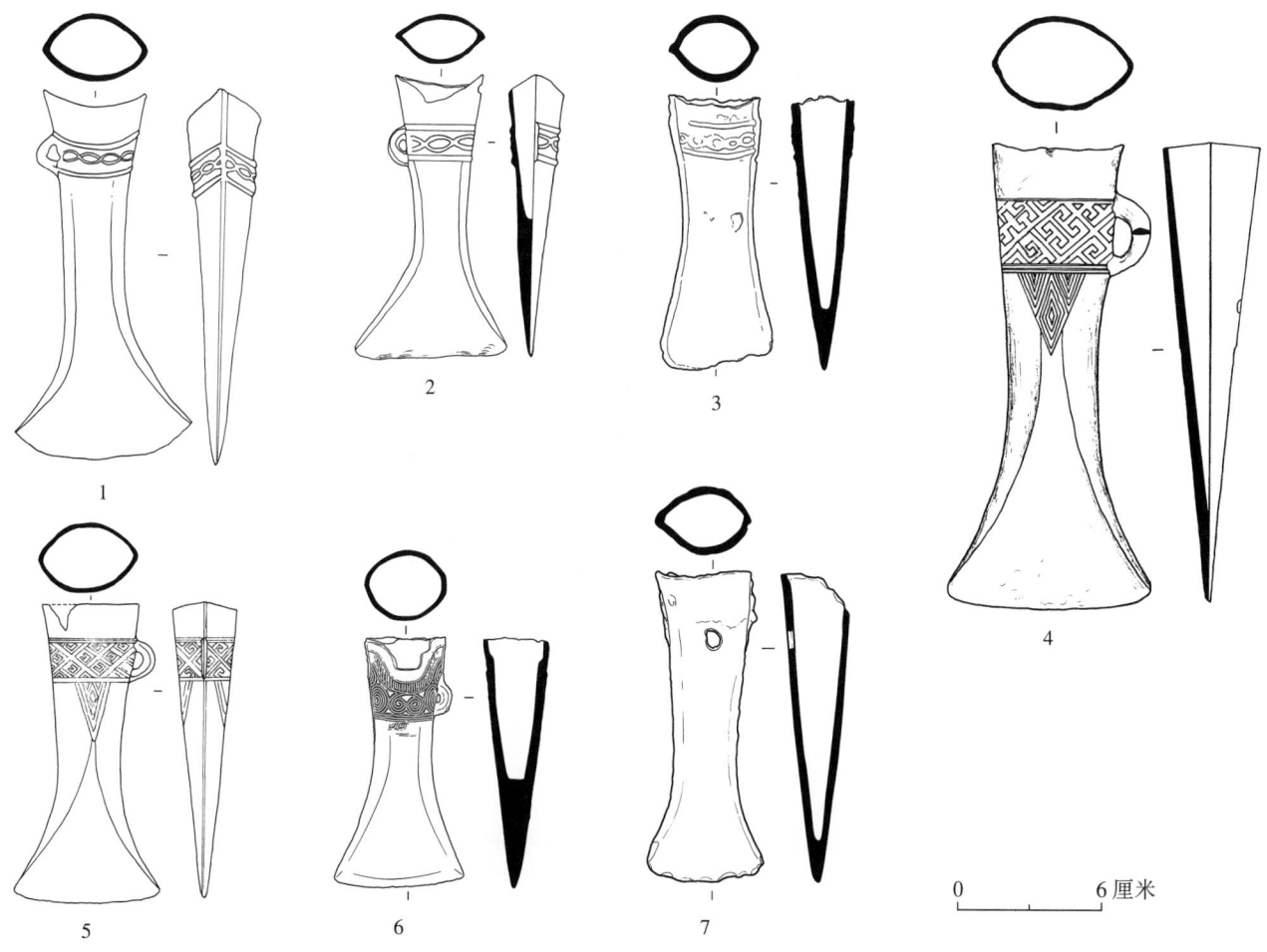

图 4-19 铜椭圆銎斧

1. Aa 型 08M63 ② : 1 2. Ab 型 08M175 : 3 3. A 型 06M51 : 4 4. B 型 08M58 : 5 5. B 型 08M151 ① : 3 6. C 型 06M77 : 1
7. 06M143 : 4

Ab 型　4 件。器形大，长度超过 17 厘米。标本有 08M74 ① : 2（图 4-20，2）、08M206 ① : 3、
06M10 : 2 和 06M88 ② : 1。

B 型　10 件。弧刃，较宽。标本有 08M2 : 5（图 4-20，3）、08M52 : 5、06M35 : 4、06M35 : 9、
06M73 : 1、06M106 : 1、06M113 : 2~4 和 06M113 : 30。

另有 1 件刃部残，为 06M35 : 6（图 4-20，4）。

半圆銎斧　3 件。标本有 08M107 : 2（图 4-20，5）、06M20 ① : 4（图 4-20，6）和 06M71 : 4（图
4-20，7）。

2. 铜削

削　12 件。根据形态差异可分为三型。

A 型　4 件。细长实心柄，窄长刃，柄末端内收成尖。根据刃部形态差异分为两亚型。

Aa 型　3 件。直刃。标本有 08M222 : 9（图 4-21，1）、08M241 : 1 和 06M16 : 8。

Ab 型　1 件。弧刃。标本为 06M136 : 1（图 4-21，2）。

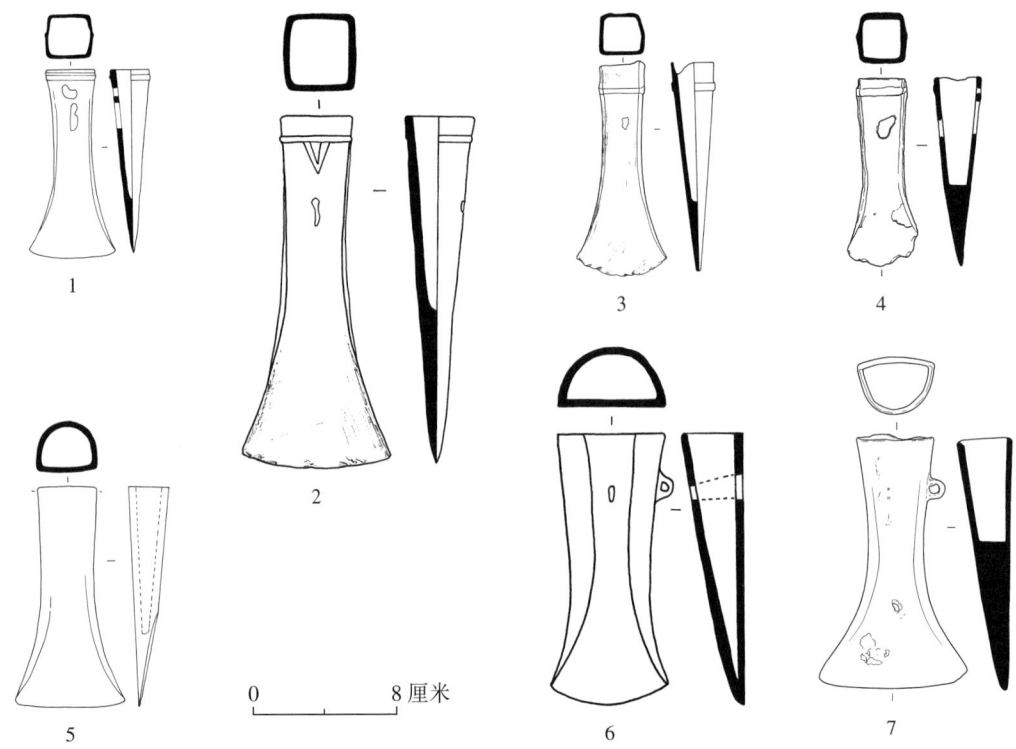

图 4-20　铜斧

1. Aa 型方銎斧 08M5：4　2. Ab 型方銎斧 08M74①：2　3. B 型方銎斧 08M2：5　4. 方銎斧 06M35：6
5. 半圆銎斧 08M107：2　6. 半圆銎斧 06M20①：4　7. 半圆銎斧 06M71：4

　　B 型　3 件。实心柄较粗，刃稍宽。标本有 08M8③：5（图 4-21，3）、08M210①：6 和 06M6：9。

　　C 型　5 件。椭圆空心銎柄，鸭嘴形口，刃窄长，刃部长于柄部。标本有 08M39：2（图 4-21，5）、06M6：8（图 4-21，4）、08M77②：2、08M105①：6 和 06M39：3。

　　削明器　1 件。无法分型。器形较小，为 08M180：1（图 4-21，6）。

　　3. 铜凿

　　21 件。根据銎部的形态差异分为两型。

　　A 型　19 件。半圆空心銎，束腰，单面弧刃，銎宽于刃，器表多铸纹饰。根据凿身的长宽比可分为两式。

　　Ⅰ 式　16 件。器身相对较宽。标本有 08M160：1（图 4-21，7）、06M81：3（图 4-21，14）、08M169：1、08M195：4、08M204：2、08M216：2、08M238：2、08M239：3、06M12：3、06M14：9、06M64：2、06M90：6、06M91：3、06M94：1、06M99：1 和 06M132：2。

　　Ⅱ 式　1 件。器身瘦长。标本为 08M178②：2（图 4-21，8）。

　　属于 A 型的铜凿，还有 06M44：1（图 4-21，11）和 06M64：1（图 4-21，12）。

　　B 型　2 件。方形空心銎。标本有 08M206①：2（图 4-21，10）和 06M113：29（图 4-21，13）。

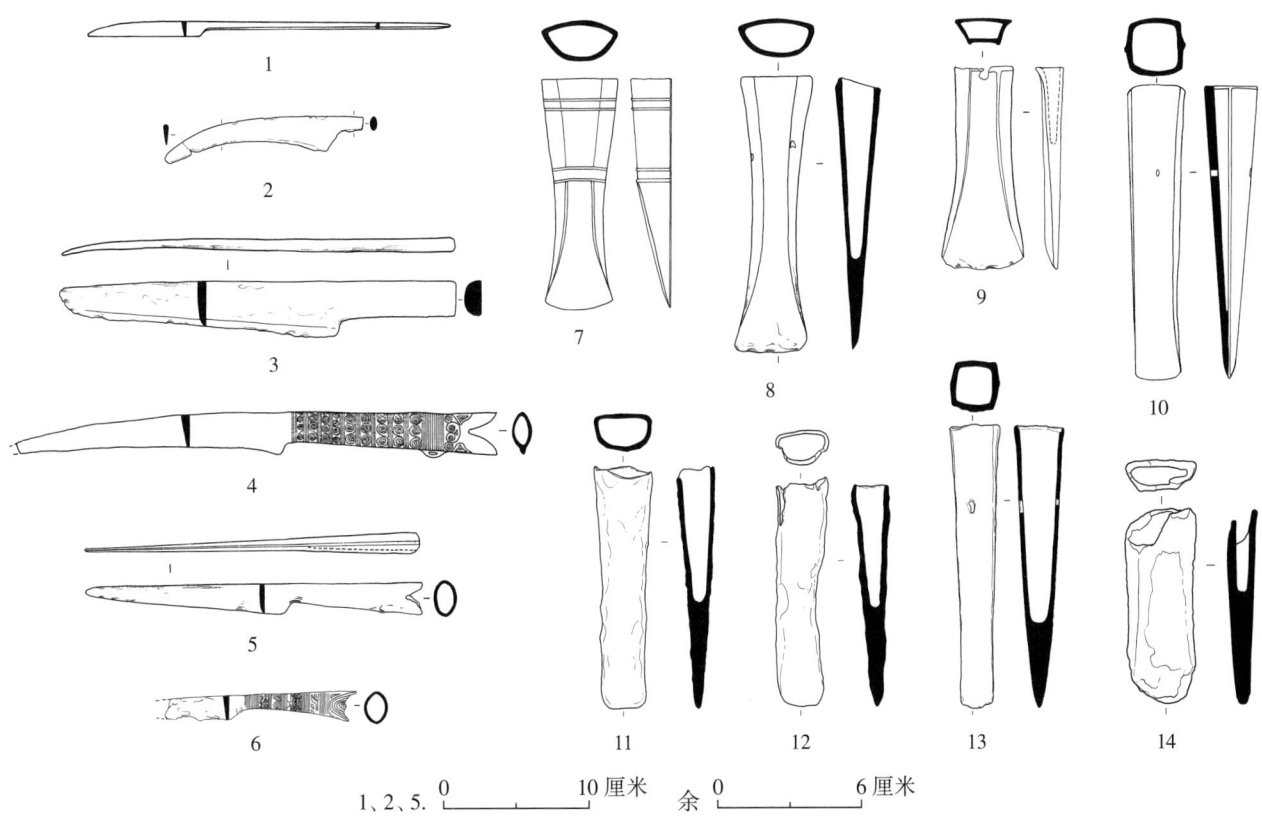

图 4-21　铜削、凿、锛

1. Aa 型削 08M222：9　2. Ab 型削 06M136：1　3. B 型削 08M8③：5　4. C 型削 06M6：8　5. C 型削 08M39：2　6. 削明器
08M180：1　7. A 型Ⅰ式凿 08M160：1　8. A 型Ⅱ式凿 08M178②：2　9. 锛 08M86：5　10. B 型凿 08M206①：2　11. A 型
凿 06M44：1　12. A 型凿 06M64：1　13. B 型凿 06M113：29　14. A 型Ⅰ式凿 06M81：3

4. 铜锛

1 件。空心梯形銎。标本为 08M86：5（图 4-21，9）。

5. 铜锥

6 件。标本有 08M204：1（图 4-22，1）、06M91：4（图 4-22，2）、06M112：6（图 4-22，3）、
08M72：9、08M134③：1 和 06M14：4。

6. 铜刻刀

2 件。标本为 08M204：4（图 4-22，4）和 06M81：2。

7. 铜錾

2 件。标本有 06M132：4（图 4-22，5）和 06M41：2。

8. 铜针

6 件。标本有 08M149：1（图 4-24，1）、08M63②：7、08M210②：8、08M267①：4、06M34：1
和 06M34：3。

9. 铜鱼钩

3 件。标本有 08M133：1（T）（图 4-24，2）、08M206①：8（图 4-24，3）和 08M210①：8。

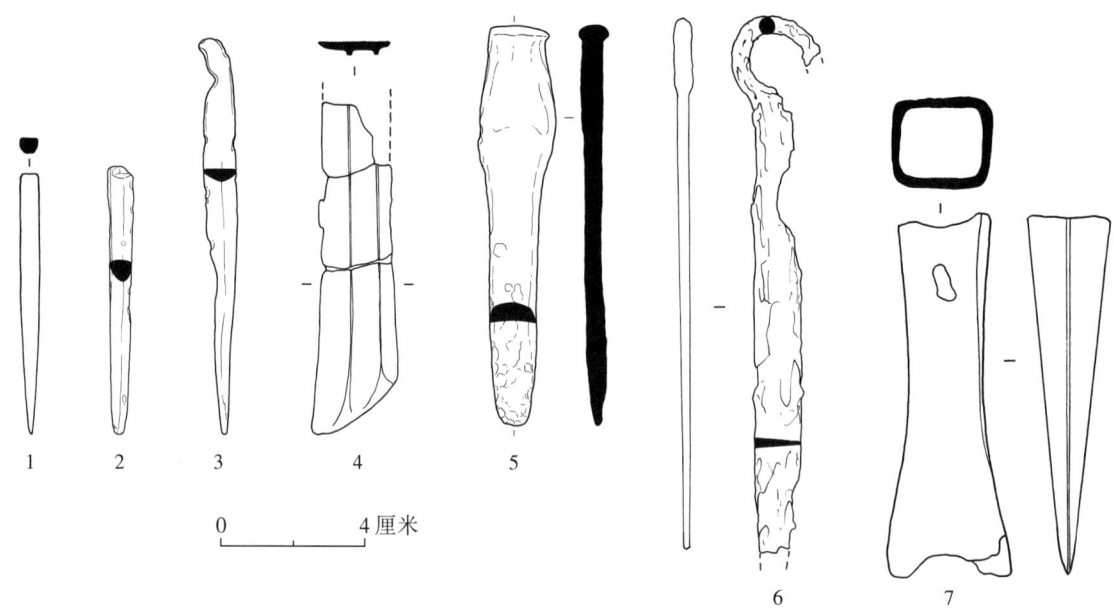

图 4-22　铜锥、刻刀、錾及环首铁刀、铜銎铁斧

1. 铜锥 08M204：1　2. 铜锥 06M91：4　3. 铜锥 06M112：6　4. 铜刻刀 08M204：4　5. 铜錾 06M132：4　6. 环首铁刀
08M7：3　7. 铜銎铁斧 06M10：14

10. 铜夹

1 件。标本为 08M151 ①：4（图 4-24，4）。

11. 铜銎铁斧

1 件。标本为 06M10：14（图 4-22，7）。

12. 铜柄铁削

6 件。根据形态差异分为三型。

A 型　2 件。环首柄。标本有 08M206 ①：16（图 4-23，1）和 06M88 ②：3（图 4-23，2）。

B 型　1 件。空心銎直柄，銎口平直。标本为 06M113：21（图 4-23，3）。

C 型　3 件。空心銎直柄，鸭嘴形銎口，有单系。标本有 06M6：7（图 4-23，12）、06M113：28
（图 4-23，4）和 06M6：15。

13. 铁斧

7 件。标本有 08M10：6（图 4-23，5）、06M58：6（图 4-23，6）、06M58：15（图 4-23，7）、
08M166：12、08M166：14、06M11：2 和 06M58：4。

14. 环首铁刀

15 件。椭圆形或圆形环首，窄长条状刃。标本有 08M7：3（图 4-22，6）、08M97 ②：3、
08M97 ②：14、08M166：7、08M166：17、08M166：21、08M193：2、06M3：5（T）、06M10：5、
06M11：3、06M11：27、06M22：3、06M58：13、06M79 ③：8 和 06M107：6。

15. 铁削

1 件。木柄。标本为 08M52：4（图 4-23，10）。

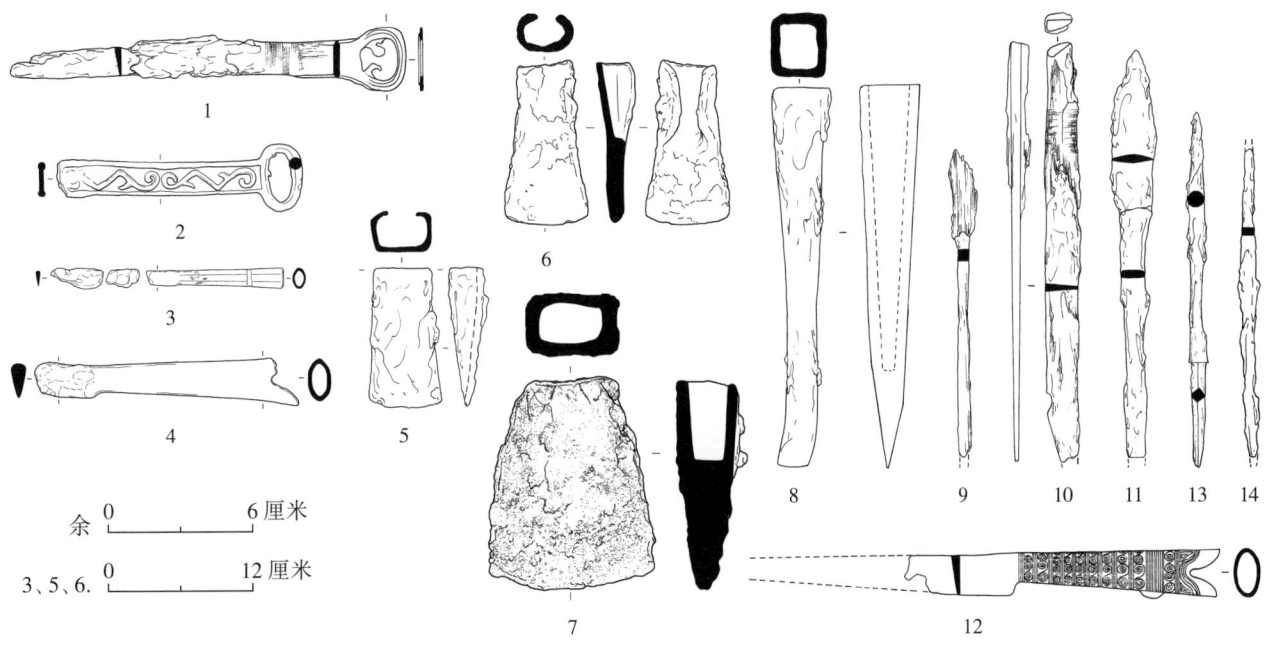

图 4-23　铜柄铁削及铁削、斧、凿、锥、卷刃器

1. A 型铜柄铁削 08M206①：16　2. A 型铜柄铁削 06M88②：3　3. B 型铜柄铁削 06M113：21　4. C 型铜柄铁削 06M113：28
5. 铁斧 08M10：6　6. 铁斧 06M58：6　7. 铁斧 06M58：15　8. 铁凿 08M166：13　9. 铁锥 06M3：9（T）　10. 铁削 08M52：4
11. 铁卷刃器 08M166：18　12. C 型铜柄铁削 06M6：7　13. 铁锥 08M52：8　14. 铁锥 08M206①：6

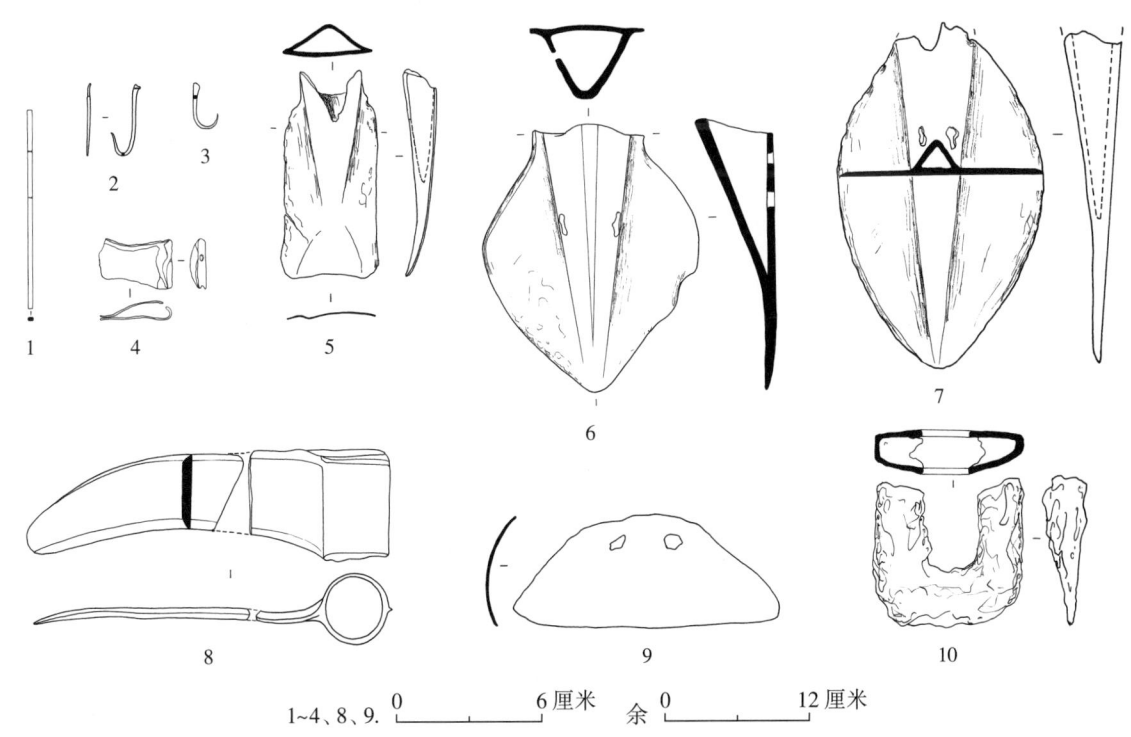

图 4-24　铜针、鱼钩、夹、锄、铲、镰、爪镰及铁锸

1. 铜针 08M149：1　2. 铜鱼钩 08M133：1（T）　3. 铜鱼钩 08M206①：8　4. 铜夹 08M151①：4　5. 铜铲 08M72：10
6. Ab 型铜锄 08M10：4　7. Aa 型铜锄 08M97②：7　8. 铜镰 08M216：1　9. 铜爪镰 06M6：3　10. 铁锸 08M95：2

16. 铁凿

1件。标本为08M166：13（图4-23，8）。

17. 铁锥

4件。标本有08M52：8（图4-23，13）、08M206①：6（图4-23，14）、06M3：9（T）（图4-23，9）和06M79③：1。

18. 铁卷刃器

1件。标本为08M166：18（图4-23，11）。

三、农具

1. 铜锄、铲

铜锄 9件。

A型 9件。平面呈尖叶形。根据器身长宽比例不同，分为两亚型。

Aa型 3件。瘦长器身。标本有08M97②：7（图4-24，7）、08M166：10和06M10：7。

Ab型 6件。宽扁器身。标本有08M10：4（图4-24，6）、06M11：1、06M19：1、06M22：10、06M58：1和06M90：7。

铜铲 1件。平面呈长条形。标本为08M72：10（图4-24，5）。

在金莲山墓地还发现有铜锄和铜铲的明器，外形与铜锄（心形或者尖叶形）和铜铲（长条形）相似，但大小只有原物的五分之一，均为铜质。通常搭配出现，应为固定组合。08M30的随葬品中还发现了专门制作这些器物的石范。

锄明器 25件。其中4件无法分型。三角形空心銎，器形多不规整，边缘不平直。根据肩部形态差异分两型。

A型 4件。平肩，即肩部与銎口基本位于同一直线上。标本有08M8③：3（图4-25，1）、08M32②：2（图4-25，2）、08M107：6（图4-25，3）和06M20①：7。

B型 17件。斜肩，且銎口多凸起。标本有08M58：2（图4-25，4）、08M58：10、08M74①：1、08M105①：8、08M151①：2、08M194：9、06M5：1、06M31：2（T）、06M32：1、06M35：7、06M37：4、06M68：3、06M77：5、06M84：6、06M88③：1、06M96：3和06M113：31。

另有4件残铜锄明器，分别为06M39：4、06M134：1、06M143：1和06M144：2。

铲明器 22件。平面形状以长方形、梯形为主，三角形空心銎，至器身下部分两叉，直至刃部两端。标本有08M8③：1（图4-25，5）、08M32②：1、08M58：1、08M105①：7、08M107：7、08M151①：5、08M184③：1、08M194：10、06M5：2、06M20①：6、06M31：3（T）、06M35：8、06M37：2、06M37：7、06M77：6、06M88③：2、06M113：32、06M117：6和06M143：2。

另有3件残损严重，根据二者共出的规律，推测应为铜铲明器，为06M39：2、06M84：5和06M134：3。

2. 铜镰

1件。标本为08M216：1（图4-24，8）。

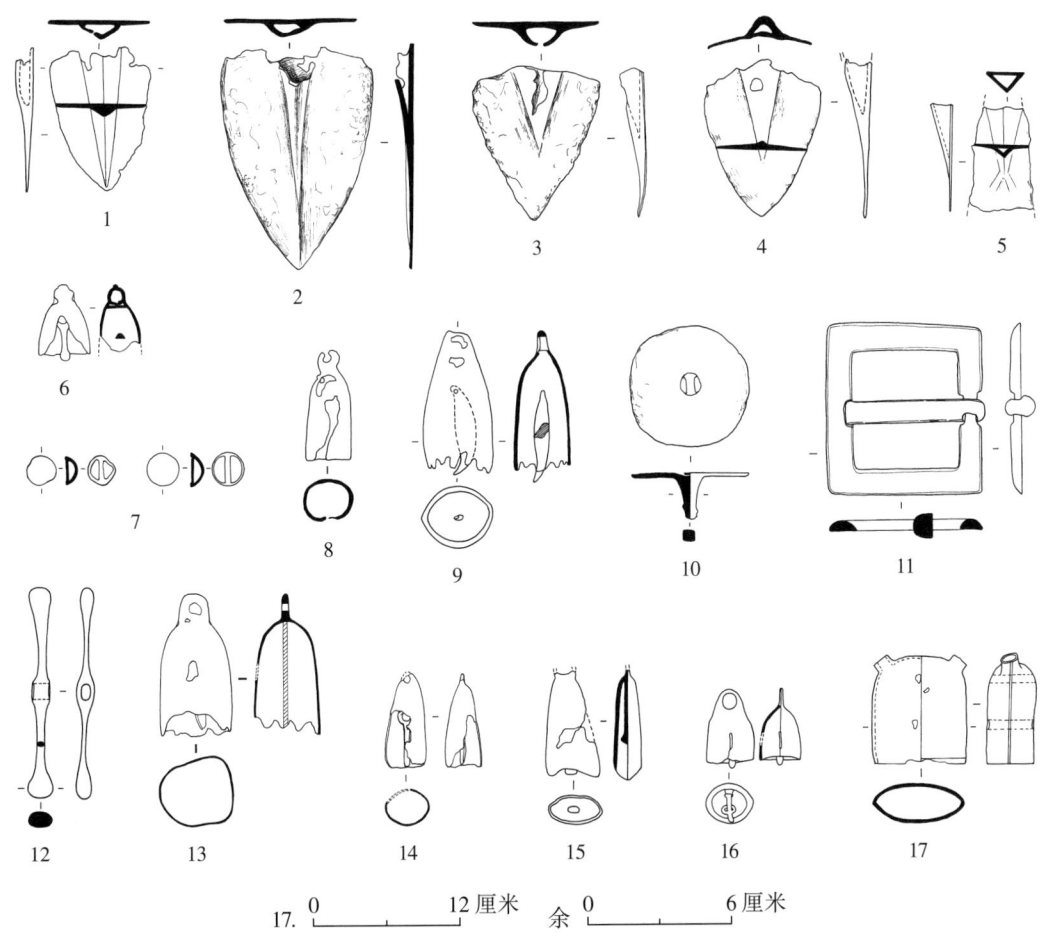

图 4-25　铜锄明器、铲明器、铃、小铜泡、泡钉、策、镳

1. A 型锄明器 08M8③：3　2. A 型锄明器 08M32②：2　3. A 型锄明器 08M107：6　4. B 型锄明器 08M58：2　5. 铲明器
08M8③：1　6. A 型铃 06M10：3　7. 小铜泡 08M12：4、2　8. 铃 08M135：4　9. Aa 型铃 08M234：1　10. 泡钉 08M87：5
11. 策 08M97②：10　12. 镳 08M222：5　13. Aa 型铃 08M179：1　14. Ab 型铃 08M181：2　15. Ab 型铃 08M156：2（T）
16. Ab 型铃 06M2：2　17. B 型铃 08M97②：9

3. 铜爪镰

1 件。标本为 06M6：3（图 4-24，9）。

4. 铁锸

1 件。标本为 08M95：2（图 4-24，10）。

四、生活用具

炊器，包括鼎、釜和鍪等，数量比较少。

1. 铜釜形鼎

1 件。标本为 08M7：7（图 4-26，1），或称鍪式鼎。

2. 铜釜

3 件。标本有 06M22：9（图 4-26，7）、06M90：8（图 4-26，2）和 06M58：2。

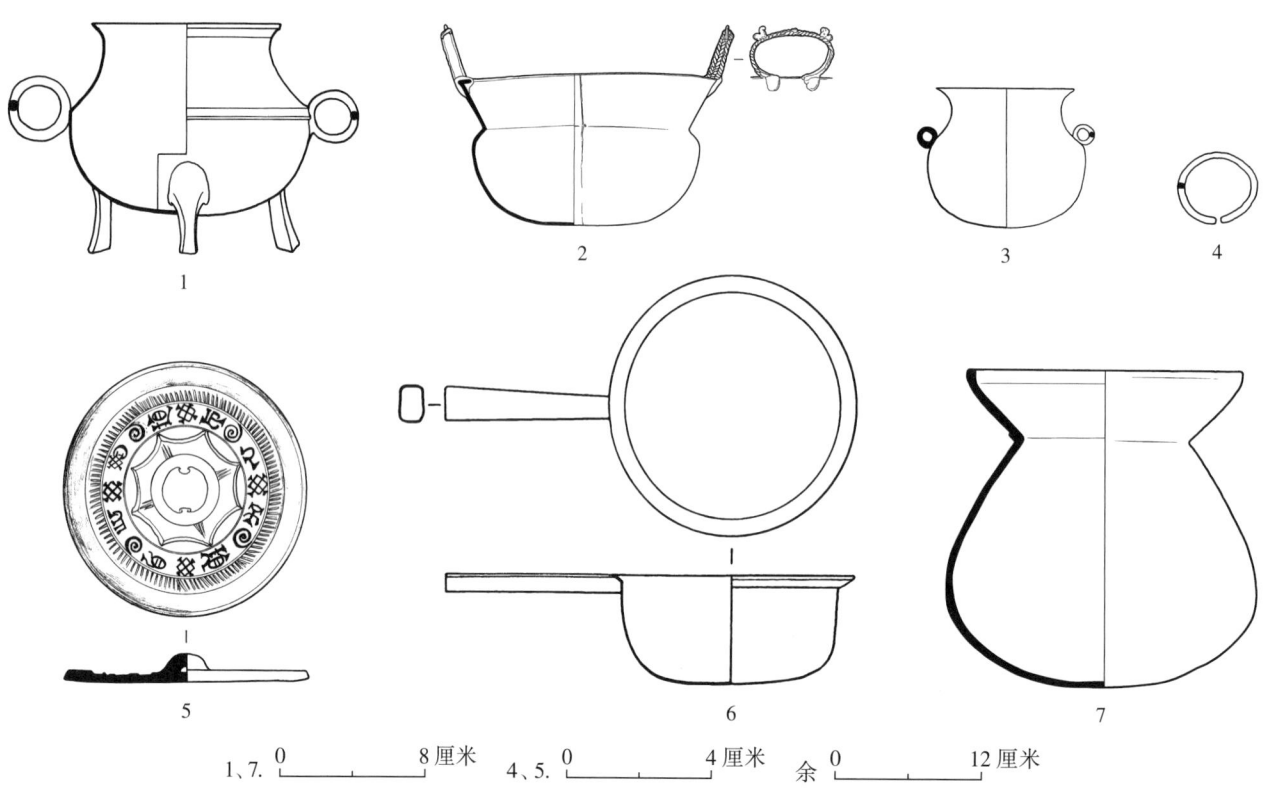

图 4-26 铜鼎、釜、鍪、环、镜、镳斗

1. 釜形鼎 08M7：7 2. 釜 06M90：8 3. 鍪 06M11：8 4. 环 08M64①：1 5. 镜 08M7：2 6. 镳斗 06M11：9 7. 釜 06M22：9

3. 铜鍪

1件。标本为 06M11：8（图 4-26，3）。

4. 铜镳斗

2件。标本有 06M11：9（图 4-26，6）和 06M58：3。

5. 铜镜

1件。标本为 08M7：2（图 4-26，5）。

五、装饰品

装饰品主要有扣饰、扣、带钩、发笄、镯、钏、铃、铜泡和项链等，均为铜质。扣饰包括圆形、长方形和动物造型的扣饰以及形制比较小的扣饰等，以前两者为多，是金莲山墓地的主要类型。

1. 铜扣饰

46件。包括圆形、长方形、动物形铜扣饰和小型铜扣饰四种。

圆形铜扣饰 33件。其中2件无法分型。根据扣面的装饰风格分为两型。

A 型 20件。扣面无镶嵌物。根据装饰风格的差异，分为四亚型。

Aa 型 6件。直径大，扣面为范铸纹饰，连续的几何纹。标本有 08M72：6（图 4-27，1）、08M241：2、06M16：1、06M44：5、06M51：8 和 06M66：2。

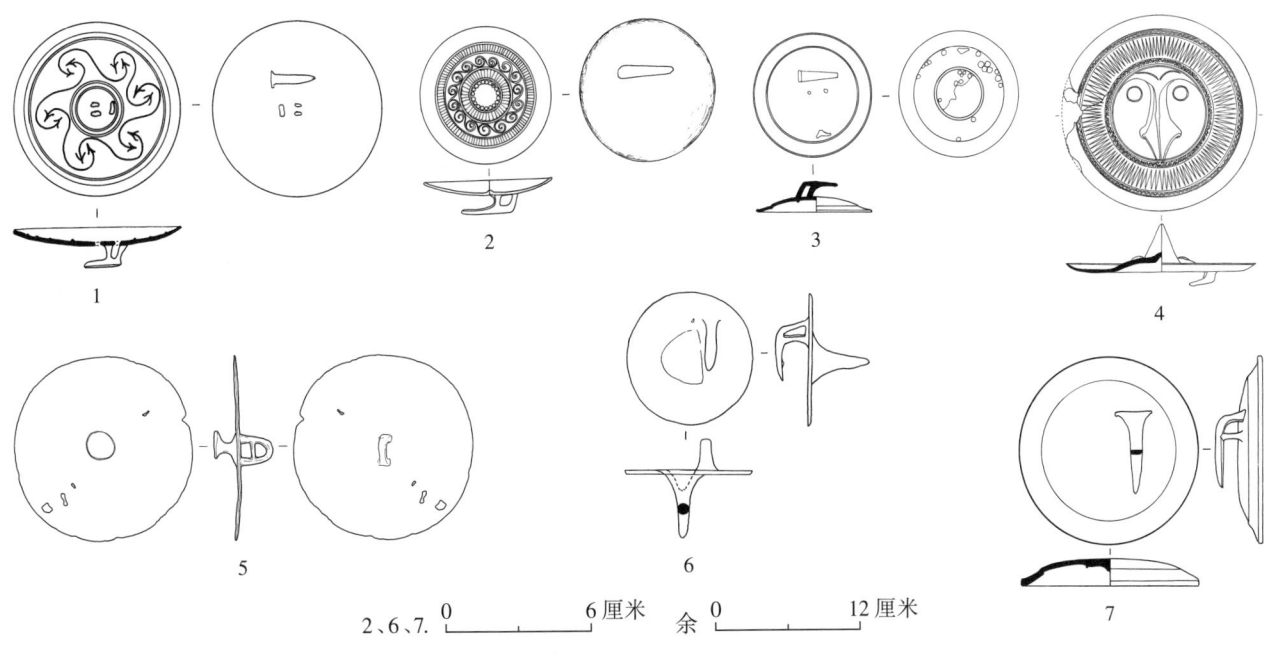

图 4-27　圆形铜扣饰

1. Aa 型 08M72：6　2. Ac 型 08M64②：1（T）　3. B 型 08M64①：8（T）　4. A 型 06M14：1　5. Ad 型 06M112：3　6. A 型 08M58：7　7. Ab 型 08M39：1

Ab 型　4 件。直径小，扣面分区，素面。标本有 08M39：1（图 4-27，7）、08M105①：2、08M175：7 和 06M7：1。

Ac 型　6 件。直径小，扣面范铸纹饰，以螺旋纹、勾连纹等为主。标本有 08M64②：1（T）（图 4-27，2）、08M97②：6、06M42：5、06M79③：6、06M107：4 和 06M108②：2。

Ad 型　2 件。直径大，扣面素面，中心有凸起的柱状钮，背面为环状扣。标本有 06M112：3（图 4-27，5）和 06M112：2。

另有 2 件 A 型铜扣饰，为 08M58：7（图 4-27，6）和 06M14：1（图 4-27，4）。

B 型　11 件。扣面镶嵌孔雀石、玛瑙珠等。标本有 08M64①：8（T）（图 4-27，3）、08M74①：8、08M191：6、08M206①：7、06M36：4、06M107：3、06M108⑤：3、06M113：22、06M113：24、06M113：38（T）和 06M143：6。部分残损严重，残片上可见镶嵌有孔雀石。

另有 2 件圆形铜扣饰，残甚，无法分型，为 06M64：4 和 06M79③：13。

长方形铜扣饰　7 件。根据扣面形状差异分为两式。

Ⅰ 式　2 件。中间宽于两端，近菱形。标本有 08M63②：4（图 4-28，1）和 06M44：2（图 4-28，2）。

Ⅱ 式　5 件。平面呈长方形。标本有 08M8③：6（图 4-28，3）、08M87：4（图 4-28，6）、06M20⑤：2（图 4-28，7）、06M77：10 和 06M113：23。

动物形铜扣饰　5 件。标本有 08M194：8（图 4-28，8）、08M206②：1（图 4-28，4）、06M20①：2（图 4-28，9）、06M134：4 和 06M134：5。

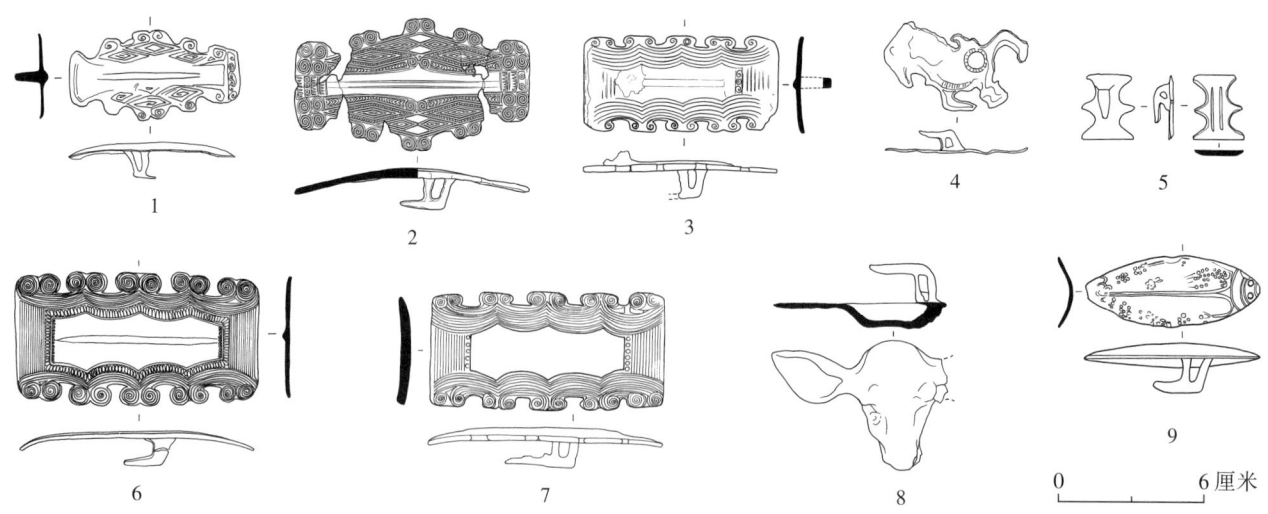

图 4-28 铜扣饰

1. Ⅰ式长方形铜扣饰 08M63②：4 2. Ⅰ式长方形铜扣饰 06M44：2 3. Ⅱ式长方形铜扣饰 08M8③：6 4. 动物形铜扣饰 08M206②：1 5. 小型铜扣饰 08M58：11（T） 6. Ⅱ式长方形铜扣饰 08M87：4 7. Ⅱ式长方形铜扣饰 06M20⑤：2 8. 动物形铜扣饰 08M194：8 9. 动物形铜扣饰 06M20①：2

小型铜扣饰 1件。标本为 08M58：11（T）（图 4-28，5）。

2. 小铜扣

3件。器形小，扣面呈伞状，背面为柱状钮，底部接钮座。扣面饰几何纹。标本有 08M12：10（图 4-29，1）、08M64①：2（图 4-29，2）和 08M64①：6。

3. 带钩

8件。根据器形差异分为两型。

A 型 7件。回首状鸟首，有钮座的一端稍宽大。根据钮座端的形态差异，分为两亚型。

Aa 型 4件。末端基本与钮座同大。标本有 08M97②：5（图 4-29，9）、08M166：9、08M166：20 和 06M19：3。

Ab 型 3件。末端延伸出钮座。标本有 08M166：19（图 4-29，8）、06M22：5 和 06M58：14。

B 型 1件。方形扣面，饰螺旋纹。标本为 06M11：15。

4. 竿

5件。根据器形差异分为两型。

A 型 3件。细长竿身，横剖面近圆形，顶端装饰简单。标本有 08M72：5（图 4-29，17）、06M40：2（图 4-29，15）和 08M222：1。

B 型 2件。细长竿身，横剖面为长方形，顶端饰蝴蝶镂空装饰。标本有 08M69③：7（图 4-29，4）和 08M210①：5（图 4-29，5）。

5. 镯、钏

单个为镯，多个为钏，依大小顺序重叠在一起。

镯 6件。根据器形差异分为三型。

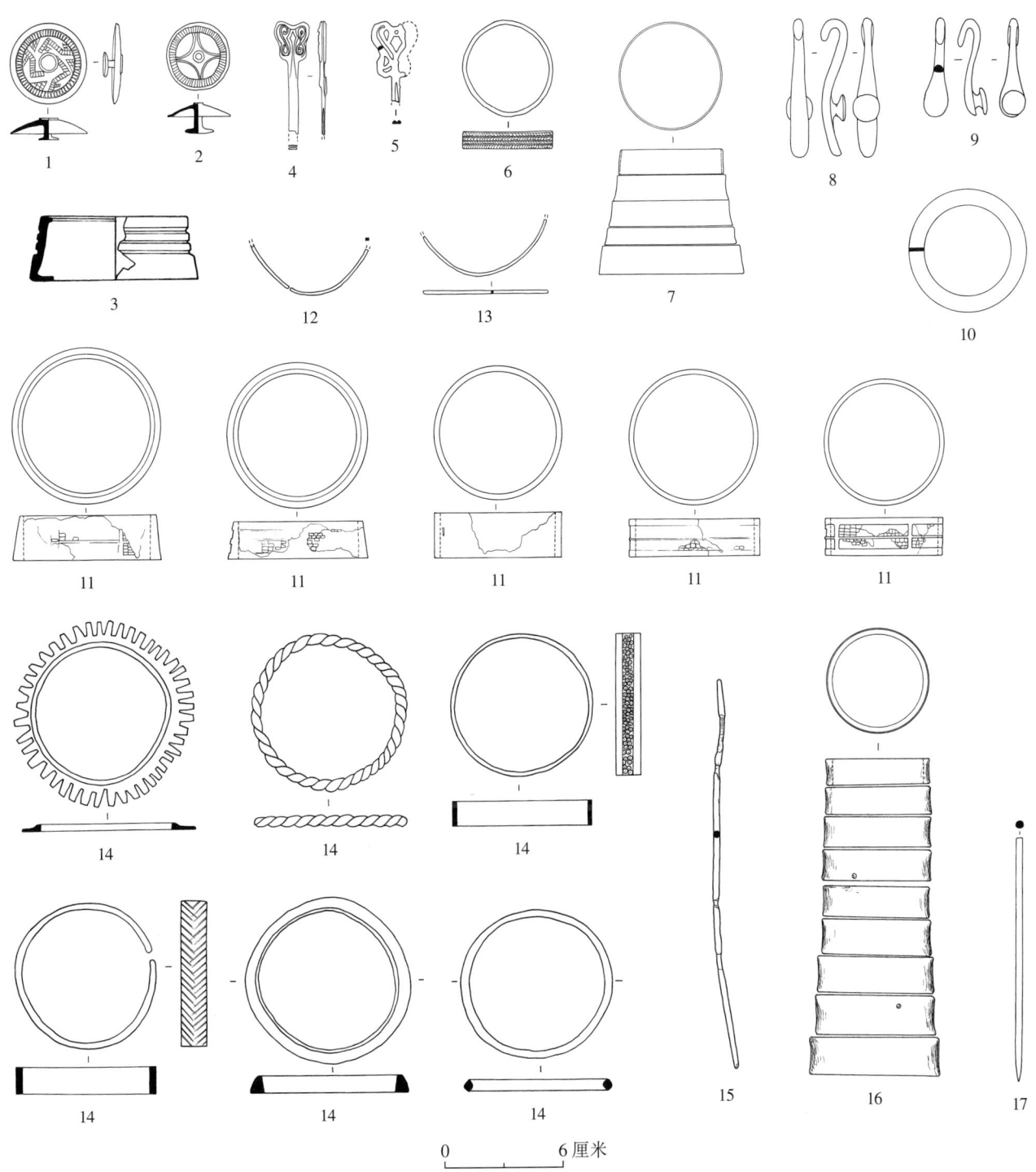

图 4-29　铜带钩、钏、镯、笄及小铜扣

1. 小铜扣08M12：10　2. 小铜扣08M64①：2　3. C型镯08M12：11（T）　4. B型笄08M69③：7　5. B型笄08M210①：5　6. C型镯08M135：2　7. Aa型钏08M91：2　8. Ab型带钩08M166：19　9. Aa型带钩08M97②：5　10. A型镯08M232：1　11. B型钏08M87：11　12. B型镯08M79：1　13. B型镯08M44①：1　14. 钏06M6：4　15. A型笄06M40：2　16. Aa型钏08M72：11　17. A型笄08M72：5

A 型　1 件。扁平镯身，剖面呈长条形。标本为 08M232：1（图 4-29，10）。

B 型　3 件。镯身细，呈条状，剖面呈扁圆形。标本有 08M44①：1（图 4-29，13）、08M79：1（图 4-29，12）和 08M80：2（T）。

C 型　2 件。镯面宽。标本有 08M12：11（T）（图 4-29，3；可能为钏的残件）和 08M135：2（图 4-29，6）。

钏　12 件。根据装饰风格差异分为两型。

A 型　8 件。镯面为素面。根据镯面宽窄差异分为两亚型。

Aa 型　5 件。镯面宽扁。标本有 08M72：11（图 4-29，16）、08M91：2（图 4-29，7）、06M36：2、06M115：2 和 06M138：1。

Ab 型　3 件。镯面窄长，呈条状。标本有 06M69：5、06M71：5 和 06M137：8。

B 型　3 件。镯面镶嵌圆形孔雀石片。标本有 08M87：11（图 4-29，11）、06M65：1 和 06M77：9。

另外，06M6：4（图 4-29，14）由 6 件不同形制的镯组成。从该墓地墓内出土铜钏来看，其数量多为 5 个、8 个一组。

6. 铃

9 件。根据器形差异分两型。

A 型　7 件。器形小。顶部有钮，可用于悬挂；椭圆形腔，腔内顶部有横梁，挂有舌。部分表面有穿孔，系铸造时铜液流淌不均所致，并非人为制造。根据底部边缘及舌的差异分为两亚型。

Aa 型　2 件。底部边缘为花边形，用动物犬齿做舌。标本有 08M179：1（图 4-25，13）和 08M234：1（图 4-25，9）。

Ab 型　3 件。底部边缘较平直或略内凹；钮与器身侧缘在同一直线上，即平面近长梯形；腔内横梁上挂有铜舌。标本有 08M156：2（T）（图 4-25，15）、08M181：2（图 4-25，14）和 06M2：2（图 4-25，16）。

属于 A 型的铃还有 06M10：3（图 4-25，6）和 06M10：4。

B 型　1 件。器形大，规整。顶部两侧对称各有一短柱状钮，钮横剖面为椭圆形。器身两侧及底平直。标本为 08M97②：9（图 4-25，17）。

另外，还有 1 件铃，为 08M135：4（图 4-25，8）。

7. 铜泡

7 件。表面多饰简单的几何纹。标本有 08M28：6、08M63②：3、08M267①：2~3、06M7：2、06M69：7 和 06M137：9。

8. 小铜泡

8 件。圆丘状，以素面为主，背侧有一横挡。标本有 08M12：2（图 4-25，7 右）、08M12：4（图 4-25，7 左）、08M64②：2（T）、08M64②：4（T）、08M166：8、06M3：2、06M79③：4-1~4-2。

9. 泡钉

8 件。平面呈圆形，中心有尖状凸起，背后中心内凹处有一横挡。标本有 08M87：5（图 4-25，

10）、08M206①：4-1~4-3、06M16：6-1~6-2、06M73：3（T）和06M117：3。

10. 项链

1件。标本为08M135：1。

11. 环

6件。标本有08M64①：1（图4-26，4）、08M74①：7、08M166：5、06M22：4、06M22：7和06M90：3。

12. 小饰件

1件。标本为06M77：4，形状似铜镞，用途不明。

13. 铜器残片

1件。标本为06M1：8（T），数块铜片，厚薄不同，胶结在一起，中间还夹有类似孔雀石的颗粒。有学者认为可能是熔铸金属器物的容器底部。

六、车、马器

无论是种类还是数量都比较少，主要为马器。

1. 铜策

1件。标本为08M97②：10（图4-25，11）。

2. 铜镳

1件。标本为08M222：5（图4-25，12）。

七、钱币与印章

1. 铜钱币

出土钱币包括五铢24件、大泉五十12件和大布黄千1件。

五铢　24件。标本为08M44①：3-1~3-2（图4-30，1）、08M44②：2-1~2-2（图4-30，2）、08M44②：1-1~1-2（图4-30，3）、08M95：1、08M118：2-6~2-7、08M176：1-1~1-9、06M11：6、

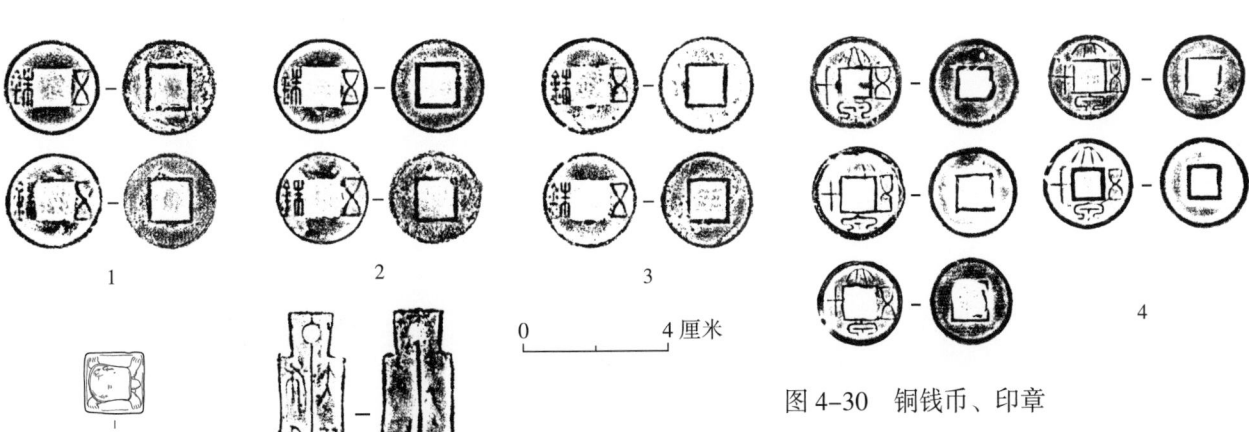

图4-30　铜钱币、印章

1. 五铢 08M44①：3-1~3-2　2. 五铢 08M44②：2-1~2-2　3. 五铢 08M44②：1-1~1-2　4. 大泉五十 08M118：2-1~2-5　5. 铜印章 06M90：4　6. 大布黄千 08M176：2

06M22：6-1~6-2、06M58：7、06M90：1 和 06M90：2。

大泉五十 12件。标本有 08M118：2-1~2-5（图4-30，4）、08M176：1-10~1-15 和 06M80：7。

大布黄千 1件。标本为 08M176：2（图4-30，6）。

2. 铜印章

1件。标本为 06M90：4（图4-30，5），为印章料。

八、礼器

在金莲山 06M1：16（T）和 06M6：19（T）中发现铜残片，从残片形状来看，应该是铜鼓或者鼓形贮贝器的残片。由于被盗厉害，根据残片推测这两座墓中应该有铜鼓或者鼓形贮贝器一类的器物。

第三节 石器

包括砺石、石砚、石范、纺轮和磨制石器等。它们的功用不同，砺石、石范和纺轮当属工具类，而石砚当属文具类，本不好归类，暂将其按质地归类。

1. 砺石

30件。根据形态差异分为三型。

A 型 21件。长条形。标本有 08M14：1（图4-31，1）、08M52：7、08M64②：3（T）、08M66：1（T）、08M74①：12、08M77②：6、08M87：10、08M155②：5、08M175：6、08M194：6、08M206①：10、08M222：6、08M267②：4、06M10：13、06M11：24、06M13：5、06M14：3、06M68：4（T）、06M79①：2、06M79③：11 和 06M88②：4。

B 型 5件。圆柱形。标本有 06M35：11（图4-31，2）、06M11：25、06M37：3、06M51：7 和 06M77：7。

C 型 4件。圆锥形。标本有 06M83：1（图4-31，3）、06M79③：9、06M84：3 和 06M137：6。

2. 石砚

1件。标本为 06M58：11（图4-31，4）。

3. 石范

5件。标本有 08M30：2（图4-31，5）、08M30：3~5 和 08M169：2（T）。

4. 纺轮

4件。标本有 08M48：1（图4-31，15）、08M64②：5（T）、06M108⑤：2 和 06M117：5。

5. 磨制石器

3件。用途不明。标本有 08M30：1（图4-31，17）、08M5：5 和 06M113：33。

6. 印章

1件。标本为 08M166：4（图4-31，18）。

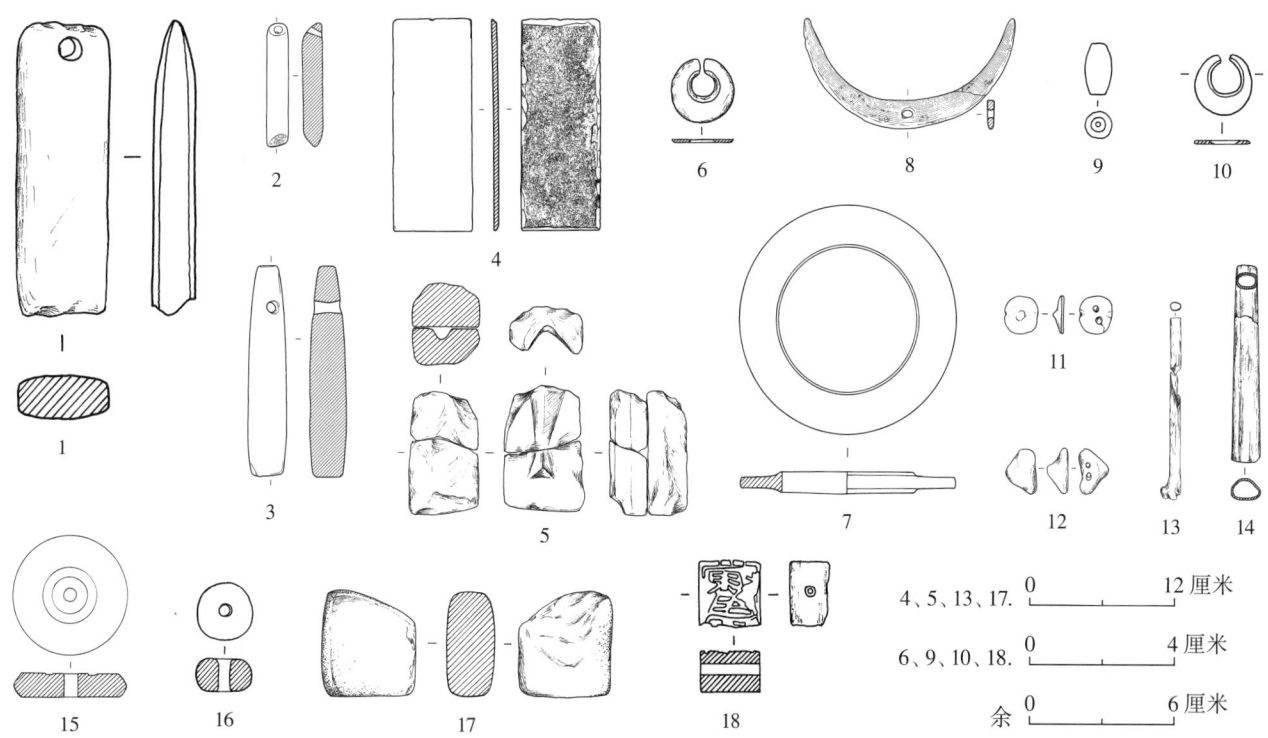

图 4-31　石器、玉器、牙器、玛瑙器、骨器、绿松石器

1. A 型砺石 08M14：1　2. B 型砺石 06M35：11　3. C 型砺石 06M83：1　4. 石砚 06M58：11　5. 石范 08M30：2　6. 玉玦 08M18②：1　7. 玉镯 08M87：12　8. 牙饰 06M79③：12　9. B 型玛瑙珠 08M64①：3　10. 骨玦 08M210①：4-1　11. 绿松石扣 08M7：4　12. 绿松石扣 08M69③：3-2　13. 骨饰 08M97④：1　14. 骨管 08M16：3　15. 石纺轮 08M48：1　16. A 型玛瑙珠 08M12：7　17. 磨制石器 08M30：1　18. 石印章 08M166：4

第四节　玉、玛瑙、骨牙、海贝等

用玉、玛瑙、绿松石、孔雀石等质地的材料制作的装饰品，器形大多较小，从这些器物在墓葬中人体骨骼所处的位置来看，当是死者身上佩戴的装饰品，这些装饰品包括项链、手链、脚链（？）和带饰等。装饰品不仅是文化传统的反映，有时更是身份和地位的象征。根据质地的不同，分为玉器、玛瑙器、绿松石器、骨器和木器等。

一、玉器

金莲山出土的玉器数量比较少，主要有镯、玦和管等器类。

1. 镯

2 件。标本为 08M87：12（图 4-31，7）和 08M97④：2（T）。

2. 玦

60 件。标本有 08M18②：1（图 4-31，6）、08M22：1、08M26：1、08M28：2（T）、08M31③：2-1~2-3、08M54：1~2、08M65：2-1~2-2、08M72：13、08M87：14-1~14-3、08M87：17-1~17-4、08M87：20、08M88①：1-1~1-3、08M88①：4、08M110：1、08M131：1-1~1-4、

08M135：3、08M151①：1-1~1-3、08M155②：2~3、08M185：1、08M188：1、08M210③：2-1~2-2、08M236：1~2、08M254：1、06M1：11-1~11-2（T）、06M1：22（T）、06M7：4-1~4-8（T）、06M16：7、06M16：14、06M72：3（T）、06M108⑤：1、06M112：8、06M134：2 和 06M140：3。

3. 管

18件。细长圆柱形，中剖面为椭圆形，中间有穿孔。器表色泽有差异，管的粗细和中间穿孔亦不同，没有细分型式。标本有 08M2：7、08M39：3、08M44②：3、08M60②：1-1~1-2、08M84：1-4、08M196：1、08M196：2-1~2-5、08M258：2、06M6：17、06M84：2、06M140：1-1~1-2 和 06M140：2。

4. 坠

1件。标本为 06M106：3。

二、玛瑙器

包括扣、玦、管和珠等。

1. 扣

28件。圆片状，正面有乳状凸起，直径 2.5~4.5 厘米。标本有 08M69③：12-1~12-3、08M74①：11-1~11-3、08M87：9、08M206①：11-1~11-3、06M11：17~23、06M69：2~3、06M79①：6~7、06M88③：3 和 06M113：11~16。

2. 玦

1件。与玉玦形态、大小相似，仅质料不同而已。标本为 08M72：15。

3. 管

2件。标本有 08M84：1-3，圆柱形，中间有穿孔，两面对钻而成；06M1：14（T）。

4. 珠

25件。根据形态差异，分为两型

A型　22件。算珠状，数量最多。标本有 08M12：7（图 4-31，16）、08M31③：3、08M43：2-1~2-3、08M84：1-1、08M87：3、08M87：7、08M87：8、08M87：15、08M106：2、08M106：5-1~5-2、08M181：12、08M206②：2、06M1：25（T）、06M1：28（T）、06M6：14、06M15：1、06M23：2、06M70：2 和 06M108③：1。

B型　3件。长柱状，数量较少。标本有 08M64①：3（图 4-31，9）、08M97③：4 和 08M258：3。

三、绿松石器

包括扣、管和珠等。

1. 扣

41件。形状不统一，通常正面有乳凸，背面有对穿的两个小孔以便穿缀，与玛瑙珠、玛瑙管、玉管等共同构成串饰。标本有 08M7：4（图 4-31，11）、08M69③：2-1~2-3、08M69③：3-1~3-3（图

4-31，12）、08M12：1、08M12：5、08M12：8、08M19 ①：1、08M19 ①：3、08M69 ③：9~10、08M106：3、08M128：1、08M181：3~7、08M181：14~15、08M184 ②：2、08M191：8~9、08M191：11-1~11-2、08M191：12-1~12-2、08M191：13、06M10：9、06M10：10-1~10-2、06M11：7、06M24：2、06M36：7、06M79 ①：1、06M79 ①：3~4、06M116：1 和 06M116：3。

2. 管

2 件。标本为 06M6：18，圆柱形，中间粗、两端细；08M181：11。

3. 珠

20 件。根据形态差异，分为两型。

A 型　12 件。算珠形。标本有 08M69 ③：5、08M69 ③：11、08M69 ③：13、08M69 ③：15-1~15-2（T）、08M106：6、08M181：8~9、08M191：15-1~15-2、06M11：26 和 06M70：3。

B 型　8 件。圆柱形。数量上，A 型多于 B 型。标本有 08M2：9、08M46：6、08M69 ③：1、08M69 ③：4-1~4-2、08M106：4、08M181：10 和 06M80：4-1。

玻璃珠　1 件。标本为 08M166：3，莹绿色，半透明。算珠状，中心有穿孔。

琉璃珠　1 件。标本为 06M80：4。

四、孔雀石器

仅珠一类。

珠　37 件。圆柱形，切片，中间有穿孔，加工非常规整。通常用于铜圆形扣饰或铜钏等器物的镶嵌物。切片非常薄，似专业生产的产物。标本有 08M6：1（T）、08M27：1（T）、08M28：1（T）、08M31 ③：4、08M43：1、08M50：6、08M67 ②：1、08M67 ③：1、08M67 ④：1、08M77 ②：1（T）、08M74 ①：15（T）、08M80：1（T）、08M81 ③：4、08M84：1-2、08M87：3、08M88 ②：3、08M91：1、08M92 ②：2、08M92 ③：2、08M97 ⑥：2、08M105 ①：1（T）、08M106：1（T）、08M107：1（T）、08M117：1、08M120：1（T）、08M206 ①：17（T）、08M210 ①：9、08M210 ③：3（T）、08M210 ④：2（T）、06M1：20（T）、06M1：27（T）、06M2：3、06M3：7（T）、06M6：16、06M22：14（T）、06M108 ③：2 和 06M121：3。

五、骨、牙器和海贝

包括骨管、骨玦和骨饰等，有的可能是骨笛和骨筒（用以装盛细小器物的容器，极可能是针筒）。通常是用动物骨头加工制作而成。

1. 骨管

6 件。多用动物肢骨打磨加工而成，用以装盛，如针筒，有的还在上面打孔，制成乐器——骨笛。标本有 08M16：3（图 4-31，14）、08M64 ①：5、08M64 ①：4、08M67 ①：1、06M31：6（T）和 06M71：1。

2. 骨玦

2 件。半环状，与玉玦和玛瑙玦在外形上相似，只是材质不同而已。标本有 08M210 ①：4-1（图

4–31，10）和 08M210 ① ：4–2。

3. 骨饰

9 件。利用动物骨头或者人骨制成的饰物，形状不一，加工打磨并在上面施以红色的彩绘做装饰，有的有穿孔。标本有 08M97 ④ ：1（图 4–31，13）、08M127 ：1、08M165 ：1、08M206 ① ：9、06M6 ：11~12、06M68 ：2 和 06M69 ：9~10。

4. 骨镞

5 件。标本有 08M86 ：1、08M86 ：3、08M195 ：1–1、08M195 ：5 和 06M112 ：4–2。

5. 牙饰

4 件。利用动物牙齿，打磨光滑，并钻孔，成为装饰品。标本有 06M79 ③ ：12（图 4–31，8）、08M105 ① ：10（T）、08M113 ③ ：2（T）和 06M79 ③ ：10。

6. 海贝

出土比较分散，仅部分墓葬有出土，如 08M87 ：13。多数没有穿孔，极少数有穿孔。

六、木器

有木镯等。

镯　9 件。圆环状，用木料制成，在镯面布满纵向排列的小圆点，装饰精美的图案。后来在铜钏上装饰孔雀石珠的做法可能来源于此。标本有 08M100 ：2、08M234 ：2、08M236 ：3~4、08M255 ：1、08M258 ：1、06M35 ：3、06M46 ：1 和 06M115 ：3。

第五章　结语

一、分期与年代

（一）分期

"分期表述其时间的差异，即考古学文化的历史过程的持续和连贯"[1]，是考古学文化发展的质变阶段的反映。

金莲山墓地的墓葬叠压打破关系复杂，根据墓葬之间已有的叠压和打破关系，同时，结合墓葬中出土的随葬器物，将金莲山墓地的墓葬分为如下三组。分别是：

第1组：以08M195的A型戈为代表的遗存。

第2组：以08M194的B型戈为代表的遗存。

第3组：以08M193的Ab型Ⅱ式铜骹铁矛为代表的遗存。

根据上面的分析结果，将金莲山墓地其他没有叠压打破关系但有随葬器物的墓葬，根据其器物组合和形制特征，分别归入相应的组别，并由此得出金莲山墓地的早、中、晚三个时期的分期（图5-1）。分别是：

早期：以08M195等墓葬为代表，同期墓葬还包括08M86、08M94、08M114、08M124、08M160、08M190、08M204、08M238、08M239、08M244、06M12、06M25、06M64、06M81、06M91和06M99等。

这一时期最典型的器物为A型戈，A、B型镎（戈、镎应是同一件兵器上的两个部件，中间以木柄相连），同时还有镞、凿以及刻刀，少数还有铜锛，陶器目前面貌还不清楚。

此期的铜器还不甚发达，不仅表现在器物的种类上比较少，而且器物的形制和纹饰也不发达。兵器仅有戈和镞两类器物，工具有凿、刻刀和锥等，多数为素面。部分墓葬还出现了用骨器来弥补青铜武器不足的现象，在08M86等几座墓葬中就出土了骨镞。该期是以戈为主要兵器的时代。

这一时期的人们在随葬品的配置方面，主要是青铜武器和手工工具，没有农具和装饰品是这一时期的特色，陶器特征不明。

---

[1] 张忠培：《研究考古学文化需要探索的几个问题》，《文物出版社成立三十周年纪念文物与考古论集》，文物出版社，1986年，第177~185页。

墓葬均为单人葬，没有发现合葬的现象。将这些墓葬放在墓葬分布图上，我们就会发现，这一时期，金莲山墓地只有西北—东南向的墓葬，而且在整个区域都有分布，只是比较稀疏而已（当然，不排除有的墓葬被晚期墓葬破坏的可能性）。

该期主要随葬器物的特征如下。

铜戈：A 型，带翼短胡、鱼尾内，援身扁薄。直角三角形，表面有米粒状凹槽，援末上翘。通长 20 厘米左右。

铜镈：A 型和 B 型，长条形，平底，底部有击打翻卷的痕迹。椭圆銎，镈体两面有圆涡纹。

铜镞：A 型，分阔叶形和柳叶形，器身扁平，叶中部多有凹槽，无明显的铤，长约 4 厘米，不甚规整。

铜凿：A 型 I 式，长条形，梯形銎，通长 8 厘米左右。

骨镞：锥状，两头尖，中间粗，剖面作菱形。

陶器：为饰细密绳纹的褐陶，器形不明。

中期：以 08M194、08M107、06M16 等墓葬为代表，属于该期的墓葬还有 08M8、08M17、08M28、08M30、08M34（？）、08M39、08M58、08M59、08M62、08M63 ②、08M72、08M77 ②、08M87、08M91、08M105、08M113、08M115、08M122、08M133、08M151、08M155、08M159、08M169、08M175、08M178、08M180、08M181、08M184、08M185、08M188、08M200、08M210、08M216、08M222、08M241、06M1、06M2、06M5、06M6、06M7、06M14、06M20、06M35、06M37、06M39、06M40、06M41、06M44、06M51、06M63（？）、06M65、06M66、06M69、06M71、06M72、06M73、06M77、06M84、06M88、06M89、06M91、06M94、06M96、06M97、06M102、06M112、06M113、06M115、06M117、06M134、06M137、06M143 和 06M144 等。

该期最典型的器物主要为 B、C 型铜戈，A、B 型铜矛，A、B 型铜剑，A 型圆形铜扣饰，I、II 式长方形铜扣饰和动物形铜扣饰，C 型铜镞，半圆銎、椭圆銎铜斧，A 型铜铲等，陶器主要有釜、壶、尊和鼎，玉石、玛瑙等质地的装饰品也在墓葬中出现。

铜矛、剑等兵器已经出现并在数量上取代戈而居于主要地位，戈已处于次要地位。早期的带翼鱼尾戈已经不见了，新出现的是方内戈，戈援上有脊，本上饰太阳纹，其后有蛙人图案。援尖呈三角形下坠。剑既有蛇首无格剑，也有一字格剑。矛的形制也多样，有鸭嘴銎和圆銎，銎口下有圆形穿孔，多数没有纹饰、少数在銎上饰圆涡纹和回字形纹，矛叶多为柳叶形，剖面为菱形，中空。镞，分为细长实心铤和扁圆空心铤，后者是新出现的。武器组合已经发生变化，由早期的仅有镞和戈，到目前的剑、矛、戈样样齐全，武器的种类已经大大地丰富。除剑、矛是新出现的武器种类以外，新增加了扁圆空心铤的镞，镞叶跟早期的没有多大区别，但铤发生变化，而且铤的长度甚至长于镞身。农具中仅见长条形铜铲，未见尖叶形锄（或称心形锄），也可能是由于发掘面积有限，没有发现而已，当然，也可能是新出现的一种农具，人们还舍不得将其放入墓葬中随葬，因为类似的模型明器都已经出现，形制仅原器五分之一左右。铜斧，多带桥耳，銎多为半圆形或者椭圆形，少量方形。铜扣饰，包括圆形、长方形和动物形，圆形中有正面凸出的禽类头部造型，也有正面凹进并在表面镶嵌有细小的孔雀石圆片和彩色玛瑙扣的。陶器在墓葬中出现并盛行，主要器类包括釜、壶、尊、釜形鼎等，以釜、

铲	扣饰	罐	尊	釜	残片
					陶片 08M86：7（T）
铜铲明器 08M107：7	Aa 型圆形铜扣饰 06M16：1		A 型Ⅱ式陶尊 08M107：10	Ab 型Ⅴ式陶釜 08M107：11 Ab 型Ⅱ式陶釜 08M107：12	
	B 型圆形铜扣饰 06M113：24	Ea 型陶侈口罐 08M166：16　　Bb 型陶单耳罐 08M166：2 D 型陶单耳罐 06M10：1			

壶为大宗。

在墓葬中既有单人葬，又有合葬，还有由捡骨堆砌而成的叠葬，与早期的仅仅只有单人葬形成鲜明的对比。在墓葬的分布规律上，可以见到在山顶部位，首次出现了南—北和北—南向的墓葬，山顶部位由原来的西北—东南向一个墓向群体所有的墓地，变成了由西北—东南向和南—北向（北—南向）两个墓向群体来共同拥有这一墓地的情况，并且出现了南—北（北—南）向将西北—东南向的墓葬毁坏的情况，原本属于西北—东南向墓主人的墓地被后来的南—北（北—南）向的墓主占用。

晚期：以 08M166、08M193 等墓葬为代表，属于该期的墓葬还有 08M2、08M5、08M7、08M10、08M12、08M44、08M46、08M52、08M74、08M76、08M95、08M97、08M108、08M118、08M176、08M191、08M206、06M10、06M11、06M19、06M21、06M22、06M31、06M36、06M42、06M58、06M68、06M79、06M80、06M88、06M90、06M106、06M107 和 06M108 等墓葬。

该期墓葬随葬的器物有 A、C、E 型铜柄铁剑，铁剑，Ac 型铜矛，A 型铜骹铁矛，B 型铜尖叶锄，铜长条形铲，环首铁刀，A 型方銎斧，铜銎铁斧，铁斧，A、B、C 型铜柄铁削，铁锸，铁锥等，生活用具有铜鍪、铜釜、铜镰斗，A、B 型铜带钩，铜镜，铜鱼钩，五铢，大泉五十，大布黄千和印章等，陶器中有釜、壶、侈口罐和单耳罐。

从该期的出土器物来看，铁质或者铜铁合制器物在整个器物组合中数量增多并逐渐占主导地位。铜质农具尤其是锄出现的频率比较高。就铜柄铁剑来说，明显有两种，一种是就原来的一字格铜短剑加以改造（C 型），在保留原来铜柄的同时，将其铜刃部分用铁来制造，提高其锋利程度，增加其杀伤力；另外一种为三叉格铜柄铁剑（A 型带扉棱的）。同时出现了环首铁刀、铁斧、铜骹铁矛、铁剑、铜銎铁凿、铁凿、铁锥、铁锸、铁卷刃器。在生活用具方面，增加了铜釜、铜镰斗、铜鍪、铜镜和文房四宝之一的石砚。这些新出现的器物数量由少到多，种类由简到繁，在整个文化中所占的比重由小到大。本地文化因素在此期的晚段，尽管还存在，但开始逐渐丧失主导地位，表明汉文化的影响已经从最初的益州郡治附近的滇池盆地扩大到周边相邻的区域——抚仙湖盆地（此处距益州郡郡址——滇池县，即现今的晋宁区上蒜镇直线距离不过 50~60 千米，仅隔一座梁王山），从出土的文化遗物的内涵来看，其影响之深，已经从高层逐步地影响到最基层的普通民众。

在该期，墓葬形制和葬俗也发生变化，作为金莲山墓地最有代表性的叠葬，在该期虽然存在，但已经没有中期那么多，单人葬和合葬的占比较中期有明显增加，而且在个别墓葬中已经出现了刀把形墓坑（08M191），一改以前的清一色的长方形土坑竖穴。

从中、晚期的陶器来观察，发现有如下的一些变化趋势，陶尊从扁圆腹到折腹，无论是高圈足还是矮圈足都遵循这一规律。陶壶的变化与陶尊的变化有些类似，即由扁圆腹、腹最大径居中到腹最大径靠上。侈口罐的变化也主要在腹部，其规律为腹最大径在中部到上部。釜和釜形鼎的发展规律一致，腹部由浅到深，即由扁腹向圆腹的发展。单耳罐的变化主要在耳上，耳由处于口沿、颈部到颈、肩部。

通过对铜器的分析，发现铜器的演变轨迹相对比较清晰。首先是铜剑，由蛇首无格剑（B 型）到蛇首一字格铜柄铁剑（E 型），一字格铜剑（C 型）到一字格铜柄铁剑（Ca、Cb、Cc 型），一字格铜剑的变化主要在剑首上，新出现一种三叉格铜剑（A 型）和形制仿环首铁刀的（D 型）。矛的变化主要在骹部，由鸭嘴骹（Aa、Ba 型）到圆骹（Ab、Bc 型）、由铜矛到铜骹铁矛（A、B 型），在铜骹铁矛的骹上有三道凸出的箍。戈由直援带翼戈和三角援直内戈组成，后者并不是由前者变化而来（我们在后面还要阐述）锋尖由朝上到锋尖朝下、内部由鱼尾到方内。斧的演变主要表现在銎部，由椭圆銎、半圆銎向方銎变化以及由铜斧向铁斧转变。镞形制多样，主要由扁平实心铤、铤中线多有凹槽（A 型）向细长实心铤（B 型）和扁圆空心铤（C 型銎式镞）和三棱镞变化，由脊、铤连体到脊、铤分开，出现明显的变化。圆形扣饰则是由鹰类（猫头鹰）头饰造型（Aa 型）无任何装饰物向正面饰满孔雀石和玛瑙饰物（B 型）转变，整个器物正面由向外凸出到向内凹进变化，并出现长方形和不规则形的扣饰。当然，并不是所有的器物都能够从形制上看到其演变轨迹，有些器物在"演化"链条上还有缺环。

金莲山墓地出土的器物，除部分该墓地新发现的以外，如铜带翼戈、铜锄明器、铜铲明器及陶器中的单耳罐（单耳上有羊角状的装饰）之外，其余绝大部分器物的形制和演变轨迹跟石寨山文化的其他墓地出土物是一致的。由于分期的时间跨度很大，为行文的方便，没有进行更细的段的划分，由此器物形制的演变细节无法展现出来。上述器物形制的演变趋势和规律，是通过对金莲山墓地材料的仔细分析并结合石寨山文化的器物变化规律而得出的[1]。

（二）年代

墓地的年代分为相对年代和绝对年代。金莲山墓地的相对年代，主要是确定墓葬之间的相对早晚，而相对早晚的确定主要根据墓葬之间的叠压和打破关系同时结合墓葬中出土器物。绝对年代，确定某某遗迹或者遗物距今多少年或者公元多少年，金莲山墓地的绝对年代的确定主要通过以下三个途径：一是利用现代科技——碳-14 技术测定年代；二是利用已有明确纪年的遗物，如五铢钱等；三是通过横向对比断代。在发掘现场，采集了相当部分的人骨送北京大学加速器质谱实验室第四纪年代实验室进行测年分析，测年结果详见附录三，将这些测定结果制作成贝叶斯模式。采用的主要是后两种方法，即利用墓葬中出土的五铢钱和大泉五十等汉式钱币以及横向对比断代，再结合碳-14 测年，开展对金莲山墓地的断代研究。

早期：金莲山墓地的早期墓葬，推测其年代大约相当于中原地区的商代中期至春秋时期。

金莲山 08M86 出土的带翼铜戈（图 5-2，1），援身扁薄，外形呈直角三角形。晋宁石寨山 M76 出土的一件铜戈，器身扁薄，援身起脊，脊中央有圆形穿（图 5-2，2），双面有刃，戈身为等腰三角形，这种类型的戈，显然和金莲山墓地 08M86 的戈不同，应该来源不同，属于两个不同的系统。在滇池盆地的昆明西山王家墩，出土了一件铜戈（图 5-2，3），器身扁平，至前端收缩成三角形的尖锋，内、援不分，以两个三角形穿将援和内分开，其时代有的学者认为是商周时期的[2]，还有学者认为

[1] 蒋志龙：《再论石寨山文化》，《文物》1998 年第 6 期。
[2] 李永衡、王涵：《昆明市西山区王家墩发现青铜器》，《考古》1983 年第 5 期。

是商代的[1]，从援身的外形来看，石寨山 M76 出土的戈比金莲山 08M86 的戈更接近王家墩的戈，这种戈可能是滇池流域后期的三角援铜戈的祖型。金莲山的这种铜戈，2015 年在金砂山墓地 M29 也有发现[2]；2020 年在晋宁海宝山墓地的发掘也发现了这种戈[3]。由此，我们知道这种类型的铜戈进入了滇池盆地。实际上，早在 20 世纪 70~90 年代，在滇池盆地的南面和东南面就有出土，分别见于个旧石榴坝墓地[4]、元江洼垤打篙陡墓地[5]和云南华宁小直坡墓地[6]。

采集 08M86 人骨送北京大学碳十四实验室测试，其结果（经树轮校正）为 1495BC~1395BC[7]。这一数据年代可能偏早。与金莲山 08M86 形制相同的戈在晋宁金砂山墓地也有发现，金砂山早期墓葬有两个测年数据：980calBC~830calBC（Beta-579447）、1133calBC~978calBC（Beta-579449）[8]，其中一个来自素面双翼戈的 M29，从器物演变规律看，素面双翼戈要早于纹饰双翼戈。金莲山一期的戈都是素面戈，与该素面戈共存的还有一件铜锛。在 2017 年西王庙遗址的发掘中，亦发现了一件该类型的铜锛。该铜锛在灰坑 H344 中

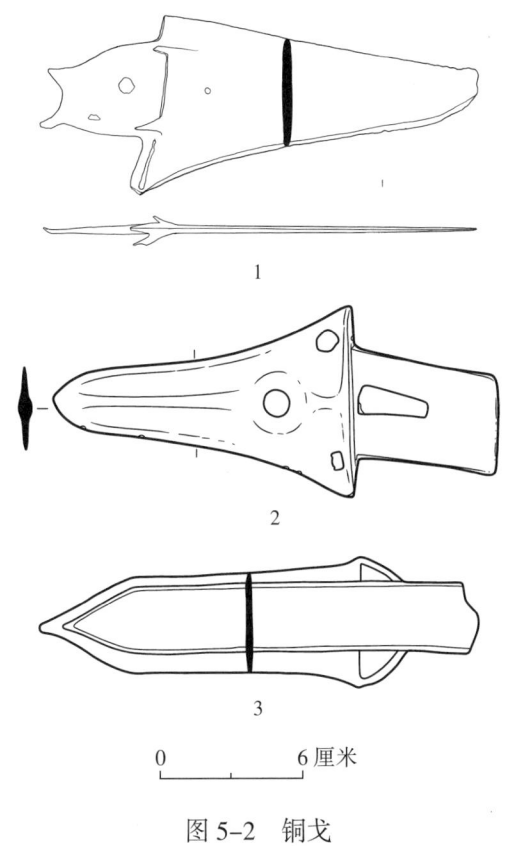

图 5-2　铜戈

1. 金莲山 08M86∶4　2. 石寨山 M76∶1　3. 昆明王家墩

发现，H344 开口于⑨层下，尽管第⑨层年代数据缺失。但第⑩层的年代为 1007BC~923BC，第⑧层为 804BC~756BC[9]，第⑨层和第⑧、⑩层之间存在直接的叠压关系，第⑨层的年代自当介于第⑧层和第⑩层之间。由此推断第⑨层的年代应当早于第⑧层而晚于第⑩层。由于 H344 开口于⑨层下，其时代当晚于第⑩层而早于或者等同于第⑨层。由此，推断年代应在公元前 900 年左右。结合近年来在滇池盆地晋宁西王庙和晋宁小古城村的考古工作，将金莲山墓地早期的年代定在商周时期，即公元前

[1] 这类看法没有明确指出，认为是铜石并用时代的——指商代，参考：王大道：《滇池区域的青铜文化》，《云南青铜器论丛》，文物出版社，1981 年，第 82 页；李昆声、张增祺：《云南青铜文化之探索——代序言》，《云南青铜文化论集》，云南人民出版社，1991 年，第 2 页。

[2] 云南省文物考古研究所、晋宁区文物管理所：《昆明市晋宁区金砂山墓地 2015 年发掘简报》，《考古》2021 年第 3 期。

[3] 资料现存云南省文物考古研究所。

[4] 云南省博物馆文物工作队、个旧市群众艺术馆：《云南个旧石榴坝墓葬发掘简报》，《云南文物》第 26 期，1989 年；红河州文化局：《红河州文物志》，云南人民出版社，2007 年。

[5] 云南省文物考古研究所：《云南元江县洼垤打篙陡青铜时代墓地》，《文物》1992 年第 7 期。

[6] 云南省文物考古研究所、玉溪市文物管理所、华宁县文物管理所：《华宁小直坡墓地》，云南人民出版社，2014 年。

[7] 北京大学加速器质谱实验室第四纪年代实验室：加速器质谱（AMS）碳 -14 测试报告，No: 20130052。

[8] 云南省文物考古研究所、晋宁区文物管理所：《昆明市晋宁区金砂山墓地 2015 年发掘简报》，《考古》2021 年第 3 期。

[9] 云南省文物考古研究所、美国芝加哥大学：《云南晋宁河泊所和西王庙青铜时代贝丘遗址试掘简报》，《江汉考古》2019 年第 2 期。

1200~ 前 900 年左右应该没有太大的问题。

石榴坝的戈器身扁平，带双翼，无胡，与铜戈同出的还有凿、锛、刻刀和镈，但尚无铜矛和剑等武器，在器物的组合上与金莲山早期的墓葬几乎完全相同，两地都有戈、镈、凿、锛等。但它们也有区别，表现在金莲山出铜器的墓葬中不见陶器(金莲山仅 08M86 的填土中发现 1 件陶器残片)、砺石和装饰品，第二是金莲山与铜戈伴出的常有铜镞或者骨镞，而石榴坝却没有。石榴坝墓葬在随葬品的配置上显示出明确的性别区分，男性墓随葬青铜武器和工具，女性墓则不见铜器，而配之以陶罐、盘和纺轮。此外，在红河州蒙自市的老寨乡也采集一件带翼铜戈，除内部形态稍有差异外，其余无论形制和大小均与金莲山早期和个旧石榴坝的戈相同，表明在蒙自盆地的边缘地带，也有类似的遗存分布。

华宁小直坡墓地的墓葬出土器物种类和器形与石榴坝的相同，而且，在墓葬中出土的器物组合方面也大体相同。小直坡的带翼戈，无论形制还是大小都与金莲山的相同，而且在出土器物的组合上也相同，与个旧石榴坝和华宁小直坡两个墓地唯一不同的是，金莲山墓地的墓葬此时尚没有出现装饰品，显示出更为简单和原始的特征。

元江洼垤打篙陡墓地，1989~1990 年共清理 73 座墓葬，其中 45 座墓葬有随葬品。随葬品主要有青铜武器、工具和陶器以及装饰品等。其中，M30：2 长胡带翼戈，在外形上与金莲山 08M86 的带翼戈相似，只是胡部较长，内部也变为近似长方形，应是其发展的表现，除此以外，在该墓地中还发现一件镈，报告称为铜銎形器（采 1：01），在外形上与金莲山的镈相同。此外，在该墓地中发现的铜戈、铜矛上所饰的米粒状凹点纹饰也与金莲山铜戈上的相同，尚无其他任何地点发现类似的现象，打篙陡墓葬的时代为春秋晚期至战国中期[1]。从出土器物的组合和形制方面来看，打篙陡墓地已经出现铜剑和铜矛等兵器，显然较单一兵器的铜戈进步了许多，应该是其发展和进步的表现。

可见，金莲山墓地早期的这批墓葬并不是孤立的现象，目前至少有两个墓地的墓葬出土的器物无论在形制上还是组合上跟金莲山是几乎完全相同的，应该是一个时期的代表性遗存，而且，在元江打篙陡墓地，我们还见到这群遗存的发展形态，由于这类遗存早先发现不多，尽管石榴坝发现比较早，但由于资料单一，缺乏可对比的材料，一直没有引起学界应有的重视。结合前述的碳 –14 测年材料，我们推测金莲山墓地早期的这批墓葬，在出土器物方面是滇池盆地石寨山文化墓地中所不见的时代更早的遗存，其年代当为商代至春秋时期。

中期：金莲山墓地中期的墓葬，我们推测其年代大约相当于中原地区的战国时期。

金莲山墓地中期的墓葬出土器物包括 B、C 型戈，A、B 型铜矛，A、B 型铜剑，A 型圆形铜扣饰，Ⅰ、Ⅱ式长方形扣饰和动物形铜扣饰，C 型铜镞，半圆銎、椭圆銎铜斧，A 型铜铲等，陶器主要有釜、壶、尊和鼎等。其中，06M1 和 06M6 墓葬中发现有瓦足釜形鼎和鼎足 06M6：35（T），这种形制的瓦足，目前只见于呈贡天子庙[2] M41：104，除了釜形鼎以外，还有陶尊 08M107：10 见于呈贡天子庙 M41：105 和羊甫头 M19，陶釜 08M133：10（T）见于羊甫头 M19 陶釜等。

---

[1] 云南省文物考古研究所：《云南元江县洼垤打篙陡青铜时代墓地》，《文物》1992 年第 7 期。
[2] 昆明市文物管理委员会：《呈贡天子庙滇墓》，《考古学报》1985 年第 4 期。

青铜器中与天子庙、李家山等墓地相同或者相似的器物就更多了。铜剑包含蛇首剑和一字格剑，蛇首剑 08M107：5 与天子庙 M41：24、江川李家山 M24：43-2 相同，铜戈 08M107：3 与天子庙 M41：138 和李家山 M21：68 相同，铜斧 08M107：2 与天子庙 M41：204 相同。在金莲山 06M1：16（T）和 06M6：19（T）中发现有铜鼓或者鼓形贮贝器的残片，在天子庙 M41：117 和 M33：28 中都发现有铜鼓[1]，李家山 M21 和 M24 中也发现有铜鼓，尽管我们现在已经无法确认金莲山墓地铜鼓或者铜鼓贮贝器的形状，但我们可以肯定该墓地有这类遗存。金莲山鹰首圆形扣饰 06M14：1 见于天子庙 M33：7 和 M41：40，金莲山铜矛 08M107：4、8 与天子庙 M33：5 也相同[2]。

总之，无论在器物形制还是器物组合上，金莲山墓地中期墓葬的随葬器物与呈贡天子庙 M33、M41 有较大的一致性，部分器物还与江川李家山 M21、M24 的器物相同。天子庙 M41 有两个碳-14 测定数据，分别为 2290±70BP（樟木）、2280±120BP（兵器木柲），天子庙 M41 定在战国中期左右，已被学术界所公认。同时代的遗存还见于官渡羊甫头 M19，M19 的碳-14 测年并经树轮校正为公元前 756~公元前 400 年[3]，时代亦在战国中期左右。

鉴于金莲山 06M113 中已经开始出现部分铜铁合制器，如 06M113：7、9、10 铜骹铁矛，06M113：18 铜柄铁剑，06M113：20 蛇首茎一字格铜柄铁剑，其时代应该比同期的 08M107 等其他墓葬时代要晚一些。铜铁合制器和铁器的出现，并不仅见于金莲山墓地，天子庙 M41：121 铁削是天子庙 M41 发现的唯一一件铁器，出土时直接放在铜鼓内[4]，可见在当时的人们看来，是很珍稀的物件。李家山 M21：26 铜柄铁剑[5]，实心茎、喇叭茎首、三叉格。从器物形制和组合上看，以天子庙 M41 为代表的遗存明显早于以李家山 M21、M24 为代表的遗存[6]。

金莲山墓地中期的器物群组合，无论是陶器群，还是铜器群，都是相对稳定的，极少纯铁质类器物出现，在墓葬遗存中基本不见汉式钱币如半两钱、五铢钱。因此，我们认为金莲山墓地中期的年代大致相当于中原地区的战国时期。

晚期：金莲山墓地晚期的时代大约相当于中原地区的西汉时期。

金莲山墓地晚期的墓葬，因出土带有铭文的器物，有助于我们对这些墓葬年代的认识。其中，08M166 出土石印章及 08M176、08M118 出土五铢钱、大泉五十和大布黄千等钱币，从五铢的特点来看，应该是西汉时期的，而大泉五十和大布黄千则是西汉末期的遗物。除了印章和钱币外，06M11 等墓葬中出土铜镳斗、铜鍪、铜镜、带钩等器物，在武器和工具中出现大量的铜柄铁剑、铜骹铁矛、铁剑、铁矛、铁斧、铁削等器物，这些都应该是西汉中央政府于武帝元封二年（公元前 109 年），在滇池地区置益州郡之后的产物。铜铁合制器和铁器大量出现，数量和种类的发展趋势是由少到多、由无到有，

[1] 昆明市文物管理委员会：《呈贡天子庙滇墓》，《考古学报》1985 年第 4 期。

[2] 昆明市文物管理委员会：《呈贡天子庙滇墓》，《考古学报》1985 年第 4 期。

[3] 云南省文物考古研究所、昆明市博物馆、官渡区博物馆：《昆明羊甫头墓地》，科学出版社，2005 年。

[4] 昆明市文物管理委员会：《呈贡天子庙滇墓》，《考古学报》1985 年第 4 期。

[5] 云南省博物馆：《云南江川李家山古墓群发掘报告》，《考古学报》1975 年第 2 期。

[6] 蒋志龙：《关于云南滇池地区青铜遗存的编年与分期问题的再讨论》，《铜鼓和青铜文化的再探索——中国南方及东南亚地区古代铜鼓和青铜文化第三次国际学术讨论会论文集》，《民族艺术》1997 年增刊。

汉式金属生活用具的出现也是这一时期的显著特征。陶器方面，除了延续中期的釜、罐、尊、喇叭口弦纹罐以外，新出现了单耳垂腹罐等器物，但墓葬中还基本不见汉式陶器。

根据上述器物组合及其文化特征，我们认为金莲山墓地晚期的年代大致相当于中原地区的公元前109年至西汉末期。

金莲山墓地延续使用的时间很长，几乎涵盖目前所知的石寨山文化的绝大部分。石寨山文化的时代大约从春秋至两汉之际[1]。金莲山墓地的晚期，以08M166和08M118等为代表的遗存，出土五铢钱和大泉五十、大布黄千等钱币，其时代为西汉公元前109年之后至西汉晚期，自没有问题，大体相当于石寨山文化的第四、五期[2]；金莲山墓地的中期，以08M107和06M1、06M6、06M113为代表的遗存，其时代大致相当于以呈贡天子庙M41和江川李家山M21、M24为代表的时期，也就是战国时期，大体相当于石寨山文化的第二、三期[3]。金莲山墓地的早期，由于近年来该类遗存的逐渐发现，我们认为应该将这类遗存从石寨山文化中分离出来，命名为一种新的考古学文化，即石榴坝文化[4]。其年代大约相当于商代至春秋时期。石榴坝文化是石寨山文化的源头之一。

二、文化因素分析和谱系关系

文化因素一词是从文化人类学中借用过来的，"是指一种文化组成分子中可界说的最小单位……它和别的一些单位实际上常相互配合而成一种功能的整体"[5]，文化是由众多的文化因素构成的，文化因素的交互作用便形成了文化的多元结构。因而，通过对文化因素的分析，我们可以了解文化的组成结构。同样，通过对考古遗存的文化因素分析，可以了解考古学文化的组成结构。

由于"文化传播和迁徙是广泛存在的历史事实，在它的作用下，考古学文化之间出现大量的文化渗透、借用、融合、同化和考古学文化的分化，使任何一种考古学文化成了不同谱系的多元结构，即不同谱系的文化因素，结合成统一的考古学文化。这些文化因素，可通过和前后左右诸考古学文化进行类型学比较研究而被解析出来，明晰其源流。它们在考古学文化中的多少、主次有别，地位不同。各自对对方既有吸引力，又存在排它的倾向，彼此既存在融聚力，也存在拆离的倾向，竞相发展，使考古学文化成了以主流因素为代表，又包容新旧成分的统一与矛盾的有机体"[6]。

谱系分析的方法被广泛地运用于考古学文化的实际研究中，是考古学文化研究的重要方法之一。

金莲山墓地的出土器物主要由陶器和铜器两大类器物组成，这两大类器物对于确定金莲山墓地的文化性质至关重要，我们有必要对这两类器物进行文化因素的分析，由于铜铁合制器和铁器在该墓地的出土器物中所占比例较小，而且出现的时代也相对较晚，因此，我们在对该墓地的文化因素分析

[1] 蒋志龙：《滇国探秘——石寨山文化的新发现》，云南教育出版社，2002年。
[2] 蒋志龙：《再论石寨山文化》，《文物》1998年第6期。
[3] 蒋志龙：《再论石寨山文化》，《文物》1998年第6期。
[4] 蒋志龙、杨薇、万杨等：《论石榴坝文化》，《边疆考古研究》第33辑，科学出版社，2023年。
[5] 芮逸夫主编：《人类学》，《云五社会科学大辞典》第十册，商务印书馆，1975年，第35页。
[6] 张忠培：《研究考古学文化需要探索的几个问题》，《文物出版社成立三十周年纪念文物与考古论集》，文物出版社，1986年，第177~185页。

和谱系研究中，以陶器和铜器为主，同时，附带对后两类器物进行分析和讨论。

（一）陶器的文化因素分析

根据金莲山墓地墓葬中出土陶器的不同，我们将该墓地的陶器分为以下三组：

A组，釜（A、B型）、壶（A、B型）、罐（A、B、C、D型）、单耳罐（A、C、E型）、纺轮、敛口罐、钵、盘、瓮、盒和器盖等；

B组，尊、鼎、单耳罐（B型）和豆；

C组，单耳罐（D型）。

其中，A组陶器在金莲山墓地的中、晚期均存在，目前早期情况不明。从现有材料来看，由釜、壶和罐构成了金莲山墓地陶质生活用器的主流，这几类器物是目前发现的陶器中数量最多的，尽管比较分散，但所见墓葬众多。B组中的釜形鼎仅在金莲山墓地的个别墓葬中存在，如06M1和06M6等，从时代上看，这类遗存主要在中期存在，晚期只有极个别墓葬如06M88见到其明器化的形态。尊在中期出现并一直延续到晚期。B型单耳罐和豆则仅在晚期存在。C组陶器也只是在墓地的晚期才出现，显然，除A组以外，B组中的部分器物，如B型单耳罐、豆以及C组陶器，在金莲山墓地的存续时间是阶段性的，但共同参与了该墓地的考古遗存的形成和发展。

金莲山墓地早期的陶器，由于目前发现的线索比较少。通过陶系的比对，无法判明器形、大小的陶片与已知的没有什么大的区别，而08M86的陶片确与已知的区别明显，因此，我们认为应该是发现太少的缘故。这些陶器遗存对我们认识金莲山墓地的早期遗存乃至石寨山文化早期遗存、石寨山文化的来源都十分重要，尚待我们在今后的工作中切实加以关注。

（二）铜器的文化因素分析

根据金莲山墓地墓葬中出土的铜器（含部分铜铁合制、铁器）的差异，我们将该墓地的金属器，分为以下四组：

A组，铜戈（A型）、铜刻刀、铜镈、铜凿、铜锛等；

B组，铜矛、铜剑、铜戈（B型）、铜斧、铜镞、铜锄、圆形铜扣饰和长方形铜扣饰等；

C组，铜鍪、铜镰斗、铜镜、三叉格铜柄铁剑、铜带钩、五铢、大泉五十、大布黄千等；

D组，尖叶形铜锄和长条形铜铲明器。

其中，A组铜器仅在金莲山墓地早期存在，中期、晚期中均未再见这种形制的铜器及其组合，但部分器物（如戈）其变化形式却在后两期存续；B组铜器在该墓地中期开始出现并一直延续到晚期的末尾，早期没有发现；D组铜器仅在中期存在，早期根本不见，晚期式微；C组金属器仅在晚期存在，在早期和中期都没有发现。显然，各组铜器在金莲山墓地使用存续的时间长短不一，其中，B组铜器存续的时间最长，A、C和D组存续的时间比较短，尤以C组为甚。A、B、C和D组铜器，共同参与了金莲山墓地的形成和发展，各组器物在金莲山发展过程中所扮演的角色不同，主次有别，仔细分析这些遗存的谱系关系，有助于我们弄清金莲山墓地的发展脉络和发展轨迹。

三、金莲山墓地的谱系研究

在厘清了金莲山墓地出土器物的文化因素以后，我们尝试着梳理这些遗存的谱系关系，首先从陶器入手。

（一）陶器的谱系

将金莲山的这些陶器和周边墓地的器物进行比较，发现有以下现象。

1. A 组陶器中的釜、壶、罐和纺轮是石寨山文化的典型陶器组合，贯穿该文化发展的始终[1]。在该文化诸多墓地的墓葬中有发现，在滇池盆地的昆明上马村五台山[2]、昆明大团山[3]、呈贡天子庙墓地[4]、呈贡石碑村[5]、呈贡小松山墓地[6]、官渡羊甫头墓地[7]，在滇池西面安宁盆地的安宁太极山墓地[8]，在滇池东北面嵩明盆地的嵩明凤凰窝墓地[9]，在滇池南面玉溪盆地的玉溪刺桐关遗址[10]，在滇东地区的曲靖八塔台墓地[11]、曲靖横大路墓地[12]、泸西石洞村和大逸圃墓地[13]等墓地或者遗址中均发现有这类组合。当然并不是所有墓葬的陶器组合都是釜、壶、罐和纺轮，具体到各个墓地则有差异，表现为各地墓葬内随葬陶器的组合不尽相同，如昆明上马村五台山的陶器组合为釜、壶、罐和纺轮，昆明大团山则为壶和同心圆纹盘，而呈贡天子庙则为釜、罐、壶、尊和碗等，安宁太极山为高领罐（喇叭口弦纹罐的前身）、壶、直口罐、双耳圜底罐和纺轮等，官渡羊甫头为纺轮、釜、壶、罐（原报告 C 型 I 式）、尊和深腹喇叭口弦纹罐（原报告 B 型尊）等。在羊甫头全部可辨器形的 1130 件陶器中，有 462 件为纺轮，占所有陶器的 40.8%，其余陶器中，以釜的数量最多，为

---

[1] 蒋志龙：《滇国探秘——石寨山文化的新发现》，云南教育出版社，2002 年。

[2] 云南省文物工作队：《昆明上马村五台山古墓清理简报》，《考古》1984 年第 3 期。

[3] 云南省博物馆文物工作队：《昆明大团山滇文化墓葬》，《考古》1983 年第 9 期。

[4] 云南省博物馆文物工作队：《云南呈贡天子庙古墓群的清理》，《文物资料丛刊》第 3 辑，文物出版社，1980 年；昆明市文物管理委员会：《呈贡天子庙滇墓》，《考古学报》1985 年第 4 期；昆明市文物管理委员会：《呈贡天子庙古墓群第三次发掘简报》，《云南文物》第 39 期，1994 年。

[5] 云南省文物工作队：《云南呈贡龙街石碑村古墓葬清理简报》，《文物资料丛刊》第 3 辑，文物出版社，1980 年；昆明市文物管理委员会：《昆明呈贡石碑村古墓群第二次清理简报》，《考古》1984 年第 3 期。

[6] 云南省博物馆文物工作队：《呈贡小松山土坑竖穴墓的清理》，《云南文物》第 15 期，1984 年。

[7] 云南省文物考古研究所、昆明市博物馆、官渡区博物馆：《昆明羊甫头墓地》，科学出版社，2005 年。

[8] 云南省文物工作队：《云南安宁太极山古墓葬清理报告》，《考古》1965 年第 9 期。

[9] 嵩明县兰茂纪念馆：《嵩明县凤凰窝古墓群调查简报》，《云南文物》第 30 期，1991 年；云南省文物考古研究所：《嵩明凤凰窝古墓葬发掘报告》，《云南文物》第 57 期，2003 年。

[10] 云南省文物考古研究所、玉溪市文物管理所、红塔区文物管理所：《玉溪刺桐关青铜时代遗址发掘报告》，《云南考古报告集（之二）》，云南科技出版社，2006 年。

[11] 云南省文物考古研究所：《曲靖八塔台与横大路》，科学出版社，2003 年。

[12] 云南省文物考古研究所：《曲靖八塔台与横大路》，科学出版社，2003 年。

[13] 云南省文物考古研究所、中共泸西县委、泸西县人民政府等：《泸西石洞村、大逸圃墓地》，云南科技出版社，2009 年。

361 件，占陶器的 31.9%，尊为 85 件，占陶器的 4.3%[1]，罐和壶等也占有比较大的比例。羊甫头墓地是目前整个石寨山文化中发掘规模最大、清理墓葬数量最多的墓地，是墓葬中随葬的陶器数量最多、种类最全的墓地，弥补了石寨山文化中陶器的欠缺，对于我们了解该文化的墓葬中的陶器构成和各类陶器所占的比例提供了难得的参考材料。

曲靖八塔台和横大路墓地的墓葬中除了上述的侈口弦纹罐以外，还出现釜形鼎和罐形鼎等器物，且以后两者为陶器的大宗，显示出与其他石寨山文化墓地陶器的不同。

2. B 组陶器中的鼎、尊和 B 型单耳罐，仅在石寨山文化的个别墓地的个别墓葬中存在。鼎和尊目前仅在呈贡天子庙墓地和官渡羊甫头墓地出现，B 型单耳罐则仅见于晋宁石寨山和江川李家山墓地。呈贡天子庙墓地 M41，仅随葬陶器 4 件，为鼎 1 件、尊 1 件和直口罐 2 件，但该墓出土器物十分丰富，除铜鼓、铜筒等 310 多件铜器外，还有 1500 枚海贝和数以万计的绿松石珠等装饰品，报告作者认为该墓主是当时滇池区域很大的奴隶主、大贵族[2]。官渡羊甫头墓地也发现了这类器物，M19 随葬了 221 件（套）器物，其中，随葬有 16 件陶器，包括釜、尊、深腹喇叭口弦纹罐等，虽没有随葬陶鼎，但随葬了 3 件铜釜和 1 件铜釜形鼎，报告认为该墓为一贵族墓，时代为战国时期[3]。羊甫头 M113 墓室被盗，仅腰坑内的器物留存下来，出土了 391 件（套）器物，包括大量的铜质乐器、生活用具、武器、工具和农具等，其中陶器有 7 件釜、4 件直口罐（原报告 Ba Ⅲ 式罐）、4 件尊、4 件深腹喇叭口罐（原报告 B 型 Ⅳ 式尊）以及豆、盒等器物，M113 的腰坑中也没有发现陶鼎，但出土了铜釜形鼎和铜釜。M113 的时代为西汉初年[4]，为一棺一椁，墓主的等级很高。M113 的铜鼎，尽管名称叫鼎，但它实际上是在釜的底部加三个片状瓦足，是釜的另外一种存在形式；尊的来源目前也不清楚，但从形制上观察，它实际上也是在釜的底部加上一个高圈足，也可以看作是釜的另外一种存在形式。从呈贡天子庙和官渡羊甫头的材料来看，陶鼎、陶尊等器物在滇池盆地，仅在一些随葬品比较丰富、等级比较高的大、中型墓葬中存在，应是石寨山文化的部分人群所享有的。

晋宁石寨山 M71 出土鼓形贮贝器、桶形贮贝器和铜俑等铜礼器和大量的兵器、生产工具以及数量庞大的金银器和珠宝玉器，极可能是某代滇王的墓葬。该墓仅出土 4 件陶器，包括 B 型单把罐（M71∶145）1 件、碗 2 件、器盖 1 件[5]。单把罐器体瘦高，器表施黑衣，肩部有一桥状耳，其上刻划方格纹。同样形制和装饰风格的单把罐还有江川李家山 M51∶345、M69∶214、M69∶215、M85∶98 和 M86∶33 共 5 件（报告称为陶壶），器体表面皆施黑色陶衣，并有红色彩绘，同时还附有陶质或者铜质器盖[6]。上述石寨山和李家山的几座墓都是大型墓葬，出土器物非常丰富，是石寨

[1] 云南省文物考古研究所、昆明市博物馆、官渡区博物馆：《昆明羊甫头墓地》，科学出版社，2005 年，第 94 页。言及尊 85 件，分为 A、B 两型，本人认为 B 型应该归入"深腹喇叭口弦纹罐"，故尊的数量当为 49 件。

[2] 昆明市文物管理委员会：《呈贡天子庙滇墓》，《考古学报》1985 年第 4 期。

[3] 云南省文物考古研究所、昆明市博物馆、官渡区博物馆：《昆明羊甫头墓地》，科学出版社，2005 年。

[4] 云南省文物考古研究所、昆明市博物馆、官渡区博物馆：《昆明羊甫头墓地》，科学出版社，2005 年。

[5] 云南省文物考古研究所、昆明市博物馆、晋宁县文物管理所：《晋宁石寨山——第五次发掘报告》，文物出版社，2009 年。

[6] 云南省文物考古研究所、玉溪市文物管理所、江川县文化局：《江川李家山——第二次发掘报告》，文物出版社，2007 年。

山文化中地位、等级都很高的墓主。可见，B 型单把罐这种陶器，只见于大型墓葬而不见于小型墓葬，而且数量也是相当少的。

金莲山 08M10：1 单耳罐，在外形上与李家山 M86：33 单把罐颇为相似，只是前者墓葬的随葬品无论种类还是品质都无法与后者相比。

由此来看，陶鼎、尊和 B 型单耳罐仅在石寨山文化的部分墓地的个别墓葬中存在，也是石寨山文化的典型器物，只是为石寨山文化的一些高等级的墓主所配置的。由于目前尚没有中心聚落遗址发掘的材料，不知这些陶器是明器还是生活中的实用器。

曲靖八塔台和横大路的陶器由釜形鼎、罐形鼎、壶、罐和深腹喇叭口弦纹罐组成，它们和滇池区域的石寨山文化最大区别是滇池区域的炊器是釜，而曲靖盆地的炊器是釜形鼎和罐形鼎。再者，深腹喇叭口弦纹罐在陶器中所占的比例很高[1]，该墓地也出土有铜釜。目前，学术界关于以曲靖八塔台等墓地为代表的遗存的归属问题尚存争议[2]，我们将以八塔台为代表的遗存暂时归入石寨山文化之中。

3. C 组陶器，目前仅发现于金莲山墓地。不见于石寨山文化其他墓地的墓葬中。金莲山墓地 06M10：1、06M108①：1 和 08M97②：11，侈口，垂腹，平底，耳表面刻划瓣纹，耳上部有两羊角状凸起。目前在滇池盆地和滇东的曲（靖）陆（良）盆地的石寨山文化墓地中均没有发现，金莲山墓地的是首次发现。检索相关考古资料，我们发现，与该器物形制、大小和风格大体接近的是红河流域的个旧黑玛井古墓群。在 95GHM4 中发现的这种陶罐[3]，不仅器形、大小相同，而且耳部的装饰纹样都相同，只是垂腹程度上有些差异。该墓地的时代为西汉中晚期，与金莲山大体同时。两地直线距离相差 200 多千米，中间被众多的群山、湖泊和盆地相隔，两点之间的中间地带考古材料上有相当大的空白，它们之间是如何联系的，尚待我们进一步的工作。

由此可见，除金莲山 08M86 所发现的绳纹陶片目前尚未找到来源，D 型单耳罐应该是与红河流域的古代遗存有关系，但其源头仍然不清楚以外，金莲山其余陶器都是属于石寨山文化谱系的陶器。

（二）铜器的谱系

铜器是金莲山墓地器物的重要组成部分，由多种成分构成，因此，有必要对其进行谱系关系的梳理。

1. B 组铜器，是金莲山墓地的主要器类。包括兵器、手工工具、农具和装饰品，其中无格短剑、一字格短剑、矛、斧、镞和尖叶形锄以及圆形、长方形、不规则形扣饰等，贯穿该墓地遗存发展的始终，是金莲山墓地铜器的主流。尽管这些器类在该墓地出现的时间有早有晚、数量有多有少、分量有轻有重，但都是该墓地的有机组成部分。金莲山这些器物出现的时间顺序以及在墓地中呈现的规律性变化，跟石寨山文化的其他墓地是一致的，这种器物的形制、组合的演变不止一次地在石寨山

［1］云南省文物考古研究所：《曲靖八塔台与横大路》，科学出版社，2003 年。

［2］蒋志龙：《试论石寨山文化的两个类型》，《云南文物》第 51 期，2000 年。

［3］云南省文物考古研究所、红河州文物管理所、个旧市博物馆：《个旧黑玛井古墓群发掘报告》，《云南考古报告集（之二）》，云南科技出版社，2006 年。

文化的晋宁石寨山、江川李家山、呈贡天子庙和官渡羊甫头等墓地出现，构成了石寨山文化的主流，是该文化的典型铜器组合。

2. C 组铜器，仅在金莲山墓地的某一时期出现。如铜鍪、铜镰斗、铜镜、铜带钩、铜柄铁剑以及各种有铭文的钱币，在金莲山墓地晚期出现。无论是在滇池盆地还是滇东北曲陆盆地的石寨山文化遗存中，都找不到这类遗存的祖型，这类器物是外来的，明显是来自汉文化的遗存，是随着汉武帝开拓西南夷地区时进来的。

3. A 组铜器和 D 组铜器，为金莲山墓地所独有，不见于石寨山文化的其他墓地。D 组铜器，在该文化中能够找到祖型和同时期的同类器物，只是没有像金莲山这样"浓缩版"的器物——模型明器，但其源流是清楚的，金莲山 08M30 出土的石范就是铸造这类器物的，更加证明了金莲山就是这些器物的原产地。至于 A 组铜器，除金莲山外，近年在滇池盆地的金砂山和海宝山有些发现。但实际上，早在 20 世纪 70 年代，在滇南地区的蒙自盆地就有发现。在更广的范围内检索，我们发现在石寨山文化分布区域以外的云南南部的早期青铜时代墓地中，有这种器物存在，而且相继在几个墓地中发现。最早发现的这种带翼戈，见于云南红河州个旧市的石榴坝墓地[1]。由于早先的简报和报告刊布的戈的信息不多，而且发表的图也不完整，后期补充刊布的材料使我们对石榴坝的铜戈[2]有更多的了解。其中一座墓的器物组合是铜戈、刻刀和陶盘，戈、刻刀的形制和金莲山墓地的几乎完全一样，该墓地发现的铜镎（报告称为"斧形器"）也与金莲山的相似。在元江打篙陡墓地，也发现过以带翼戈为代表的器物[3]。此外，在红河州蒙自市老寨乡[4]和开远市羊街乡长岭寒[5]也发现了这种类型的带翼戈。可见，这种类型的铜戈不是某地一个孤立的现象，而是有一定的、明确的分布范围的遗物。除上述这几个地点以外，2011 年，在玉溪市华宁县小直坡也清理了一个青铜时代的墓地，该墓地墓葬中的铜器组合也为戈、刻刀，部分墓葬还有镎，发掘者称其为先滇文化[6]。就目前情况来看，带翼戈、刻刀和镎为组合的青铜时代墓葬在滇池区域南面就有个旧石榴坝、华宁小直坡和元江打篙陡三个已经发掘的墓地。可以说，以带翼戈为代表的遗存，主要分布（活动）范围在云南南部的红河流域及其附近地区。

金莲山墓地出土的以带翼戈为代表的遗存，时代上比已知的石寨山文化的主体遗存要早，是一个新的考古学文化，主要分布在滇中三湖地区及红河流域的蒙自盆地及其附近[7]。

由此可见，金莲山 A、B、D 组铜器，尤其是 A 组和 D 组，尽管有自己的特色，A 组属于石榴坝文化，但其部分器物在石寨山文化阶段还在继续发展，无论在器物形制还是装饰风格上的演变都与石

---

[1] 云南省博物馆文物工作队、个旧群众艺术馆：《云南个旧石榴坝青铜时代墓葬》，《考古》1992 年第 2 期；云南省博物馆文物工作队、红河州文物管理所、个旧市博物馆等：《云南个旧石榴坝古墓葬发掘简报》，《云南文物》第 26 期，1989 年。

[2] 红河州文化局：《红河州文物志》，云南人民出版社，2007 年。

[3] 云南省文物考古研究所：《云南元江县洼垤打篙陡青铜时代墓地》，《文物》1992 年第 7 期。

[4] 杨帆、胡长城、万杨等：《云南考古》，云南人民出版社，2010 年。

[5] 杨帆、胡长城、万杨等：《云南考古》，云南人民出版社，2010 年。

[6] 该墓地于 2011 年由云南省文物考古研究所等单位发掘，资料现存玉溪市华宁县。

[7] 蒋志龙、杨薇、万杨等：《论石榴坝文化》，《边疆考古研究》第 33 辑，科学出版社，2023 年。

寨山文化其他墓地的铜器呈现出一致性，因此，金莲山墓地的铜器是属于石寨山文化谱系的铜器。

综上所述，金莲山墓地出土的器物，无论是陶器还是铜器，尽管有自身的一些特色，但都与石寨山文化其他墓地出土的陶器和铜器表现出相当的一致性，因此，金莲山墓地的陶器和铜器的主流属于石寨山文化，在其发展过程中接受一些外来的文化因素，但这些外来的文化因素都是支流。因此，可以说无论金莲山的陶器还是铜器的谱系，都属于石寨山文化的陶器谱系和铜器谱系无疑。

事实上，文化之间的交流和交往是石寨山文化中存在的一个普遍现象。金莲山墓地出土的铜器，无论是器物形制还是装饰风格，我们都可以见到该墓地与周边文化的交流和互动现象。

金莲山铜器的器物造型和装饰风格还可以在打篙陡墓地出土的其他器物上见到。在 A 组铜戈上饰米粒状凹槽风格的器物不仅见于打篙陡 M30：2 戈，在 M58：1 的 A 型 II 式矛的矛叶上也有米粒状的凹槽，还见于 M30：1 的 D 型矛和 M4：1 的 C 型 II 式矛。除兵器以外，在装饰品上也有类似的现象，如金莲山 06M112：2 和 06M112：3 圆形铜扣饰，正面中间凸起一钮，背面有矩形齿扣，这种形制的圆形扣饰与打篙陡 M14：1a 相近。此外，金莲山 08M267 ①：2 圆形铜泡，有双角，在造型风格和主题纹饰上与打篙陡 M73：4 相似。金莲山 06M16：1 圆形扣饰与曲靖八塔台 M265：30 大体相同[1]，08M72：6 圆形扣饰在纹饰风格上与羊甫头 M19：162 相近，只是金莲山的圆形扣饰正面没有镶嵌任何东西。

金莲山 08M63 ②：3、08M267 ①：2 铜泡和八塔台 M32：2 的 B 型昆虫纹双角铜泡饰、M21：3-2 的 A 型昆虫纹双角铜泡饰[2]相似，金莲山 08M175：7 圆形芒纹扣饰和八塔台 M71：1 蛇面纹泡饰在风格上接近[3]，金莲山 08M28：6 铜泡与横大路 M183：8 的 B 型铜饰相同或者相近[4]。金莲山 06M16：6-1 和 06M16：6-2 圆形泡钉与八塔台 M178：3 的玄武形、蛇面纹泡饰在形制和纹饰上相同或者近似[5]。金莲山 06M6：4-1 锯齿形镯和昆明羊甫头 M113：126 的 C 型铜镯相似，金莲山 06M6：4-2 绳状镯和羊甫头 M113：240-1 的 B 型铜镯相同[6]。

八塔台 M265 属二期、M178 属三期、M32 属四期，横大路 M183 属一期，八塔台 M21 和 M71 所属期别不明，一期约当中原地区的春秋早期、二期约为春秋中晚期、三期约为战国至西汉、四期约为西汉后期[7]。从曲陆盆地的八塔台和横大路墓地来看，这种装饰风格的圆形扣饰自春秋以来，持续到汉代都一直存在。羊甫头 M19 的时代为战国中期，M113 的年代约为西汉时期[8]。由此可见，在青铜装饰品上，金莲山不仅与相距不远的昆明滇池盆地的羊甫头墓地有文化上的联系，而且与几百千米以外的滇南和滇东北地区也有文化上的联系。当然，金莲山与上述地区之间还有相当大的空间间隔，

[1] 云南省文物考古研究所：《曲靖八塔台与横大路》，科学出版社，2003 年。
[2] 云南省文物考古研究所：《曲靖八塔台与横大路》，科学出版社，2003 年。
[3] 云南省文物考古研究所：《曲靖八塔台与横大路》，科学出版社，2003 年。
[4] 云南省文物考古研究所：《曲靖八塔台与横大路》，科学出版社，2003 年。
[5] 云南省文物考古研究所：《曲靖八塔台与横大路》，科学出版社，2003 年。
[6] 云南省文物考古研究所、昆明市博物馆、官渡区博物馆：《昆明羊甫头墓地》，科学出版社，2005 年。
[7] 云南省文物考古研究所：《曲靖八塔台与横大路》，科学出版社，2003 年。
[8] 云南省文物考古研究所、昆明市博物馆、官渡区博物馆：《昆明羊甫头墓地》，科学出版社，2005 年。

由于资料的限制，目前我们只能看到相距较远的这两者之间的联系。

从上述材料来看，金莲山墓地的文化遗存，在其发展过程中，不仅与邻近的滇池盆地和星云湖盆地的古代居民保持着密切的联系，而且与距离相对较远的位于滇东的曲靖八塔台等地的古代居民保持联系，反映出石寨山文化内部的交流是相当频繁的。

四、葬式与葬俗

金莲山墓地的葬式和葬俗是石寨山文化墓地中最为复杂和特殊的，在《关于云南金莲山墓地的初步认识》[1]一文中做了一些初步分析，通过进一步的分析材料，需要对该文做一些补充。

（一）葬式

金莲山墓地的葬式分为仰身直肢、仰身屈肢、侧身直肢和俯身直肢等葬式，其中，以仰身直肢最为多见，这是该墓地的人们在葬礼中处理尸体的常用方式。在仰身直肢葬中，绝大多数人双膝双脚并拢（似用布匹或者绳索有意识地捆扎过，只是没有发现相关的遗迹），区别主要表现在头骨的面向、双上肢摆放的位置和手心的朝向不同罢了，我们也曾想通过头骨的面向、上肢摆放的位置和手心的朝向来寻找一些规律性的认识，到目前为止，这种规律性并不是十分明显。

1. 仰身直肢葬

所有葬式中最常见的，在单人葬、合葬（平置合葬、叠肢葬和叠层葬）中均可以见到。金莲山单人仰身直肢葬的墓葬计有128座，在这128座墓葬中，墓主的摆放姿势均为仰身直肢，双膝双足并拢（似在人死后、尸体僵硬以前有意识地捆扎或者束缚），双手的摆放分为以下几种：有双手置于盆骨上，双手置于盆骨下，双手紧贴体侧和一手置于盆骨上、一手位于体侧四种摆放姿势。这些个体中，既有男性，也有女性，还有儿童。合葬中的仰身直肢个体有40例，其摆放方式、双上肢的摆放位置以及手心的朝向与单人葬的个体没有区别。

2. 仰身屈肢葬

单人仰身屈肢的有3座，分别是08M76、08M86和08M171。08M86，男性，左手紧抓股骨、右手手心向下抠地面，体质人类学家现场鉴定时认为该墓主的左腿肌肉被削去，疼痛难忍，故而导致其偏离正常的生理体位，在该墓主的盆腔部位（正面）上压有一块石头，似有意掷入。08M171，性别未知，为一0~2岁的幼儿，手姿不详。可见，该葬式可能是一种对待非常人士采取的特殊处理方式。

在合葬墓中，仅有1具仰身屈肢的墓葬，08M44，叠葬墓，为该墓中最晚下葬的个体，一次葬，为一25~30岁男性，随葬有铜镯等器物。该个体采用这种方式埋葬，原因不明。

3. 侧身直肢葬

侧身直肢葬有14座，分别是08M46、08M52、08M53、08M54、08M57、08M72、08M84、08M87、08M122、08M166、08M174、08M206、08M210和06M31。其中，08M52为侧身直肢，45~50岁男性。08M53为合葬墓，1号个体为5岁左右未成年人，侧身直肢；3号个体为一45~50岁的男性，

[1]蒋志龙、吴敬：《关于云南金莲山墓地的初步认识》，《考古》2011年第1期。

侧身直肢，没有任何随葬品。08M54 为侧身葬，为一 45~50 岁的女性。08M84 为一侧身直肢葬的未成年人。08M122 的女性个体，08M166 的 4 号个体，均为侧身直肢。06M31（手姿不详），没有进行现场人骨鉴定。

从已有的材料来看，采用侧身直肢葬的既有男性，也有女性和小孩。其中，08M54 是采用侧身直肢的妇女，因为该墓大部分遭到破坏，这些妇女、儿童和少年可能都是随某一墓主下葬的，可能处于从属的地位。08M52，随葬两具人骨，其中北侧骨架面向东，侧身直肢，为一 45~50 岁男性，并且随葬有铜兵器，是整个墓地中采用侧身直肢的葬式并随葬兵器的男性墓主。08M122 侧身直肢个体为女性。采用这种姿势的原因，是因为墓坑太过狭小，还是因为墓主在墓葬中处于从属地位而采用这种葬式，具体原因我们已无法知道，但就这两座墓葬的发掘现场来看，墓坑确实很狭小。

4. 断肢葬（？）

断肢葬有 5 座，分别是 08M28、08M47、08M60、08M115 和 08M116。墓主骨骼自肩部以下完全不见，08M60 → 08M115 → 08M116，是由于墓葬打破关系导致的断肢，还是本身就先断肢后再埋葬的呢？08M115 和 08M116 经现场鉴定，均为男性，前者为 35~40 岁，后者为 30~35 岁。08M60 经鉴定有两个个体，上面的个体为一 4~5 岁幼儿，其下为一 30 岁左右的女性，该女性亦仅剩上半身，该墓被 08M59 打破。如果是墓葬打破关系导致的断肢，是否就那么巧，恰好打在大致相同的部位？体质人类学的现场鉴定无法确定墓主到底是生前砍断的还是死后再砍断的，我们希望在后期的室内体质人类学分析时注意考虑这个问题。

5. 俯身直肢

俯身直肢葬有 5 座，分别是 08M46、08M206、08M209、06M103 和 06M121。06M121，俯身，身躯置于腰坑内，手姿不详，双足被砍，腰椎有明显砍痕。由于没有现场鉴定人骨，无法判明其年龄和性别。

根据上述金莲山墓地的葬式资料，金莲山的绝大部分墓主采用仰身直肢的葬式，占统计总数的 82.6%，其次为侧身直肢的葬式，占 9%，再次为俯身直肢和断肢的葬式，各占 3.2%，最少的为仰身屈肢，约占 1.9%。由此可见，仰身直肢是金莲山墓地埋葬死者时采用的常用姿势，应该是其习俗的一部分。而其他几种葬式，是因为种种原因才采用非仰身直肢的葬式。

（二）葬俗

金莲山墓地既存在一次葬，又存在捡骨等形式的二次葬葬俗。

1. 一次葬

上述的仰身直肢、仰身屈肢、侧身直肢、断肢和俯身直肢等，都应该视为一次葬的结果，即人死之后，连同肉身一起埋葬的，在实际的墓葬发掘中所见到的是一具保存相对完好的骨架，保存正常的生理体位。即便像断肢这种特殊的葬式，其关节部分亦保存完好，似没有二次搬运的痕迹，所以我们认为这种墓葬中的个体应该是一次葬。除了单人葬中的个体以外，在部分合葬墓中，仍然存在一次葬的个体，如在 08M122 第①层最晚下葬的个体为一 25~30 岁的女性，人骨完整，仰身直肢；其西部还有一 25~30 岁的女性，侧身，胸前还有两个个体，其中一个小于 6 岁，还有一个 14~17 岁，性别不明[1]。这些个体都应该是一次葬的反映。此外，08M166，墓内共葬有四个个体，其中 1、2 和 4 号个体都是一次葬。1 号个体位于最上端（最晚埋入的个体），为一 30 岁左右的女性，仰身直肢，2 号个体压于 1 号个体之下，为一 30~35 岁的男性，仰身直肢，骨骼保存基本完整，4 号个体被压于 1 号个体之下，侧身直肢，骨骼保存基本完整[2]。几个个体以一次葬的形式葬在一个墓穴中，表明他们应该是间隔时间不久相继死亡的个体，至于是什么原因导致他们相继死亡，我们不得而知，但他们死后被埋在同一个墓穴中，而且采取肢体相互叠压的方式，并配有一定的随葬品，表明他们之间肯定存在某种特殊关系。类似的现象还有很多，我在此不一一列举。总之，从现有发掘资料来看，金莲山墓地的单人葬和合葬中的仰身直肢、仰身屈肢、侧身直肢、俯身葬等葬式所埋葬的个体，都应是该墓地一次葬存在的具体体现。

2. 二次葬

与一次葬不同的是，金莲山墓地还存在较多的二次葬的案例。

二次葬的习俗，早在新石器时代就已经发现，在我国关中、中原和山东地区的新石器时代考古学文化中大量存在，是一种很古老的埋葬习俗。

金莲山二次葬最明显、最具体的行为和表现方式就是叠层葬、叠肢葬和堆骨葬等，应该是有意识的人类行为，而这些墓葬形式都是捡骨后重新堆砌、组合形成的结果。在上下肢体相互叠压的合葬中存在的多个个体、墓葬填土中的人骨、合葬墓中的肢体无序的人骨以及单人葬中肢体不全的，可能都是捡骨后的遗留。包括我们原来所认为的垫肢葬、堆骨葬[3]以及由垫肢葬和堆骨葬等形式组成的叠层葬，都是由捡骨葬所产生的不同堆积的人骨堆的具体表现形式。金莲山墓地二次葬中的相当部分墓葬都是由捡骨这一行为产生的。由此，可以确定金莲山墓地既存在一次葬，又存在以捡骨葬为主的二次葬的习俗，即待尸体腐烂骨化以后将人骨捡拾并重新埋葬的习俗，即存在人死后两次埋葬的习俗。

捡骨葬是金莲山墓地二次葬产生的一种具体行为，通常以合葬、叠层葬等形式表现出来。捡骨，是人们有意识的一种行为，是其埋葬习俗的直接反映。捡骨的数量多少不定，通常少到一个、两个和两个以上的多个个体，多的乃至十个、数十个个体。如 08M166，仅一个个体属于捡骨葬，其中 3 号个体肢体不全，骨骼摆放一堆，与该墓 1 号、2 号和 4 号个体骨骼的完整形成鲜明的对比，应该是捡骨以后将其堆积起来的。除了单个个体的捡骨以外，通常还存在两个及两个以上的多个个体的捡骨葬，将这些骨头埋葬在一起。如 08M19，该墓共葬有七个个体，从现场来看，似为倾斜摆放，1 号个体为 25~30 岁的女性，头骨较为破碎，体骨除左侧股骨外均较为残破；2 号个体为 30 岁左右的男性，头骨极为破碎，仅存少量肋骨、第五腰椎和右侧股骨近侧端；3 号个体为 10 岁左右，性别未知，仅存左侧盆骨的残部，髂骨翼骨骺未愈合；4 号个体为 7 岁，性别未知，头骨较为破碎，保留了大部

[1] 云南省文物考古研究所、玉溪市文物管理所、澄江县文物管理所等：《云南澄江县金莲山墓地 2008~2009 年发掘简报》，《考古》2011 年第 1 期。

[2] 云南省文物考古研究所、玉溪市文物管理所、澄江县文物管理所等：《云南澄江县金莲山墓地 2008~2009 年发掘简报》，《考古》2011 年第 1 期。

[3] 蒋志龙、吴敬：《关于云南金莲山墓地的初步认识》，《考古》2011 年第 1 期。

分椎骨，唯不见骶骨，左右侧髋骨、右侧上肢骨和两侧的股骨近中段保存；5 号个体为一性别未知的成年，头骨极为破碎，体骨可能混在其他个体的体骨中；6 号个体为一性别未知的成年，头骨极为破碎，体骨可能混在其他个体的体骨中；7 号个体为 45~50 岁的男性，头骨基本完整，但右侧颞骨部缺失，左侧锁骨、胸骨体、部分肋骨残段保存，左侧肱骨远端缺失。除 08M19 这种合葬外，捡骨葬存在最多的就是叠层葬中的长方形骨堆。如 08M184，第②层为二次葬，人骨凌乱地摆放在该层底部，以股骨居多，还有头骨和其他零星散碎骨骼，无完整人骨，经鉴定，该层中葬有包括一例男性、一例女性等在内的至少七个个体；第③层为二次葬，人骨摆放无规律，与第②层相似，经鉴定，为两例女性、一例男性，个体年龄均大于 35 岁的三个个体[1]。08M155，墓主下垫有厚约 0.5 米的人骨，堆砌而成，表层颅骨有 20 个，放于人骨堆积的两端，其内部放置肢骨、盆骨等。剔除表层人骨后，其下仍为较为凌乱的人骨，以肢骨为主。从整个人骨堆积来看，边缘堆砌较为规整，以肢骨堆成长方形框，内部堆积各部分人骨。经鉴定出的有 15 个个体，都为成年，其中，20~25 岁的两例，其余均为 30~40 岁的个体，可以确定性别的仅两例，均为女性。08M200，墓内人骨堆积分为两层，第①层为堆骨葬，厚约 0.5 米，墓坑中部用各种骨骼砌成一个规整的长方形，头骨和股骨位于骨堆外侧，其他骨骼散置其内，最上端放置平行的股骨，不见完整个体，发现至少有 25 个个体的头骨；第②层也为堆骨葬，不见完整个体，比较凌乱，情况与第①层相似，尚未清理到底[2]。08M101，南北向的墓葬，墓的北半部被盗洞破坏，所出人骨较零散。从上至下分为两层。第①层深 2.9 米，在墓室中部出人骨，堆积成方形，人骨散乱，粗壮的股骨堆在下层，上层堆放头骨及椎骨、胸骨等小的肢骨，仅见一个头骨，除两枚螺壳外，未见其他随葬品。人骨保存稍差，部分骨骼已腐。在墓坑深 2.7 米处，南端及东、西两侧发现青灰色砂层，南端砂层长约 1、宽 0.35 米，西壁砂层残长 0.6、宽 0.1 米，东壁砂层残长 0.7、宽 0.2、厚约 0.15 米，可能是敷于基岩上用于修饰墓坑的。第②层深 3.4 米，至墓底出一层人骨，人骨保存稍差，敷在墓壁上的砂层极为明显。北端被破坏，人骨密集，头向南，可见两个头骨，其余均为肢骨，人骨保存稍差，靠近南端的头骨及部分肢骨已腐。人骨北端出陶器残片，另有一件铜镞、一件陶器盖[3]。

实际上，凡是叠层的墓葬都有这种葬俗。其做法可能是待肉体腐烂后，将原来墓葬人骨中的头骨、股骨、盆骨等比较大的成形的骨头捡起，然后将这些人骨集中安置在一个新的墓穴中，其安置方式为将头骨、股骨等砌在墓穴内的边上，再将那些碎的、比较小的骨头搁在中间，形成一个长方形骨堆。另一种是在墓坑的四角各安放一个头骨，然后将股骨等比较大的、粗壮的骨头放置在四边的边缘。还有一种是在四角的对角线相交的中间放置一个头骨，这样依次往上堆砌，将比较零散的骨头如盆骨、肢骨等放置在中间，形成一个长方形骨堆，堆积厚度有高有低，高的一般在 50 厘米左右，低的在 20~30 厘米（骨堆堆积的厚度可能与某段时间内某社群死亡的人数有关，人多，堆积的骨骼自然就厚，

[1] 云南省文物考古研究所、玉溪市文物管理所、澄江县文物管理所等：《云南澄江县金莲山墓地 2008~2009 年发掘简报》，《考古》2011 年第 1 期。

[2] 云南省文物考古研究所、玉溪市文物管理所、澄江县文物管理所等：《云南澄江县金莲山墓地 2008~2009 年发掘简报》，《考古》2011 年第 1 期。

[3] 见本书第三章。

反之，则薄）。一个长方形骨堆应该是一次埋葬的结果，每一次这样的埋葬可能要举行隆重的仪式，来安放在一定时期内逝去的先人的遗骨，至于这一长方形骨堆中逝去的先人到底是同属于一个部落，还是某一社区（指居住在一定的地理区域，有一定数量的人口，居民之间有共同的意识和利益，并有着较密切的社会交往），或者是某一社区中的家族（指以血统或血缘关系为基础而形成的社会组织，包括同一血统的几辈人，如陈氏家族、王氏家族等）？他们之间是血缘关系或者姻亲关系？自然，考古遗存本身是无法回答这个问题的，借用自然科学手段对部分墓葬的人骨进行线粒体 DNA 和锶同位素的分析，不知能否为我们了解古代社会的人群提供帮助，目前，相关的工作正在进行中。

凡是叠层葬的墓葬，不仅墓圹比较大，而且墓葬也比较深，通常这类墓葬的平均深度约 3 米，相比一般的单人墓和普通的合葬墓，无论墓圹的长度还是宽度都更大、深度更深。

那么，这些人骨是从哪里捡来的？是从外地捡来的，还是来自附近甚至就是本墓地？如果是从金莲山墓地附近的其他墓地而来，则需要对这一地区同时期的墓地进行解剖，并进行相关的综合分析，短期内难以达到上述目的。而国内外的一些相关资料，可为我们分析金莲山墓地的情况提供一定程度的参考。

北美加拿大的易洛魁印第安部落，考古学家在 1997 年发掘了一个叫 MoatField（土壕）的遗址，该遗址为一个二次葬的人骨坑，坑中埋有 14 层人骨，经鉴定有 87 个个体，绝大部分为成年人，个别为婴幼儿，该坑距今 700 年左右。据介绍，该易洛魁人部落是从事狩猎、采集，过着游牧但同时又相对定居的生活，采用刀耕火种种植玉米的人群，他们每隔 25~30 年会搬迁到新地点定居，届时会将在这段时间内死亡的人骨捡回，带到祖居地重新安葬[1]。从考古发掘材料来看，该墓葬与法国传教士记载的该部落的有关内容大体吻合。

四川凉山的安宁河流域存在大量的大石墓遗存，这类墓葬为典型的二次捡骨丛葬，每墓入葬人数多少不等，一般入葬十余人至数十人，最多者达百余人，人骨分层堆积，多见头骨和肢骨，少见肋骨、椎骨和耻骨。随葬的个体，男女老幼皆有。随葬品大都为陶器和一些随身的小件铜器。每次使用时先将用石块堆积的墓门搬开，放入骨架和随葬品后，再将墓门用石块封闭。因此，一个墓葬的使用时间可能很长。据有关学者研究，大石墓存在的时代为春秋晚期至两汉之间[2]。在安宁河流域，也发现有空的大石墓，有学者推测是由于某种原因，修好以后还没有来得及埋人就废弃了[3]。

此外，据民族学资料，在我国南方广西桂中上林地区的壮族有捡骨葬的习俗，人死后用棺木土葬，三五年后，待肉体完全腐化以后，将人骨捡起重新装入罐内埋葬，俗称"金罐""金坛"葬，由于拾骨重葬是为死者选择最后归宿，供死者灵魂归入列祖列宗行列的重要措施，所以特别受到重视，气氛庄重肃穆[4]。类似的葬俗还在安徽潜山农村存在，分为枯柩葬和埋骨葬，枯柩葬的时间一般也为三年（棺材摆在地面某处，称这种为"墓"），待肉体完全腐化以后，将骨头捡起，重新埋葬，而埋骨

［1］Deboreh Morette, "The Northern American Iroquis Ossuary" working paper. Alice yao 博士提供。

［2］刘弘：《安宁河谷的大石墓》，《丛山峻岭中的"绿洲"——安宁河谷文化遗存调查研究》，巴蜀书社，2009 年。

［3］与四川省凉山彝族自治州博物馆刘弘先生电话交流得知。

［4］卢敏飞：《上林壮族拾骨葬考察和探讨》，《广西民族研究》1986 年第 4 期。

葬则是永久性的，骨头一旦入土，就不再迁移[1]。其排列方式通常为祖辈居中，父子两辈依次位于两旁，凡超过三代，要另起坟冢。凡非正常死亡的人，都不得进行埋骨葬，而是直接埋入土中，称为"血葬"。学术界大多认为，捡骨重葬是人们视死如生和祖先崇拜观念的反映。

金莲山墓地存在的叠层葬，在某种意义上说与安宁河谷大石墓的捡骨丛葬有相似之处，都是待死去的人骨化以后，将部分（而不是全部）骨头收集起来重新选择地点集中埋葬，只是大石墓的墓门是垒石，可以打开，而金莲山墓葬则要将墓坑挖开，把收集的人骨重新集中埋葬。支撑这种行为的观念，我认为和北美加拿大印第安人以及广西上林壮族等一样，都应该是祖先崇拜观念的直接反应，这种捡骨葬是永久性的。至于这些人骨来自哪里的问题，根据现有资料，我们推测它们就是来自金莲山墓地本身。

首先，该墓地有一些空墓，共87座，其中，2008年清理的有20座，分别是M1、M20、M48、M79、M81、M85、M100、M118、M123、M125、M142、M146、M169、M191、M213、M219~M221、M226和M234；2006年清理的有67座，分别是M10、M12、M14、M15、M18、M19、M21、M22、M25~M29、M35、M36、M40、M43~M46、M48~M56、M58、M62~M65、M72、M80~M85、M92~M94、M97、M105~M107、M110、M115、M116、M118~M120、M124、M126~M134、M139、M143和M144。这些所谓的空墓，有的可能因为后期捡拾，没有剩下人骨，也有的可能是因为挖好墓穴以后，没有埋葬，还有的是由于埋藏环境的原因，人体骨骼已经腐朽。我们认为这几种情况都可能存在。

其次，在金莲山墓地还有部分墓葬内有人骨，但肢骨不全，无法看清其具体葬式，我们认为这极有可能是捡骨葬的遗留。这类墓葬共有117座，其中，2008年清理的有67座，分别是M6、M16、M25、M32、M34、M37、M38、M42、M47、M51、M55、M60、M61、M64、M67、M68、M73、M80、M89、M90、M93、M98、M104、M108、M120、M129、M134、M140、M141、M143、M152、M154、M157、M161、M162、M167、M168、M170、M176、M179、M180、M182、M183、M189、M190、M192、M197、M198、M200~M203、M208、M211、M212、M214、M218、M225、M227、M232、M235~M237、M250、M257、M263和M264；2006年清理的墓葬有50座，分别是M1~M6、M8、M11、M13、M17、M23、M24、M30、M32~M34、M37~M39、M41、M42、M47、M57、M59、M61、M66~M68、M70、M74~M76、M78、M79、M86、M89、M91、M95、M102、M108、M109、M111、M114、M117、M123、M125、M135~M138。

除这些空墓和墓内残留有人骨的以外，在发掘现场，我们还常在墓葬填土、地层堆积中见到残断的人骨，频率还比较高。推测这些残断的人骨应该是当时人们在进行捡骨葬过程中丢弃的人骨。

上述现象表明，在金莲山墓地中，既存在一次葬，又存在一次葬和二次葬共存的现象，如08M19和08M166等；还存在多人、多次捡骨葬的二次葬即叠层葬，如08M101、08M155等。我们认为，像08M166等类似的墓葬，很可能是一种临时的待骨化的处所。08M166的1号、2号和4号个体为一次葬，仅3号个体为二次葬的捡骨葬，而1号、2号和4号个体，死亡时间应该相距不远，将他们的尸体连

[1] 李抱荣：《安徽潜山二次葬俗的考察》，《东南文化》1985年第3期。

同随葬品和已经捡拾起来的人骨埋在一起。我们推测，这类墓葬极可能是处于埋葬过程的中间形态，即将其和其他同期或者有某种关系的人在举行某种祭祀仪式以后，再集中起来埋进其祖先的坟中。

因此，我们推测叠层葬中的人骨个体应该是来自金莲山墓地的单人葬、合葬（类似于 08M122 和 08M166 这样的合葬），如果我们的分析无误的话，那么，金莲山墓地一定时期内的单人葬和合葬墓中的个体（除了非正常死亡的个体）最终都可能会葬入叠层葬中，与他们的祖先在一起。

综上所述，仰身直肢是金莲山墓地首次埋葬时常采用的姿势，无论男女、老幼均采用这种葬式，而合葬，尤其是叠层葬，是该墓地中人骨再次埋葬的结果。合葬的具体表现行为就是捡骨，通过叠层葬的墓葬形式表现出来。在金莲山确实存在一种人死之后进行两次埋葬的情况，即初期的骨化埋葬和最终的捡骨葬两个过程。捡骨葬是他们与祖先"团聚"的一种表现形式，只是这种形式是由下（祖先，早）而上（晚），是一种立体式而非平面布局式的埋葬。

仰身直肢葬和捡骨葬应该是金莲山墓地某一时期内存在的一种葬俗，是其固有习俗的一种反映。而仰身直肢葬之外的其他葬式，或许与其身份、地位、财富、人身依附关系等有关。叠层葬是其祖先崇拜和家族观念的具体体现，具体原因还有待于进一步的研究。

五、性别、职业与社会等级推测

（一）年龄与性别

经现场体质人类学鉴定的金莲山墓葬共 183 座，合计 541 个个体[1]，占 2008~2009 年发掘清理 262 座墓的近 70%，具有一定的代表性。其中，男性个体 130 例、疑似男性个体 25 例，女性个体 75 例、疑似女性个体 8 例，无法鉴定性别的成年人 220 例，未成年（婴幼儿和少年）个体 83 例。由于骨骼保存的原因，男性数量比女性多，再加上还有相当数量（近三分之一）的墓葬人骨没有保存下来，有的即便人骨保存下来了，却没有来得及进行现场体质人类学鉴定，因此，无法在此就男、女的性别比进行讨论。

在已经鉴定性别和年龄的人骨中，男性和疑似男性的数量最多，女性和未成年个体的数量大体相当。已经鉴定的男性和女性的数量接近半数，还有相当部分（近 40%）的成年人无法鉴定性别和具体年龄。

根据金莲山墓地的墓主年龄情况，将他们分为以下七个年龄段，分别是 0~6 岁、6~12 岁、12~17 岁（以上为未成年，包括婴幼儿和少年）、成年[2]、20~30 岁、31~45 岁和 45 岁以上。

1. 男性

金莲山墓地的男性经鉴定为 162 例。其中成年（年龄大致在 17、18 岁左右）、20~30 岁和 31~45 岁这三个年龄段死亡的人数相差不大，分别为 50 例、51 例和 52 例，而 45 岁以上年龄段的人数较少，仅有 9 例。表明金莲山大多数男性存活到 20~45 岁，超过 45 岁的男性不多，反映出金莲山

---

[1] 见本书附录一。
[2] 成年：是相对于未成年而言的，现场鉴定时，确定是成年，但不知道其具体的年龄。

男性长寿的人较少，可能因为男性在社会和生活中承担的负担较重，或者因为与外部频繁的械斗和战争，导致男性死亡较多。

在导致男性死亡的病因中关节炎比较多见[1]，如 M206 ①层的 1 号个体，年龄为 50 岁左右，显示有明显的腰椎老年性关节炎，类似的病因还见于 M26、M196 和 M16 的个体。除此以外，还有因外伤导致死亡的例子，如 M12 下层的 1 号个体，枕骨有病变，疑似因为外伤导致颅骨感染而死；M90 的 2 号个体，左侧股骨大转子后侧有疑似砍伤痕迹，同墓的 4 号个体，颅骨左侧乳突有疑似切割痕迹。这些都表明，在金莲山墓地确实存在有因外伤导致墓主死亡的现象，由于在实验室内尚未对人骨进行系统的观察和分析，外伤导致墓主死亡的比例有多大，目前我们难以进行统计和进一步的分析。

2. 女性

金莲山确认的女性个体数量为 83 例。金莲山墓地的女性在 20~30 岁年龄段死亡的比例最高，达 28 例，这个年龄段恰是女性的生育年龄，表明女性墓主的死亡极可能与生育有关。其次死亡的高峰期是 31~45 岁，数量为 21 例，再次为成年，数量为 17 例，45 岁以上的老年女性有 17 例。数据显示金莲山墓地的女性长寿人数比较多，其中 M57 的 4 号个体，年龄达 55~60 岁，M143 第②层的 2 号个体，年龄也为 50~60 岁，她们两个是金莲山墓地最长寿的女性。金莲山经鉴定确认的女性（包括疑似女性）个体为 83 例，而男性（包括疑似男性）个体为 155 例，在数量上，男性个体多出女性个体近 1 倍，45 岁以上的女性个体达 12 例，而男性个体仅 9 例，相比之下，金莲山的长寿女性比男性多近三分之一，表明金莲山的女性比男性更长寿。在导致女性死亡的原因中，生育可能是一个重要原因，M111 的女性腹腔中还有一个胎儿，极可能是因为难产而死，M122 中有女性和幼年个体，类似的现象还见于 M19。在女性中没有见到男性墓主所常见的关节炎等疾病，但也有因外伤而死亡的例子，M54 为一 45~50 岁的女性，其右侧顶骨有外伤痕迹。M24 的墓主为一年龄大于 40 岁的女性，其部分牙齿生前缺失。

3. 未成年人

金莲山未成年个体死亡比例非常高，占所有已鉴定人骨的近六分之一，达 15.1%。其中，0~6 岁的婴儿死亡数量最多，达 44 例。在现场鉴定中，M111 的 2 号个体位于 1 号个体盆腔内，为一胎儿，1 号个体为一成年女性，可能是因为难产，大人和小孩均未能幸免。其次，12~17 岁的少年死亡的比例也很高，达 26 例，仅次于 0~6 岁的婴儿，再次为 6~12 岁的儿童。6~12 岁的儿童和 12~17 岁的少年死亡比例这么高，表明儿童成长的环境并不乐观。

（二）性别与职业

社会分化（Social Differentiation）是指承认和确立社会中群体间或个人之间的区别。个体间的许多区别，常常被赋予社会意义。因此，一个个体就被看作是属于某个特别的集体和类型，从而决定了他在社会中的地位，这种特别的集体和群体类型的出现，就是社会分层（Social Stratification）。

社会分化是由很多因素造成的，这些因素大体可以分为生物因素和社会文化因素两种。生物因

---

[1] Christine Lee, *Jinlianshan Osteological Report*, 未刊稿。

素包括：一、性别区分，在人类中出现最早，也是最显著的区分之一，在很多社会中，男人和女人的待遇是不同的，他们有不同的功能并且扮演不同的角色；二、年龄区分，也是人类最早的区分之一，在人类社会中，青年、成年和老年，因为年龄不同，在社会中被赋予不同的角色，在大多数社会中，经济资源和政治权力掌握在中年和老年人手中；三、种族区分，人类不同种族创造了不同的文化和文明，不同形式的民族、文化和文明主要是地理、历史和社会等因素影响的产物，民族的形成又与种族的差别密不可分；四、智力区分，智力的区别直接与社会分层相联系，智力高的人总是会在社会中得到较高的地位。

金莲山 2008~2009 年清理的 262 座墓中，共鉴定了 183 座墓葬，541 个个体，约占该年度清理墓葬总数的 70%。我们首先对那些经过体质人类学鉴定，有明确性别和年龄的墓葬进行分析。然后，在此基础上，将那些没有鉴定墓主性别和年龄，但根据随葬品的性别标示器，我们也能够比较准确地分辨出其生理性别。最后，再根据墓主随葬品的差异，推测墓主生前从事的大致职业。

1. 男性墓主及其随葬品

在 155 例男性和疑似男性的墓葬中，有 82 座墓葬有随葬品，80 座没有任何随葬品，有随葬品的墓葬占已鉴定性别墓葬数量的 50.6%，没有随葬品的墓主约占已经鉴定性别墓葬的 49.3%。两者相差不大。

根据随葬品的质地和种类，可以将有随葬品的墓主分为以下几类。

A 类，有金属器的墓主为 53 例，根据种类的不同，又可细分几种。

只有兵器的墓主，共 17 例。在这 17 位墓主中，用镞随葬的最多，达 12 例，其次为矛 7 例，戈 4 例，铜柄铁剑 2 例，铜钺和铜镈各 1 例。

只有工具的墓主，共 5 例。工具包括斧、锥、削、鱼钩和环首铁刀等，以削、斧为多。

兵器兼工具的墓主，共 14 例。兵器有镞、镦、剑、矛、铜骹铁矛、铜柄铁剑、镈和戈，工具有斧、铁削、铁锥、削、锛、环首铁刀、刻刀、鱼钩和凿，以斧和削为多见。

兵器兼工具、农具的墓主，共 8 例。兵器有矛、镞、铜骹铁矛、剑、铜柄铁剑和戈，工具有削、铁斧、斧、锥和环首铁刀，农具有锄明器、铲明器和铜锄。

只有农具的墓主，2 例。农具有锄明器、铲明器和铁锸。

工具兼农具的墓主，1 例。斧、镰和不明铜器。

出五铢钱的墓主，2 例。M44 中与之共存的有铜镯。

此外，还有 M13 出残铜器、M97 出残铁器、M108 出铜渣、M156 出铜铃等 4 例墓主，因随葬器形不明或无法归类。

B 类，有陶器随葬的墓主共 23 例，可细分为以下两类。

只随葬陶器的墓主，7 例。陶器包括釜、圈足器、器盖、壶和罐，以壶、釜、罐为多见。

与兵器、工具和农具随葬的陶器还有 16 例。包括与兵器兼工具、兵器兼工具兼农具随葬的陶器。

C 类，随葬装饰品的墓主，共 30 例。装饰品包括铜扣饰、铜扣、玉玦、孔雀石珠、玛瑙珠、绿松石珠、骨管、海贝和玉管等。

只随葬装饰品的墓主，共 14 例。玉玦 3 例，孔雀石珠 4 例，绿松石珠、绿松石扣 2 例，玛瑙珠 1 例，玉管 1 例。铜扣饰等 2 例，骨玦 1 例。

其余的有装饰品的墓主，多与兵器、工具和农具的墓主共存。

兼有兵器和装饰品的墓主，4 例。

有兵器、工具、装饰品共存的墓主，6 例。

有兵器、工具、农具、装饰品共存的墓主，6 例。

此外，尚有只随葬磨制石器、石范的墓主 1 例，M30；只随葬砺石和陶纺轮的墓主 1 例，M66；只随葬骨器的墓主 1 例，M127。

A 类青铜兵器包括矛、镞、戈、剑、镈、镦和钺等，铜铁合制和铁制兵器有铜骹铁矛、铜柄铁剑、环首铁刀（该器既可为兵器也可为工具）等。工具有削、锛、锥、斧、刻刀，农具有尖叶形锄明器、长条形铲明器、尖叶形锄、镰和铁锸等。

B 类陶器有釜、尊、罐、器盖以及无法辨别器类的陶器等。

C 类装饰品主要由玉玦、孔雀石珠、玛瑙珠、绿松石扣、绿松石管和玉管等构成，此外，还有铜扣饰（圆形和长方形扣饰）、铜扣和铜泡等，根据其功用，也归入装饰品中。

2. 女性墓主及其随葬品

金莲山确定为女性墓主的共 83 例，其中，有 31 例有随葬品，其余墓主没有任何随葬品。有随葬品的墓葬占已鉴定女性墓葬数量的 36.9%，没有随葬品的墓主占已鉴定的女性墓葬的 63.1%，表明金莲山有近三分之二的女性墓主没有任何随葬品。

女性墓主的随葬品由三部分组成，分别是陶器、铜器和装饰品。陶器有纺轮、壶、罐、釜、尊和同心圆纹盘等，以纺轮的数量为最多，壶、罐、釜、碗和尊等器物，无论形制还是大小都与金莲山男性墓主的相同，唯一不同的是男性墓主没有随葬纺轮。铜器有錾、镜、铲明器、锄明器、五铢钱、爪镰。装饰品由玉（玛瑙）玦、绿松石珠、绿松石扣、孔雀石珠、玛瑙珠和海贝等。除此以外，装饰品中还有铜钏，铜钏出土时多佩戴在女性手腕上，这种器物在男性墓主中也不见，为女性所独有。

金莲山男性墓主随葬兵器的为 45 例、随葬兵器兼工具的为 43 例、随葬兵器兼工具兼农具的为 20 例，而女性墓主随葬工具、工具兼农具的仅各有 1 例。M7 的女性墓主随葬了 1 件环首铁刀、M32 的 1 号女性墓主随葬了 1 件铜锄明器和 1 件铜铲明器，其余女性墓主多不见青铜工具和农具。由于 M32 为合葬墓，该器物也不排除是混入的可能性。除兵器、工具和农具多见于男性墓葬之外，铜扣饰（包括长方形、圆形扣饰以及铜扣）也只见于男性墓葬，砺石和石范等随葬器物也显现出与铜扣饰类似的特征，不见于女性墓葬。铜钏和陶纺轮则仅见于女性墓葬而不见于男性墓葬。M44 的 1 号墓主随葬 1 件陶纺轮，经鉴定为男性，但因为该墓是捡骨葬的合葬墓，难以确定每件随葬品到底是属于哪个墓主，也不排除弄混的可能性。

根据以上考古发现，我们可以认为，兵器、工具、农具、铜扣饰和砺石等器物，应该是男性的标示性器物，是男性的象征；而纺轮、铜钏等器物则是女性的标示性器物，是女性的象征。其他如陶罐、釜、壶等和玉、玛瑙、孔雀石、绿松石等装饰品则是男女共用的东西，我们称其为中性物品。

基于这一认识，我们将 2006 年和 2008 年发掘的没有进行人骨性别和年龄鉴定的墓葬，根据随葬品的种类和特征，推断其性别，有 75 例男性和 28 例女性。这样，能够判明墓主性别的就达 341 例，占全部墓葬的 82.7%（实际的比例应该低一些，因为有些墓主是同处一个墓穴的，并且还有相当一部分墓葬没有任何随葬品）。

根据我们从已有的金莲山墓地的性别鉴定以及性别标示性器物所得到的认识，推测下述墓葬应该是两性的合葬墓，分别是 06M3、06M6、06M24、06M36、06M37、06M108、06M115、06M117、06M137、06M143、08M74①、08M191、08M223 和 08M267，因为墓内出土有代表两个不同性别的器物。

3. 性别与职业的推测

从金莲山墓地的墓葬材料来看，金莲山墓地的男性和女性存在着明显的社会分工。男性和女性在社会中从事不同的职业，墓葬随葬品的不同，当是他们从事不同职业的直接反映。

（1）男性

根据金莲山墓地已进行体质人类学鉴定的男性墓葬，同时，将那些虽然没有进行性别和年龄鉴定的墓葬，但根据其出土的男性标示性器物，可以将他们归入男性的墓葬。

金莲山男性墓葬的随葬品，根据其器物组合可以分为以下几组：

A 组，只随葬兵器的墓主，共 45 例。这些兵器包括铜镞、矛、剑、戈、镦、镈、钺、臂甲、铜柄铁剑、铜骹铁矛等。其中，以镞的数量为最多，达 22 例；矛（含铜骹铁矛）次之，为 19 例；剑（含铜柄铁剑）再次之，达 10 例；戈再次之，为 8 例；最少的为铜钺，仅 1 例。由于砺石经常与青铜兵器共生，所以我们将砺石归入兵器类，只是在发现时，我们没有见到其他青铜兵器而已。A 组的墓主通常还随葬有装饰品，包括玉玦、玛瑙珠、玛瑙管、孔雀石珠、绿松石和海贝等，个别的还有圆形、长方形铜扣饰。

B 组，随葬兵器兼工具的墓主，共 38 例。兵器的种类亦如 A 组，但兵器的种类及数量发生了变化。镞 17 例、矛（含铜骹铁矛、铁矛）16 例、剑（含铜柄铁剑、铁剑）13 例、戈 9 例。工具主要有铜斧、削、锥、锛、凿、铁斧、铁锥、铁削等。其中斧最多，达 17 例，凿 8 例，刀（含环首铁刀）7 例，锥（含铁锥）7 例，削 3 例，锛 3 例。B 组的墓主也随葬有装饰品，装饰品的种类和形制与 A 组相同。

C 组，随葬兵器兼工具兼农具的墓主，共 25 例。兵器和工具的种类见于 B 组，兵器中矛（含铜骹铁矛）21 例、剑（含铜柄铁剑）16 例、镞 16 例、戈 2 例。工具中斧 13 例、削 4 例、锥 1 例、凿 1 例。农具有尖叶形锄、长条形铲和这两种器物的明器，此外，还有镰，其中锄（含锄明器）19 例、铲（含铲明器）9 例、镰 1 例。C 组的墓主也拥有装饰品，其种类和形制同于 A、B 组的墓主。

D 组，随葬兵器兼农具的墓主，共 4 例。武器有镞、矛、剑，矛最多，3 例，镞和剑分别为 2 例。农具中锄明器 4 例，铲明器 2 例。D 组的墓主有装饰品的较少，目前，仅发现玉管 1 例。

此外，出土工具兼农具的墓主，2 例，06M90 和 08M216，前者为凿和尖叶形锄，后者为凿和镰，没有装饰品。

E 组，只有农具的墓主，2 例。分别为 08M32②和 08M95，前者出锄明器和铲明器，后者出铁锸。该组的墓主没有装饰品。

F 组，只有工具的墓主，3 例。分别为削和锥。该组的墓主没有其他随葬品。

此外，06M6 和 08M108 中发现有铜渣。可能与墓主从事金属冶炼或者管理相关的手工业有关。

G 组，只有装饰品的墓主，5 例。装饰品由玉玦、玉管、玛瑙扣、玛瑙珠、孔雀石珠和骨器等组成。但数量不多。

H组，只有陶器的墓主，7例。器类包括罐、壶、釜等。该组的墓主也没有装饰品。

I组，没有任何随葬品的墓主，82例。

A组、B组和C组，都随葬有装饰品，只是装饰品的数量和种类上有差异，D组以下的墓主都没有任何装饰品（G组仅有装饰品，却没有其他任何随葬品的除外）。

金莲山男性墓主中，只随葬兵器的墓主所占比例最高，达男性墓主总数的19.0%，其次为随葬兵器兼工具的墓主所占比例达16.0%，再次为随葬兵器兼工具兼农具的墓主所占比例达10.5%，随葬兵器兼农具的墓主所占比例达1.7%，只随葬工具的墓主所占比例为1.2%，只随葬农具的墓主所占比例为1.0%，只随葬装饰品的墓主所占比例为2.1%，只随葬陶器的墓主所占比例为3.0%，没有任何随葬品的墓主所占比例为34.6%。另有2%的墓主无法归类。

如果将这些墓主所拥有的随葬品再次归类的话，出现如下的现象：拥有兵器的墓主数量达47.3%，武器墓在金莲山墓地中占有绝对多数。

如果墓主随葬品种类的不同是其生前职业不同的反映的话，那么，金莲山墓地的男性墓主所从事的职业是否可以概括为如下：一、武器墓，是金莲山墓地男性墓主生前最重要的职业，在全部男性墓主中所占的比重最高，达19.0%，这些墓主是维持金莲山墓地社会正常秩序的武装人员；二、武器兼工具墓，这部分人在金莲山墓地的男性墓主中所占的比例也比较高，达16.0%，仅次于金莲山的纯武器墓；三、武器兼工具兼农具墓，是金莲山仅次于武器墓和武器兼工具墓的第三大类人群，所占比重为10.5%；四、陶器墓，这部分人比较特殊，只随葬陶器，不见武器、工具和农具，也没有装饰品，其所占比例为3.0%；五、武器兼农具墓和只随葬装饰品的墓，所占比例均约为2%，前者，仅见玉管一种装饰品，也随葬有陶器，而装饰品墓，既无陶器，又无武器、工具和农具；六、工具墓和农具墓，所占比例均约为1%，它们的共同点是墓主无装饰品随葬，不同点是农具墓中有1例墓主有陶器随葬，而工具墓中是绝不见陶器随葬的；七、没有任何随葬品的墓主，所占比例为34.6%。

根据金莲山男性墓主在随葬品方面表现出来的差异，对这些墓主的生前职业作如下推测。

一、武器墓：这部分人可能是武士，他们所常用的武器主要为镟、矛、剑、戈等，以前两种为多。

二、武器兼工具墓：这部分人是亦兵亦工的人员。平时做工、战时则为战士。

三、武器兼工具兼农具墓：这部分人员是金莲山亦兵亦工和亦农的人员。

四、陶器墓：这部分人职业倾向不明。

五、武器兼农具墓：这部分人是亦兵亦农的人员，平时进行农耕，一旦有战事，则为战士。只随葬装饰品的墓：这部分人职业倾向不明，除随身佩戴的装饰品外，没有任何其他随葬品。

六、工具墓和农具墓：工具墓墓主人可能为从事某种手工行业的工匠；农具墓的墓主生前可能为从事农耕的农民。

七、无任何随葬品的墓：这部分人职业倾向不明，生前地位十分低下。

综合上述七类人群，我们得出如下的一些认识。

第一，金莲山墓地的男性从事的职业主要包括武士、手工工匠和农民三大部分。但这三部分不是截然分开的，多数情况下出现兼职的情形，如武器兼工具墓、武器兼农具墓、工具兼农具墓和武器兼工具兼农具墓等，出现一身多职的现象。

第二，从金莲山墓地的男性所从事的职业以及他们所拥有的财富来看，单纯的从事工匠职业和单纯的从事农耕职业，其所得到的财富远远比不上从事武士行业（包括武士的兼职行业）所得到的财富（至少从随葬品上可以看出来）多。因此，推测金莲山墓地的男性职业首选当是与武士有关的行业。

第三，金莲山墓地的男性主要是通过武士行业来获得地位和财富的，其社会架构可能也是围绕武士来构筑的。

（2）女性

金莲山的女性墓主的随葬品组合可以分为以下几种。

Ⅰ组，以纺轮为代表性器物的墓主，共41例。其中，以陶纺轮为主，同时还有石纺轮，与这些纺轮共存的器物有铜器、陶器和装饰品。铜器有钏、镯、五铢、大泉五十、鍪和镜等，陶器有壶、罐、釜和尊等。装饰品有玉玦、孔雀石珠、玛瑙珠、海贝和骨器等。

Ⅱ组，以铜钏为代表，共3例。共存的器物包括有釜、罐、壶等陶器，但没有纺轮。装饰品只有木镯。

Ⅲ组，以随葬陶器为主的墓主，共4例。陶器有罐、盘等，装饰品仅海贝，还有一墓中有铜针。既没有纺轮，又没有铜钏。

Ⅳ组，只随葬装饰品的墓主，共13例。在随葬的装饰品中，以玉玦数量最多，达7例，绿松石扣2例、海贝2例、孔雀石珠2例、玛瑙珠1例和玉管1例。该组墓葬既不见纺轮，又不见铜钏，还不见陶器，仅08M44②的2号女性有五铢4枚。

Ⅴ组，没有任何随葬品的墓主，共52例。

金莲山的女性墓主中，随葬纺轮的数量最多，占女性总数的36.6%；其次，为只随葬装饰品的墓主，占女性总数的10.7%；再次以随葬陶器为主的墓主，占女性总数的3.6%；只随葬铜钏和陶器，却不见纺轮的墓主，占女性总数的2.7%；没有任何随葬品的墓主所占的比重相当大，几乎占所有女性墓主的近半数，达到46.4%。根据这些女性墓葬中出土的随葬品，我们对金莲山女性墓主生前的职业作如下推测。

一、纺轮墓：墓主生前从事与纺织有关的行业。

二、铜钏墓：墓主生前的职业倾向不明。

三、陶器墓：墓主生前的职业倾向不明。

四、装饰品墓：墓主生前的职业倾向不明。

五、无任何随葬品墓：墓主生前的职业倾向不明。

通过对金莲山女性墓主及其随葬品的分析，我们得到以下三点认识。

第一，金莲山墓地女性的职业显得比较单调，女性从事的职业主要为纺织业。纺织是女性职业的最重要选择。当然，也不排除女性在社会中主要承担家务、抚养孩子、照顾老人和炊煮等工作，只是这类活计无法通过墓葬随葬品表现出来而已。

第二，从女性墓主的随葬品来看，凡是从事纺织业的女性墓——纺轮墓，其随葬品无论是种类还是数量都较其他的（铜钏墓、陶器墓和装饰品墓）多得多。纺织行业应该是金莲山女性职业的首选。

第三，金莲山的女性主要通过从事纺织行业来获得地位和财富。从从事纺织的女性在金莲山墓地中所占的比例不是太高的情况来看，女性在社会中对男性的依存度比较大。

综合上面对金莲山男、女两性及其随葬物品的分析，可以得出以下认识。

第一，金莲山墓地的男性和女性有着明确的社会分工，男性主要从事与战争、农业和手工业有关的事业，而女性则主要从事纺织业。当然，女性还可能从事家务、抚养小孩和照顾老人等事业。

第二，从金莲山两性的随葬品来看，男性比女性拥有更多的财富，女性的贫穷人数所占的比例也远远高于男性。从某种角度上说，金莲山是一个以男性为本位的社会。

（三）金莲山墓地的社会等级

"在一个有着明确社会分层且社会等级是通过埋葬时的奢侈程度来体现的社会，我们可以找到墓葬不同方面的劳动力支出与墓主人地位之间的关系。换句话说，与结构简单的小型墓葬相比，复杂结构的大型墓葬可能包含更多的随葬品，尤其是包含大量费时费力的随葬品"[1]。

金莲山墓地的墓葬，不仅在随葬品数量方面存在着多少的差异，而且不同性别的墓葬在随葬品的数量上也存在着多多少少的差异，即便是同一性别的墓主，在随葬品的种类、数量多少和质量好坏方面都存在差异，前述的有些女性墓主尽管没有从事纺织业，但她却有着与从事该行业的其他女性同样甚至更多的随葬品，我们认为，这就是由于墓主的等级不同造成的。

在墓葬形制及随葬品的种类、数量多少和质地四种因素中，首先是墓葬形制和大小，其次是随葬品的数量，再后依次是随葬品的种类和质地，由于受资料的局限，有的难以进行横向比较，因此，我们首先挑选比较容易入手的墓葬形制和大小进行比较和分析，然后再结合随葬品的数量、种类和质地进行综合分析。

在金莲山的全部406座墓葬中，部分墓葬因为被晚期墓葬打破或者在当代遭到疯狂盗掘，使得无论是墓坑的完整性还是随葬品都未能保全，不能反映墓葬埋葬时的真实情况。经过对这些墓葬认真仔细地梳理，将那些保存相对较好、墓坑和随葬品没有受到多少损害的墓葬作为我们分析研究的对象，墓坑的深度由于受到自然和人为因素的影响，因此在讨论墓葬的规模时，通常是以墓葬的面积而不是体积（容积）来衡量。

金莲山墓地的墓葬以中小规模为主，只有极少数的墓葬规模比较大，金莲山墓地的绝大部分墓葬的面积在2平方米以下，约占73.2%，23.2%的墓葬面积在2~4平方米，2.9%的墓葬面积在4~8平方米，只有0.6%的墓葬面积在10平方米以上。可见，结合墓葬规模、随葬品总数、武器总数和装饰品总数来看，这批墓葬中大部分墓葬差别较小，墓葬总体的等级不会太高，但其间的差距也是不容忽视的。

1. 金莲山早期墓葬的等级划分

早期墓葬共17座，都是单人葬，有的墓葬进行了体质人类学的鉴定，有的没有，单从随葬的器物来看，应该都是男性。这17座墓葬，应该是武器或者武器兼工具墓，这些墓主人生前当是武士或者是武士兼工匠的人员。职业属性比较明显。这些墓主没有任何其他的物品，包括陶器或者装饰品等。

[1]〔以色列〕吉迪著，余静译：《中国北方边疆地区的史前社会——公元前一千年间身份标识的形成与经济转变的考古学观察》，中国社会科学出版社，2012年。

从目前的情况看，这些墓葬在墓坑的规模上可能有差异，最小的 08M124 的面积为 0.49 平方米，最大的为 3.6 平方米，最大的面积几乎是最小面积的 7 倍，由于前者墓坑被破坏，其真实情况并不清楚，所以，难以进行比较。再从随葬品来看，最小面积的 08M124 出土 3 件器物，而面积最大的 06M25 才出土 3 件器物。从全部 17 座墓葬的墓坑面积来看，平均每座墓的面积约为 1.65 平方米，而从随葬品的统计来看，平均每墓随葬 3.7 件器物。这 17 座墓葬最少的随葬 1 件器物、最多的也仅 7 件器物，因此，无论是从墓葬规模还是随葬品的总数，墓葬之间差距都不是很明显，因此，我们认为金莲山早期墓葬的墓主的社会等级差异不明显。

当然，金莲山墓地早期的墓葬可能不只这 17 座，那些没有任何随葬品的墓葬，可能有一部分是属于这个时期的，只是由于材料的限制，我们无法将其区分出来。即便将这些没有任何随葬品的墓葬放在一起考虑，金莲山墓地早期墓葬的社会等级分级也不明显。

2. 金莲山中期墓葬的等级划分

金莲山墓地中期墓葬之间已经存在明显的等级区分。通过反复分析、对比、研究，我们将金莲山墓地中期墓葬分为四类，分别代表四个不同的等级。

A 类：共 2 座，分别是 06M1、06M6。这 2 座墓葬均遭到毁灭性盗掘，但幸好留下了一些残碎的器物碎片，从这些残存的器物碎片中，发现了铜鼓或者是铜鼓贮贝器的残片，同时还发现了部分环纹货贝（海贝），一般情况下，海贝是直接贮存在随葬的铜贮贝器里的。此外，我们还在墓葬中发现了数件釜形鼎的鼎足残片，呈瓦片状，以及大量的玉、玛瑙、孔雀石的装饰品等。从与之出土器物相同的呈贡天子庙墓地来看，这些器物都是石寨山文化的高等级贵族墓葬中才有的。墓葬面积在 10 平方米以上、残存的随葬品数量在 50 件以上。如果没有被盗，这 2 座墓葬应该出有铜礼器和大量的玉石、玛瑙等装饰品，出土的器物数量当在几百件到上千件不等。

B 类：共 6 座，分别是 06M7、08M87、08M194、08M210、06M2 和 06M88。该等级最典型的器物为玉器（玉镯和玉玦）和瓦足釜形鼎等。08M194 出土 9 件武器、1 件砺石和 1 件牛头形扣饰，后两件器物均为金莲山墓地唯一的一件（这两种器物，是石寨山文化墓地中高等级的贵族才配备的）。08M87 出土的一件玉镯，也是该墓地 2 件的一件（另一件见于 08M97 填土中，由于 M87 和 M97 共用一个墓圹，不排除是 M87 的玉镯混入 M97 填土中的情况），08M87 同时还发现有 8 件玉玦、06M7 发现有 8 件玉玦、08M210 有 2 件玉玦；06M2 出土有釜形鼎的瓦足，06M88 发现一件完整的瓦足釜形鼎。目前，除金莲山 06M1、06M6 和呈贡天子庙 08M41 出土瓦足釜形鼎以外，石寨山文化的墓葬中，没有其他任何墓葬出有瓦足釜形鼎，从这两个墓地来看，瓦足釜形鼎也应该是地位比较高的人才使用的；从器物的共存关系来看，06M7、08M87、08M194 和 08M210 可能为一组，而 06M2 和 06M88 为另一组。暂时将这两组合在一起。从这些墓葬来看，在头饰和佩饰上，可能存在不同的等级。玉器是贵族的首选，其次是玛瑙制品、绿松石制品，再下才是孔雀石和铜扣饰类的物品，男性有圆形扣饰，女性则有佩戴在手上的铜钏。需要说明的是，这 6 座墓葬中，除 08M194 为合葬（足端有另一个体骨骼），06M2 葬式不明之外，其余 4 座墓葬都是由捡骨形成的叠葬，这些墓葬的随葬品除 08M194 为墓主人的以外，其余应该是所有个体的总和。这类墓葬的面积为 2.4~5.0 平方米，墓葬面积比较大，可能跟其实际需要有关。随葬品从几件到 80 余件（部分墓葬遭到盗掘），实际数量当不止如此。

C 类：共 70 座，分别是 08M8、08M17、08M28、08M30、08M34、08M39、08M58、08M59、08M62、08M63、08M72、08M77、08M91、08M105、08M107、08M113、08M115、08M122、08M133、08M151、08M155、08M159、08M169、08M175、08M178、08M180、08M181、08M184、08M185、08M188、08M200、08M216、08M222、08M241、06M5、06M14、06M16、06M20、06M35、06M37、06M39、06M40、06M41、06M44、06M51、06M63、06M65、06M66、06M68、06M69、06M71、06M72、06M73、06M77、06M84、06M89、06M91、06M94、06M96、06M97、06M102、06M108、06M112、06M113、06M115、06M117、06M134、06M137、06M143 和 06M144。代表性器物主要是铜扣饰和各种武器、工具、农具和玛瑙制品。其中，06M20、06M44、06M108、06M113 和 06M134 都出有 2 件及以上铜扣饰，06M16、06M69 和 06M137 随葬有玛瑙制品或铜扣饰、铜钏，相对于那些只有几件工具或者武器的墓主来说，他们更加富有。该类墓葬，出土器物主要包括武器、工具和农具等，有的有装饰品，有的没有任何装饰品。在 11 座墓葬中出土有铜扣饰。如果进一步细分的话，可以将这些含铜扣饰的墓葬从 C 类中再分出来。墓葬的面积从 0.5~4.8 平方米不等。随葬品最少的为 1 件，最多的为 50 余件。

D 类：为没有任何随葬品的墓葬。由于没有任何随葬品，我们无法对这些墓葬进行进一步的分析，因为没有随葬品，这些墓葬是无法确定其期别的，但理论上这些墓葬存在于金莲山中。无疑，他们是金莲山地位最低、身无分文的人。

根据墓葬的随葬品质地及其组合，我们认为他们的身份和地位如下。

A 类墓主，相当于王一级。墓葬中出现的铜鼓或者铜鼓贮贝器，这类器物根据晋宁石寨山和江川李家山以及呈贡天子庙墓地的墓葬来看，只有"王"一级的人员才在墓葬中配置铜鼓或者铜鼓贮贝器等礼器。墓葬中出土的瓦足釜形鼎，根据呈贡天子庙 M41 的材料，也只有王一级的墓主才配置该器物。因此，我们认为金莲山 06M1 和 06M6 的墓主应该是王一级的墓主，他们当是抚仙湖北岸澄江盆地的最高级别的统治者。

B 类墓主，贵族。这些墓葬中出土的玉质砺石、玉玦等物品，在 06M2 和 06M88 中还出现瓦足釜形鼎，其数量上，没有王一级别的墓主多。这些墓主应该是金莲山等级比较高的贵族。

C 类墓主，自有经济人员，等级比 B 类要低。这类墓主没有玉质装饰品，通常随葬一些他们生前所使用的武器、工具和农具以及纺织器具等，装饰品主要为玛瑙、绿松石和孔雀石珠等，该类墓葬有部分墓主的随葬品在数量上与贵族墓主不相上下，也可能是新兴的贵族。

D 类墓主，墓葬中没有任何随葬品，是身无分文、地位低下的人员。

3. 金莲山晚期墓葬的等级划分

金莲山墓地晚期墓葬存在着等级区分，但已经不像金莲山墓地中期那样明显，随着汉武帝在滇池流域置益州郡加强对这一地区的管辖，在墓葬的随葬品方面也出现了一些新的变化。根据墓葬随葬品所呈现的一些规律性的变化，我将金莲山墓地晚期墓葬分为以下几类，分别代表不同的几个等级。

I 类：仅 1 座墓葬，为 08M97，实际为 08M87 的上层。该墓为叠层葬，在墓内出土有残玉镯、玉玦、海贝、玛瑙珠以及铜锄、带钩、铜柄铁剑等器物，是晚期墓葬中唯一尚存玉器的墓。墓葬面积为 4.95 平方米，随葬品总数为 32 件。

Ⅱ类：共5座，分别是06M11、06M22、06M58、06M90和08M7。这些墓葬最有代表性的器物是铜鍪、铜釜和五铢钱等。同时也还随葬有铜柄铁剑、铁剑、铜骹铁矛、铜锄、铜镜和由绿松石、玛瑙扣和孔雀石珠等组成的装饰品。在墓葬中首次出现铜质生活用具，这是以前和同时期的其他墓葬所不见的。随葬五铢等汉式钱币也是以前所不见的。这类墓葬面积最小的08M7为1.08平方米（因现场土质土色极难辨认，发现人骨和随葬品以后，才确定该墓，故实际面积应该比这个大），最大的06M58为6.51平方米。随葬品最少的08M7为7件（其中海贝有20~25枚），最多的06M90为8件（其中五铢112枚），除掉装饰品和钱币，实际上纯器物件数相差不大。

这些墓葬中，06M58随葬1件铜带钩，不见其他装饰品；06M90除1枚铜环外，也不见其他装饰品；06M11除1件铜带钩以外，还有绿松石扣、玛瑙扣和绿松石珠等装饰品；06M22除铜带钩以外，也还有绿松石扣、绿松石珠和孔雀石珠等。08M7为一女性，有海贝、绿松石扣等装饰品。带钩和铜环（戒指）也是首次在金莲山墓地的墓葬中发现，是当时人们生活中的新鲜事物。在这些墓葬中，除08M7经鉴定为女性外，其余均未鉴定。查阅发掘资料，在这5座墓葬中，除08M7为单人葬，06M11和06M58被怀疑为单人葬，06M90可能为双人合葬外，06M22的情况不明。

Ⅲ类：共5座，分别为08M74、08M191、08M206、06M36和06M107。该类墓葬最有代表性的器物是圆形铜扣饰。圆形扣饰均镶嵌玛瑙扣和孔雀石珠、孔雀石片与圆形扣饰一起随葬的还有武器、工具和部分装饰品，装饰品由玛瑙、绿松石和孔雀石等组成。除08M74中有1件铜锄明器外，余均不见农具。武器有新出现的铜柄铁剑和铜骹铁矛，镞的数量很少，仅08M74有2件。在06M36、08M74和08M191中还发现有纺轮。该类墓葬面积最小的06M107为1.5平方米，最大的08M191为7.83平方米。在这5座墓葬中，08M74和08M206为捡骨的叠层葬、08M191和06M36为合葬，06M107到底是单人葬还是合葬，情况不明。08M74和08M206随葬品最多，为25件和20件；08M191和06M36，随葬品分别为18件和8件，也相差不多。只有06M107的数量最少，为6件。

Ⅳ类：共25座，分别为08M2、08M5、08M10、08M12、08M44、08M46、08M52、08M76、08M95、08M108、08M118、08M166、08M176、08M193、06M10、06M19、06M21、06M31、06M42、06M79、06M80、06M88、06M97、06M102和06M106。这类墓葬出土的随葬品比较杂，既有武器、生产工具，还有装饰品和钱币。以有、无钱币似可分为两个小组。其中，08M176、08M118、08M95、08M44和06M80为一组，随葬五铢钱。08M176和08M118仅随葬五铢等钱币，08M95随葬五铢、铁锸和陶纺轮，06M80随葬五铢25枚、大泉五十9枚、陶纺轮、陶罐以及绿松石珠等装饰品。08M44随葬五铢6枚，另随葬陶纺轮和海贝等装饰品。其余墓葬为另一组，它们随葬一些武器、工具和装饰品。随葬的武器中，以铜柄铁剑和铜骹铁矛最多，镞仅在06M79、08M5、08M2、08M46和08M52中发现，而且数量上也比以前少。装饰品中以绿松石饰为多，在08M12、06M10和06M79中发现绿松石扣，06M80中见有1粒绿松石珠和2粒琉璃珠。在06M79发现玛瑙扣2件，08M12中见玛瑙珠1粒。08M2、08M44和08M52发现有海贝。08M2、08M46有绿松石珠等随葬品。装饰品的组合和数量不如以前。该组其余墓葬没有任何装饰品，只随葬有武器或者工具、农具等。随葬品最少的为06M21，仅1件铜骹铁矛，最多的为06M80，其中钱币（五铢和大泉五十）就有34枚，其他的仅9件。多数墓葬的随葬品在几件至十几件不等。墓葬面积除06M79、08M176因被破坏不明，08M118和08M76也因为被破坏，所统计的面积不是墓葬原来的面积以外，保存下来的面积最小的为06M106，为0.84平方米，最大的为06M80，为3.36平方米。墓葬面积大约为1~4平方米。

该类的25座墓葬中，08M193和08M76为单人葬，06M79、08M44为叠葬，08M2、08M5、08M95、08M46、08M52、08M10、08M166和08M12为合葬，其余墓葬情况不明。

Ⅴ类：没有任何随葬品的墓葬，他们无疑是金莲山墓地地位最低的人，由于没有随葬品，我们无法确定他们的时代，应该有部分无随葬品的墓葬属于这个时期。

金莲山晚期的墓葬，为汉武帝在滇池流域及其附近地区置郡县以后的墓葬，其社会等级的区分不像金莲山墓地中期那么明显，呈现出更加复杂的情况。

Ⅰ类墓主：尽管保留了以往贵族所享有的佩戴玉器的习俗，在墓葬中也还有一些玉器，主要为玉镯（带在手上）、玉玦（耳饰），但数量都比较少，而且出土的其他器物也不多。从这些情况看，他们的地位尽管比较高，但是拥有的财富并不多，是在新形势下没落的贵族。

Ⅱ类墓主：拥有青铜质地的生活用具和先进的武器、工具，并且拥有汉式钱币，外来的、主要的、时尚的东西，包括铜镜、带钩、钱币等，他们都有，无疑是适应形势发展成长起来的新贵。

Ⅲ类墓主：自有经济人员，这一部分人与金莲山中期的同级人员相比，他们的武器是新式的，为铜柄铁剑和铜骹铁矛等，铜镞在整个武器中所占比例比原来小。在装饰品等方面，也没有太大的差别。给人的印象是在归入西汉王朝的郡县管制下，该部分人的生活并没有太大的变化，只是更新了武器。

Ⅳ类墓主：自有经济人员，在地位和财富方面比Ⅲ类的要低。该类人员主要是随葬一些武器、工具和农具等物品，有部分墓主有少量的装饰品，装饰品的种类和质地与Ⅲ类的大同小异。该类人员中的一部分在墓葬中随葬五铢钱，使其和不随葬五铢钱的墓主有小的差别。

Ⅴ类墓主：没有任何随葬品，生前身无分文、地位极其低下的人员。

综合金莲山墓地早、中、晚三期的情况来看，在金莲山墓地的早期，尚没有出现明显的社会等级的划分，但可以看到他们中的相当部分应该是与战事有关的人员。由于缺乏其他更多的材料，关于金莲山墓地早期的社会等级的讨论，无法展开。

到金莲山墓地的中期，已经出现明显的等级分化，上有王一级别的贵族、下到身无分文的贫民，该时期明显已经进入复杂社会。到金莲山墓地的晚期，由于汉武帝在这一地区设置益州郡，纳入中央王朝的郡县管理，在这种新的形势下，对金莲山墓地的社会内部，不可避免地产生一些影响，首先是对原有的社会管理体制的冲击，在新的形势下，原来的贵族已经显得不是那么适应这个社会的发展，成为没落的贵族，而一些适应新形势的人员则成为社会的新贵，他们拥有来自外部世界的最新的东西，表现在随葬品上就是先进的武器、农具、工具和广泛流通的五铢钱等。原来的圆形扣饰等也被新出现的带钩所取代，早期用以彰显身份和地位的头饰（耳饰）在晚期已经不见了，铜环（戒指）出现了，铜镜出现了，早期的显示男女性别差异的标志性器物也在逐渐发生变化。晚期女性不再戴铜钏来表示其身份，新出现了供梳妆打扮的铜镜。

从金莲山墓地的材料来看，在晚期所出现的社会变革，影响最大的是原来的中、高级贵族，社会底层的人员没有实质性的变化。原来的统治者在新的社会发展中不再是统治者，而原来的贵族则在新的形势下发生分化，一部分变为没落的贵族，而适应新形势发展的一部分，则变成新贵。自有经济人员，除了他们的生产工具和农具以及武器发生革新，使用五铢等汉式货币进行交换以外，没有看到其他层面的变化和革新，当然，由于社会变革导致生产关系发生的变化，我们无法从这一层面看到。

六、小结

金莲山位于滇池东边的澄江市抚仙湖北岸，为石寨山文化的一处普通墓地，因墓葬中保存完好的人骨和特殊的埋葬习俗而引人关注。长期以来，在清理的石寨山文化墓地中，大多没有人骨保存，即便有人骨保存，也没有进行现场人骨鉴定工作和相关的测试工作。在近半个世纪的石寨山文化的发掘和研究中取得了很大的成绩，但大都是文化层面的，几乎没有涉及社会结构层面，故难以透物见人。针对金莲山墓地的实际情况，在金莲山墓地的发掘过程中，体质人类学家现场对人骨进行鉴定，使金莲山墓地的发掘不仅获得了一批实物资料，而且首次获得了弥足珍贵的石寨山文化"人"的信息。有了石寨山文化的"人"，为我们对该文化的进一步深入研究，突破该文化研究的瓶颈制约提供了可能。

金莲山墓地保存有大量的人骨，这是其他石寨山墓地所罕见的，现场对金莲山墓地的人骨进行体质人类学鉴定，这也是云南考古发掘的首见，由此开展的现场对金莲山墓地的埋葬行为进行分析和研究，对各种葬式的认真分析才有各种葬式和葬俗的"产生"，这就是对埋葬行为分析的结果。金莲山墓地不仅在随葬品方面有自身的特色，而且还有一些以前石寨山文化其他墓地所不见的埋葬习俗，不仅丰富了我们对石寨山文化的文化内涵和埋葬习俗的认识，而且，也为我们了解创造该文化的"人"提供了契机。

首先，通过对金莲山墓地的墓葬埋葬的描述、随葬器物的分型定式并结合墓葬之间的叠压打破关系，构建金莲山墓地的时空框架，同时再结合墓葬随葬器物组合的变化，将金莲山墓地的墓葬遗存分为早、中、晚三期，这三期分别和石寨山文化的相应期别对应。从金莲山墓地发现的文化遗物来看，几乎覆盖了目前所知的石寨山文化的整个阶段，从金莲山墓地的文化遗物就可以窥见整个石寨山文化的发展进程。

通过对金莲山墓地的文化因素的分析，发现金莲山墓地是以石寨山文化因素为主，同时又有自身的文化特色，自身特色虽比较明显，但尚未达到考古学文化的区域类型之间的差异的程度，其间的差异极可能是由于石寨山文化的族群处在不同的山间盆地的环境以及该文化发展的阶段性所导致的，产生的具体原因有待于进一步的深入研究。在其发展过程中，与周边地区保持比较密切的关系。其发展和演化的进程大体与石寨山文化同步。

金莲山大量人骨的保存和鉴定，性别指示器的确立，对金莲山墓地乃至其他石寨山文化墓地的分析，有特别的指导意义。通过对金莲山墓地的男女不同性别的墓葬进行梳理和分析，发现该墓地的男性多随葬青铜兵器、工具和农具等，而女性则随葬纺织工具——陶纺轮。在铜质装饰品上，男性随葬铜扣饰，包括圆形、长方形和动物造型的，女性则随葬铜钏（数个铜镯叠加在一起），由于砺石（云南常将其称作石坠）常与青铜兵器伴出，砺石也应该是男性墓主的随葬器物。而其他的玉、玛瑙、孔雀石、绿松石质地的装饰品，男、女性墓主都随葬。因此，青铜兵器、工具、农具、砺石、铜扣饰是男性的代表，而纺轮和铜钏则是女性的代表，玉、玛瑙、孔雀石和绿松石等装饰品则无明确的性别特征。这一发现，为石寨山文化其他墓地的墓主性别鉴定，提供了参照标尺。

金莲山的女性比男性更长寿。女性的死亡年龄，以 20~30 岁年龄段的比例最高，其余年龄段比较均匀；男性死亡年龄多在 20~45 岁，超过 45 岁的男性不多，长寿的人很少。在导致男性死亡的疾病中，关节炎是第一大杀手，其次是外部创伤；20~30 岁是女性的生育年龄，表明女性的死亡极可能与生育有关。金莲山的长寿女性比男性多近三分之一，表明金莲山的女性比男性更长寿。可能因为男性在社会和生活中承担的负担较重，或者与外部频繁的械斗或者战争，导致男性死亡较多。

金莲山墓地是一个以男性为本位的社会，女性在社会中处于从属的地位，两性之间有着明确的社会分工。

根据金莲山男性墓主随葬品的差异，将其分为七类，分别是武器墓、武器兼工具墓、武器兼农具墓、武器兼工具兼农具墓、工具墓和农具墓等。这七类墓主人群可进一步概括为男性的三大职业——武士、手工工匠和农民，但这三部分不是截然分开的，多数情况下出现兼职的情形。武士是金莲山墓地男性墓主生前最重要的职业，与武器有关的墓主约占全部墓葬的半数。

根据金莲山女性墓主随葬品的差异，可分为五类，分别是纺轮墓、铜钏墓、陶器墓、装饰品墓和无任何随葬品墓。金莲山的女性墓主中，随葬纺轮的数量最多，占女性总数的 36.6%，除纺织业以外，其余墓主的职业倾向不明。

从金莲山墓地的男性所从事的职业以及他们所拥有的财富来看，单纯的从事工匠职业和单纯的从事农耕职业，其所得到的财富远远比不上从事武士行业（包括武士的兼职行业）所得到的财富（至少从墓葬随葬品上可以看出来）多。因此，金莲山墓地的男性职业首选当是与武士有关的行业。

金莲山墓地女性的职业显得比较单调，女性从事的职业主要为纺织业。凡是从事纺织业的女性——纺轮墓墓主，其随葬品无论是种类还是数量都较其他的（铜钏墓、陶器墓和装饰品墓）多得多。纺织行业，应该是金莲山女性职业的首选。金莲山的女性主要通过从事纺织行业来获得地位和财富。从事纺织的女性在金莲山墓地中所占的比例不是很高，表明女性在社会中对男性的依存度比较高。

金莲山男、女两性及其随葬物品的分析表明，金莲山墓地的男性和女性有着明确的社会分工，男性主要从事与战争、农业和手工业有关的事业，而女性则主要从事纺织业，当然，女性还可能从事家务、抚养小孩和照顾老人等事业。

金莲山的男性比女性拥有更多的财富，女性的贫穷人数所占比例远远高于男性。

金莲山墓地的男性主要是通过武士行业来获得地位和财富，其社会架构也应该是围绕武士来构筑的。从金莲山墓地的发展历程中，我们可以看到其是如何一步一步地进入复杂社会的。

金莲山墓地的墓葬分为早、中和晚三个时期。

在金莲山墓地的早期，尚没有出现明显的社会分层和社会等级的划分，但可以看到他们中的相当部分应该是与武士有关的人员。

金莲山墓地的中期，已经出现明显的等级分化，分别为王、贵族、自有经济人员和身无分文的四个不同等级的人群。从上有王一级别的人员、下到身无分文的贫民，表明社会分层明显，该时期显然已经进入复杂社会。金莲山成为抚仙湖盆地的区域文化或者文明中心，出现了掌管区域文明中心的最高等级的人群。

金莲山墓地晚期的人群分为四个等级，分别是贵族、新兴贵族、自有经济人员和贫民等。由于此期恰逢汉武帝在这一地区设置益州郡，纳入中央王朝郡县管理，在这种新的形势下，金莲山社会内部，也处于变革的动荡之中，此地再也没有王一级别的人员，而原来的贵族由于不那么适应社会的发展，成为没落的贵族。一些适应新形势的人员，则成为社会的新贵，他们拥有来自外部世界的最新的东西，表现在随葬品上就是先进的武器、农具、工具和广泛流通的五铢钱等，原来彰显其身份和地位的首饰、圆形扣饰等被新出现的带钩、铜环（戒指）、铜镜等所取代。

从金莲山墓地的材料来看，在晚期所出现的社会变革，影响最大的是原来的中、高级贵族，社会底层的人员没有实质性的变化。原来的统治者在新的社会发展中不再是统治者，而原来的贵族，则在新的形势下发生分化，一部分变为没落的贵族，而适应新形势发展的一部分，则变成新贵。自有经济人员，除了他们的生产工具和农具以及武器的革新和使用五铢等汉式货币进行交换以外，没有看到其他层面的变化和革新。

在金莲山墓地的晚期，由于石寨山文化的运动发展，金莲山墓地所在的抚仙湖盆地的古代文化发展程度逊于其邻近的滇池盆地，金莲山墓地中期的区域文明中心地位被取代，在滇池盆地出现了更高级别的社会组织，抚仙湖地区的古代居民进入一个新的发展的历史时期。从属于滇池地区的更高级别的社会组织的管理和统辖。

金莲山墓地的发展态势表现为，在金莲山墓地的早期，也就是大约相当于中原地区的商周时期，金莲山（石榴坝文化）和石寨山文化的其他遗址（或者墓地）的居民，走着各自独立发展的道路，但他们之间的趋同性在逐渐加强，参加了石寨山文化的发展；到了金莲山墓地的中期，大约相当于中原地区的战国时期，金莲山墓地高度发展，成为抚仙湖盆地的区域文明中心，金莲山成为当时的石寨山文化的几个区域文明中心之一，此时的石寨山文化内部的凝聚力加强了，古滇国出现了。到了金莲山墓地的晚期，金莲山本地的发展落后于相邻的滇池盆地，石寨山附近的滇池南部区域，就成为滇国所代表的石寨山文化的最核心区域，金莲山所在的抚仙湖盆地成为石寨山文化（古滇国）管辖的一部分。金莲山墓地的居民就成为古滇国的臣民。在西汉中期，汉武帝置益州郡后，成为益州郡俞元县的一部分，融入汉王朝之中。

金莲山墓地出土的人骨提取了少量的古DNA[1]，即便这样，现在仍然不知道这些居民到底跟历史上的哪个民族相对应（至少我们从铜器上的具象可以看出，石寨山文化的古代居民是由不同的族群构成的），也就是我们尚不知道创造这些灿烂辉煌文化的古代居民到底是谁？我们会长期关注和研究这个重大的学术课题的。

---

[1] 见本书附录四。

附表一 金莲山墓地 2008~2009 年墓葬登记表

墓号	墓向	墓葬形制（长×宽-深）（米）	葬具	葬式	随葬器物 陶器	铜器	其他	填土器物 陶器	铜器	其他	叠压、打破关系
M1	西北—东南向	0.5×0.7-0.5	未见葬具	不明	无			器盖1	无	无	被盗洞打破，并打破 M255 西部
M2	290°	1.8×0.6-0.3	未见葬具	仰身直肢葬	无	镞2，斧1，残片1	铜骹铁矛2，铜柄铁剑1，铁削1，玉管1，绿松石珠1	无	镞1	海贝1	被 M188 打破，并打破 M245
M3	295°	1.5×0.6-0.7	未见葬具	仰身直肢葬，双手压于盆骨下，双足并拢	无	镞1	无	无			西部被 M14 打破
M4	290°	2.2×0.55-0.9	未见葬具	仰身直肢葬，头西脚东，面向南，双手置于同侧腿上，双足并拢，足尖向南	无			无			被 M13 打破
M5	290°	2.2×0.55-0.91	未见葬具	仰身直肢葬，头西脚东，双手似置于盆骨上，或紧贴于身体两侧	无	镞3，斧1	铜骹铁矛1，磨制石器1	无			打破 M40、M41、M231、M255
M6	290°	2.05×0.78-0.92	未见葬具	捡骨二次葬	无			纺轮1		孔雀石珠1	打破 M13、M112、M248
M7	0°	1.8×0.6-0.08	未见葬具	仰身直肢葬，头北脚南，上肢紧贴于身体两侧，双手压于盆骨以下，双膝双足并拢，足尖向南	单耳罐1，纺轮1	镜1，釜形鼎1	环首铁刀1，绿松石扣1，海贝1	无			不明
M8	西北—东南向	2.1×（0.65-0.7）-（0.2-0.97）	未见葬具	合葬：第①层，残存部分人骨；第②层，骨骼凌乱，葬式不明；第③层，头向西北	无	矛1，镞4，削1，铲明器1，锄明器1，扣饰1	无	无			打破 M136、M149
M9	西北—东南向	2.45×（0.66-0.82）-（0.2~1）	未见葬具	合葬：第①层，仰身直肢葬，双膝双足并拢，头向东南，仰身直肢葬，头枕东南，身体横放；第②层，仰身直肢葬，头向东南，身体紧缩，右侧肱骨横放的两根肢骨，似被包裹，右侧肱骨压于肋骨之上	无			无			打破 M24、M140

续附表一

墓号	墓向	墓葬形制（长×宽-深）（米）	葬具	葬式	随葬器物			填土器物			叠压、打破关系
					陶器	铜器	其他	陶器	铜器	其他	
M10	0°	2.5×1-0.25	未见葬具	三人合葬：墓主人仰身直肢葬，头向北，残存的右侧手骨置于腿骨上，双膝双足并拢	单耳罐3	锄1	铜镞铁矛1，铁斧1	无	无	无	被盗洞打破，并打破M117、M151、M152、M153、M154、M183，叠压M183
M12	不明	不明	未见葬具	叠肢葬。2个个体均仰身直肢葬	纺轮1	小铜扣1，小铜泡2	铜柄铁剑1，铁刃1，玛瑙珠1，绿松石扣3	无	镯1	无	打破M14
M13	300°	2×0.7-0.72	未见葬具	仰身直肢葬，双手似压于盆骨之下，双膝双足并拢	陶片1	残铜器1	无	无	无	无	被M6打破，并打破M4、M34、M112
M14	300°	2.5×0.75-0.8	未见葬具	叠肢葬：2具人骨上下重叠，均为仰身直肢葬；上层人骨头向一致；下层人骨左手压于盆骨下，右手置于盆骨上，双膝双足并拢	壶1	无	砺石1	尊1	无	无	被M12及盗洞打破，并打破M3
M15	280°	1.14×(0.48~0.52)-0.5	未见葬具	仰身直肢葬，双手置于盆骨下	无			无			无
M16	5°	2.45×1-0.9	未见葬具	二次葬	器盖1，纺轮1	无	骨管1	无	无	无	中部被盗洞打破，并打破M22、M55、M197、M203
M17	355°	2.14×1.05-1.2	未见葬具	合葬：第①层，仰身直肢葬；第②层，1号个体为仰身直肢葬，其余个体葬式不明	无	镞1，臂甲1	无	侈口罐1	无	无	无
M18	西北—东南向	1.6×0.5-1	未见葬具	多人合葬：第①层，共2个个体，幼儿个体仰身直肢葬，另一成年个体葬式不明；第②层，仰身直肢葬，双手置于盆骨上，双膝双足并拢，右腿稍有弯曲	无	无	玉玦1	无	无	无	西侧上部被盗洞打破，并打破M163

续附表一

墓号	墓向	墓葬形制（长×宽×深）（米）	葬具	葬式	随葬器物 陶器	随葬器物 铜器	随葬器物 其他	填土器物 陶器	填土器物 铜器	填土器物 其他	叠压、打破关系
M19	290°	2.95×1.3-1.6	未见葬具	多人合葬：第①层，葬式不明；第②层，二次葬	无	无	绿松石扣2、海贝1		无		被盗洞打破，并打破M14
M20	7°	2×1-1.55	未见葬具	未见人骨		无			无		被M21、盗洞打破
M21	180°	1.68×(0.44~0.48)-0.1	未见葬具	仰身直肢葬，身体紧缩，双手置于盆骨上，双膝双足并拢，似被包裹	无	无			无		打破M20、M171
M22	290°	2.45×0.85-1.5	未见葬具	仰身直肢葬	无	无	玉玦1		无		被M16打破，并打破M171
M23	295°	1.73×0.53-0.5	未见葬具	仰身直肢葬，双手贴身盆骨之下，双膝双足并拢		无			无		无
M24	9°	2.1×(0.54~0.56)-0.35	未见葬具	不明	单耳罐1	无	海贝1		无		被M9打破，并打破M62、M145
M25	290°	1.4×(0.8~1)-1.3	未见葬具	捡骨二次葬	釜1、器盖1、陶片1	无	无		无		被盗洞打破，并打破M30、M144、M224
M26	295°	1.9×(0.7~0.74)-0.15	未见葬具	仰身直肢葬，双侧上肢紧贴于身体，双手贴于大腿，双膝双足并拢	无	无	玉玦1		无		叠压M122，打破M233、M246
M27	280°	1.9×0.55-0.4	未见葬具	仰身直肢葬，双手置于腿上，双足并拢向南	壶1、纺轮1	无	无	无	无	孔雀石珠1	打破M28、M29、M231、M255
M28	290°	1.8×0.7-0.8	未见葬具	一具人骨仰身直肢葬，头西脚东；另一具人骨断肢葬，头东脚西	无	矛1、泡1	无	无	镞2、残片1	玉块1、孔雀石珠1	被M27打破，并打破M29、M207、M224
M29	310°	2.1×0.6-0.55	未见葬具	仰身直肢葬		无	玉珠1		无		被M27、M28打破
M30	300°	1.4×0.8-0.15	未见葬具	仰身直肢葬	无	无	石范4、磨制石器1		无		被M25、盗洞打破，并叠压M144

续附表一

墓号	墓向	墓葬形制（长×宽-深）（米）	葬具	葬式	随葬器物 陶器	随葬器物 铜器	随葬器物 其他	填土器物 陶器	填土器物 铜器	填土器物 其他	叠压、打破关系
M31	10°	2.7×0.8-1.7	未见葬具	多人合葬：第①层，共5个体，仰身直肢葬，1号个体仰身直肢葬，其余个体不明；第③层，墓主人仰身直肢葬，另一个体为二次葬	盘2	镞2	玉玦3，玛瑙珠1，孔雀石珠1，海贝1，螺壳8	无	无	无	被M93打破，并打破M94
M32	10°	2.05×1.24-3.2	未见葬具	不明	尊3	锄明器1，铲明器1	海贝1	壶1	无	无	被盗洞打破，并打破M93
M33	315°	2.1×0.55-0.65	未见葬具	仰身直肢葬，双手置于身体两侧，双足相向并拢	无	无	无	无	无	无	打破M34
M34	不明	0.8×0.6-0.4	未见葬具	未见人骨	无	无	石镞1	无	无	无	被M13、M33、M112打破
M36	300°	2.1×0.8-（0.9~1）	未见葬具	合葬：第①层，葬式不明；第②层；第③层，仰身直肢葬，头西脚东，面向北	尊2，侈口罐4，壶2，盘1，纺轮1，口沿1，陶片2，残陶器1	残铜器1	无	圈足1	无	无	被M43打破，并打破M42、M78、M111、M230
M37	270°	0.7×0.62-0.23	未见葬具	捡骨二次葬	无	无	无	无	无	无	无
M38	南北向	1.26×0.6-0.55	未见葬具	捡骨二次葬	无	无	无	无	无	无	被盗洞打破M51，并打破M55，叠压M204
M39	280°	1.35×0.48	未见葬具	仰身直肢葬	无	削1，扣饰1	玉管1	无	无	无	打破M199
M40	295°	1.16×0.4	未见葬具	不明	无	无	无	无	无	无	被M5打破
M41	300°	1.05×0.5	未见葬具	仰身直肢葬，头偏向北	无	无	无	无	无	无	被M5打破，并打破M231

续附表一

墓号	墓向	墓葬形制（长×宽×深）（米）	葬具	葬式	随葬器物 陶器	随葬器物 铜器	随葬器物 其他	填土器物 陶器	填土器物 铜器	填土器物 其他	叠压、打破关系
M42	230°	2.1×0.6-0.4	未见葬具	不明	纺轮2	无	无		无		被M36、盗洞打破，并打破M78、M111
M43	305°	1.9×（0.55-0.65）-0.4	未见葬具	墓主人仰身直肢葬，左手置于盆骨上，右手压于盆骨下，双膝双足并拢	纺轮1	无	玛瑙珠3、绿松石珠1		无		打破M36、M78
M44	355°	1.4×0.7-0.6	未见葬具	多人合葬：第①层，仰身屈肢葬，股骨、腓骨，足骨叠压于其上；第②层，共7个个体，为二次葬	纺轮1	镯1，五铢钱6	玉管1、海贝1		无		被盗洞打破，并打破M48、M98、M228
M45	20°	2×0.7-0.5	未见葬具	仰身直肢葬，面向东，左手置于盆骨上，右手压于盆骨下，双足并拢	无				无		被M52打破，并打破M123
M46	280°	2.12×0.7-0.15	未见葬具	多人合葬：共4个个体，1号个体仰身直肢葬，头北胸南；2号个体仰身直肢葬，头北胸南，面向西；3号个体附身直肢葬，头南脚北，胫腓骨远端交叉；4号个体侧身，头向南	陶片1	镞1、斧1	铜骹铁矛1、铜柄铁剑1、绿松石珠1		无		被M47打破，并打破M81、M232
M47	215°	0.5×0.7	未见葬具	断肢葬	无				无		大部分被盗洞打破，残存南端部分，并打破M46、M232
M48	0°	2.4×1.3-0.6	未见葬具	不明	无	无	石纺轮1		无		被M44、M98、M228打破
M49	305°	不明	未见葬具	仰身直肢葬，头西脚东，头部低于足端	无	无	无		无		打破M210
M50	350°	0.5×0.2	未见葬具	仰身直肢葬	无	无	孔雀石珠1、海贝3、螺壳2		无		无

续附表一

墓号	墓向	墓葬形制（长×宽-深）（米）	葬具	葬式	随葬器物 陶器	随葬器物 铜器	随葬器物 其他	填土器物 陶器	填土器物 铜器	填土器物 其他	叠压、打破关系
M51	270°	0.65×0.5-0.5	未见葬具	不明	无			无			被M38、M55打破，并打破M203、M204
M52	340°	2.1×0.75-0.12	未见葬具	双人合葬，北侧人骨侧身直肢葬，面向东；南侧人骨为屈肢葬，骨骼凌乱，似为二次葬	无	剑1，镞2，斧1	铜镞铁矛2，铁削1，铁锥2，砺石1，海贝1	无			打破M45、M123
M53	270°	2.25×0.7-0.25	未见葬具	多人合葬：共3个个体，1号个体侧身直肢葬，头西脚东；2号个体似为仰身直肢葬，头西脚东；3号个体侧身直肢葬，头西脚东	无			无			打破M107、M175、M258
M54	290°	0.55×0.4	未见葬具	侧身直肢葬，头向西	无	无	玉玦2	无			被盗洞打破，并打破M175
M55	0°	2.2×1.15-1.32	未见葬具	捡骨二次葬	无			无			被M16、M38、盗洞打破，并打破M51、M203、M204
M56	南北向	2.11×（0.69~0.75）	未见葬具	合葬：第①层，散骨，葬式不明；第②层，仰身直肢葬	单耳罐1，纺轮1	无	无	无			被盗洞打破，并打破M149、M150
M57	310°	2.25×0.7-1	未见葬具	多人合葬：1号个体仰身直肢葬，头西脚东；2号个体似为侧身，头向西，右腿伸直，左腿弯曲而压于右小腿之上；3号个体侧身直肢葬，头向东	无			无			打破M58，叠压M192，叠压M211
M58	310°	2×0.6-（0.95~1）	未见葬具	墓主人仰身直肢葬，左侧手骨位于同侧股骨上，双膝双足并拢，其余个体为二次葬	盘1	矛1，剑1，镞5，斧1，铲明器1，锄明器2，扣饰1	无	无	镞2，扣饰1	无	东北角被盗洞打破，被M57、M192打破，并打破M211

续附表一

墓号	墓向	墓葬形制（长×宽－深）（米）	葬具	葬式	随葬器物			填土器物			叠压、打破关系
					陶器	铜器	其他	陶器	铜器	其他	
M59	西北—东南向	1.82×1.1-1.8	未见葬具	双人合葬：1号个体仰身直肢葬，头向西南，右手置于盆骨上，左手置于盆骨下，双膝双足并拢；2号个体似为侧身，头向东，面向1号个体，为二次葬	无	矛1，镞3	无		无		打破M60
M60	西北—东南向	0.6×0.82-（0.8~0.83）	未见葬具	合葬	尊1，罐1，纺轮1	无	玉管2		无		被M59打破，并打破M115
M61	西北—东南向	0.79×0.35	未见葬具	不明	无				无		打破M62、M63
M62	西北—东南向	1.45×（0.4~0.6）-0.4	未见葬具	仰身直肢葬，头向西北，双手置于身体两侧，双膝双足并拢	无	镯1（未编号）	海贝13（未编号）		无		被M24、M61打破，并打破M63、M75
M63	西北—东南向	2.06×（0.7~0.72）-0.8	未见葬具	多人合葬：2个成体，2个幼儿个体上下叠压，仰身直肢葬，双手置于盆骨上，双膝双足并拢	釜1，圈足2，口沿3	矛1，斧1，针1，扣饰1，泡1	无		无		被M61、M62打破，并打破M75
M64	280°	1.6×（0.6~0.8）-0.05	未见葬具	第①层，二次葬，散乱堆砌，排列无序；第②层，见2个头骨，破碎。第②层，残存一侧股骨、胫骨及锁骨、脊椎等，所属个体不明	无	小铜扣2，环1	玛瑙珠1，骨笛1，骨针筒1	无	扣饰2，小铜泡2	砺石1，石纺轮1，水晶1	被盗洞打破，并打破M174、M257，叠压M200
M65	300°	1.1×0.55-0.1	未见葬具	仰身直肢葬	壶1	无	玉玦2，螺壳1	无			东端被盗洞打破，并打破M131，叠压M182
M66	310°	2×0.8-1.1	未见葬具	仰身直肢葬	无			纺轮1	无	砺石1	被盗洞打破M126、M141、M142
M67	5°	1.78×1.45-1.88	未见葬具	头脚分离，相互叠压堆积，为捡骨二次葬	纺轮1	无	孔雀石珠3，骨管1	无			被M89、M90，盗洞打破

续附表一

墓号	墓向	墓葬形制（长×宽-深）（米）	葬具	葬式	随葬器物			填土器物			叠压、打破关系
					陶器	铜器	其他	陶器	铜器	其他	
M68	290°	1.55×1.35-1.09	未见葬具	捡骨二次葬		无			无		被M101、盗洞打破，并打破M86
M69	10°	1.98×1.3-2.7	灰黑色木炭层及灰黑色土，推断为棺木痕迹	多人合葬：第①层，共2个个体，葬式不明；第②层，人骨散乱堆积成长方形	纺轮2	无	玛瑙扣3，绿松石扣8，绿松石珠6，海贝1，螺壳1	纺轮1	无	绿松石珠2	打破M91、M225、M250
M70	350°	不明	未见葬具	多人合葬：南部为一幼儿骨骼，仰身直肢葬，胸部有另一未成年个体的头骨；北端有2个成年个体头骨		无			无		打破M71、M113
M71	10°	1.7×0.4-0.1	未见葬具	墓主人仰身直肢葬，双足并拢，偏向西南		无		无	无	绿松石珠1	被M70、盗洞打破，并打破M109、M113，叠压M139
M72	5°	2.5×0.9-1.35	未见葬具	双人合葬：头北脚南，西侧人骨仰身直肢葬；东侧人骨头向东南，双侧股骨并拢	尊1，侈口罐1，壶1，纺轮1	矛1，锥1，铲1，扣饰1，笄1，钏1，残铜器1	砺石1，玉块1，玛瑙块1，海贝1		无		无
M73	280°	2.1×（0.7~1.1）-0.6	未见葬具	未见人骨	纺轮1	无			无		打破M173
M74	290°	2.9×（1~1.1）-1.6	在第①层人骨的肋骨之上发现成片炭渣，怀疑为棺板痕迹	多人合葬：第①层，仰身直肢葬，头西脚东；第②层为杂乱的人骨，基本以股骨砌成长方形，其余骨骼如头骨、脊椎骨、肋骨、盆骨等散于其中，中间见一较完整个体，腰坑内放置大量肢骨，似为一次葬		矛1，镞2，斧1，锄明器1	铜骹铁矛1，铜柄铁剑1，铁刀1，砺石1，玛瑙扣3，海贝1，螺壳1	无	无	孔雀石珠1，水晶1，海贝1	被M128、盗洞打破，并打破M160、M187、M241、M247、M253、M259、M264、M265

续附表一

墓号	墓向	墓葬形制（长×宽-深）（米）	葬具	葬式	随葬器物			填土器物			叠压、打破关系
					陶器	铜器	其他	陶器	铜器	其他	
M75	297°	2×(0.6~0.64)-1	未见葬具	墓主人仰身直肢葬，头向西北，右手压于盆骨下，左侧上肢置于盆骨上，双膝双足并拢	瓶1	无	无		无		被M62、M63、M137打破
M76	西北—东南向	不明	未见葬具	仰身屈肢葬，左侧上肢紧贴于身体，右侧上肢斜直向外伸	无	钺1	铜骹铁矛1		无		打破M193、M194
M77	290°	2.1×(0.7~1.1)-0.75	未见葬具	合葬：第①层，不见完整个体；第②层，葬式不明，头端高于足端，墓主人仰身直肢葬	无	镞3、削1	砺石1、石扣1	器盖1	残铜条1	孔雀石珠1	被盗洞打破，并打破M79、M80、M262
M78	300°	0.85×0.4	未见葬具	仰身直肢葬	无				无		被M36、M42、M43打破
M79	290°	0.9×0.4-0.25	未见葬具	未见人骨	无	镯1	无		无		被M77、盗洞打破，并打破M80
M80	290°	2.5×1.2-2.4	未见葬具	二次葬	无			无	镯1	孔雀石珠1	被M77、M79、盗洞打破
M81	东北—西南向	0.87×0.23	未见葬具	未见人骨	无			无	无	绿松石珠1	被M46打破
M82	330°	1.8×(0.4~0.5)-0.18	未见葬具	仰身直肢葬，头向西北，右手贴于右侧肢骨，左手置于股骨上，双膝双足并拢	敛口罐1	无	无	无	无		打破M99
M83	290°	0.87×0.45-0.05	未见葬具	仰身直肢葬，头向西北	无			无	无		无
M84	305°	0.88×0.4-0.1	未见葬具	墓主人侧身直肢葬，头西两脚东	无		玉管1、玛瑙管1、玛瑙珠1、孔雀石珠1	无	无		打破M151、M153
M85	285°	1.98×0.53-1.1	未见葬具	未见人骨	无			无	无		东南角被盗洞打破，并打破M202

续附表一

墓号	墓向	墓葬形制（长×宽-深）（米）	葬具	葬式	随葬器物 陶器	铜器	其他	填土器物 陶器	铜器	其他	叠压、打破关系
M86	300°	2.4×0.76-1.3	未见葬具	仰身屈肢葬，盆骨上方压一较大石块，足骨部位有捆绑痕迹，牙齿残缺	无	戈1，镞1，锛1	骨镞2	陶片1	无	无	被M68打破
M87	355°	3.3×1.5-3.34	从人骨堆积成长方形来看有葬具	多人合葬：其中有2具完整骨架，1号个体仰身直肢葬，头向北，4号个体侧身直肢葬，头向南，2号、3号个体头向北，腰坑中人骨散乱，无完整个体	无	矛2，剑1，镞10，扣饰1，铃1，泡钉1，残铜器1	砺石1，玉镯1，玉块8，玛瑙扣1，玛瑙珠3，装饰品1，海贝7	无			被M97打破，并打破M88
M88	5°	1.95×0.65-（0.29~0.4）	未见葬具	多人合葬：2具完整人骨仰身直肢葬，头向北，叠压放置；其余个体葬式不明	无	镞3	玉块4，孔雀石珠1，海贝3	无			被M87、M97打破
M89	300°	0.9×1.05-0.3	未见葬具	不明	无			无			被M90、盗洞打破，并打破M67、M124、M125、M129、M130、M227
M90	8°	2.1×1.7-2.45	未见葬具	二次葬	无	无	海贝1	无			被盗洞打破，并打破M67、M89、M129、M130、M227
M91	5°	1.9×0.7-1.55	未见葬具	墓主人仰身直肢葬	尊1，侈口罐2，壶2，纺轮1	钏1，片1	孔雀石珠1，海贝1	无			被M69打破，并打破M219、M220
M92	170°	1.9×0.6-1.05	未见葬具	多人合葬：第①、②层，葬式不明；第③层，3个个体均为仰身直肢葬，右侧成年个体头向北，左侧成年个体头向南	无	无	孔雀石珠2，海贝1，螺壳1	无	无	玉块2	被M104、盗洞打破，并打破M108，叠压、并打破M147

续附表一

墓号	墓向	墓葬形制（长×宽-深）（米）	葬具	葬式	随葬器物 陶器	随葬器物 铜器	随葬器物 其他	填土器物 陶器	填土器物 铜器	填土器物 其他	叠压、打破关系
M93	20°	1.5×0.8-1.26	未见葬具	捡骨二次葬	无	镞10、铙1、铜渣1	螺壳3	无	无		被M32、盗洞打破，并打破M31
M94	300°	2.3×0.6-0.92	未见葬具	单人仰身直肢葬，下肢应被束缚	无	戈1	无	无	无		被M31打破
M95	280°	2.14×0.64	未见葬具	双人合葬：北侧人骨仰身直肢一次葬，头西脚东，右手似置于盆骨下；南侧人骨二次葬	纺轮1	五铢钱1	铁锄1	无			被盗洞打破，并打破M159、M166，并叠压M222
M96	270°	1.8×0.65-0.3	未见葬具	双人合葬：仰身直肢葬，头西脚东，上下叠压	无	矛2、镞1	无	无			被盗洞、M118、M176打破，并打破M201
M97	5°	3.3×1.5-2.7	人骨堆积成长方形，规整，由此推测有葬具	多人合葬：第①层，人骨堆砌成长方形，头向北；第②层，人骨堆砌成长方形，第③层，个体葬式不明；第④层，为二次葬，见1个完整个体，其余人骨堆放成长方形，其中有2个完整个体为仰身直肢葬，另有1个为俯身葬；第⑤、⑥层，肢骨凌乱堆积成长方形	单耳罐1、纺轮1	斧1、斧1、明器1、锄1、扣饰1、带钩1、铃1、策1、残片1	铜骹铁矛1、铜柄铁剑1、铁剑1、环首铁刀2、铁刀1、残铁器1、玉块6、玛瑙珠1、孔雀石珠1、骨饰1、海贝4	无	无	玉镯1、玉玦1	打破M87、M88、M198、M256，直接沿用M87的墓穴并略打宽
M98	305°	1.65×0.65-0.6	未见葬具	单人一次葬	无	无	无	无	无		被M44、盗洞打破，并打破M48、M110
M99	310°	1.7×0.4-0.5	未见葬具	仰身直肢葬，双手紧贴于身体两侧，双膝双足并拢	无	无	无	无	无		被M82打破
M100	270°	0.8×0.6-0.65	未见葬具	未见人骨	无	无	木镯1	无	扣饰1	无	被盗洞严重扰乱
M101	0°	3.7×1.96-3.4	下层人骨堆积形状规整，至推测有葬具	多人合葬：第①层，长方形，第②层，为二次葬，墓底出一层人骨，头向南	器盖1	镞1	螺壳2	无	无		被盗洞打破，并打破M68、M124

续附表一

墓号	墓向	墓葬形制（长×宽-深）（米）	葬具	葬式	随葬器物			填土器物			叠压、打破关系
					陶器	铜器	其他	陶器	铜器	其他	
M102	270°	1.75×0.62-0.9	未见葬具	仰身直肢葬，头西脚东	壶1	无	无	无	无		无
M103	290°	1.1×0.5-0.05	未见葬具	单人仰身直肢葬	无			无	无		被盗洞打破，并打破M133
M104	10°	2×0.9-1.75	未见葬具	不明	无			无	无		被M108、盗洞打破，并打破M92、M109、M139
M105	290°	3×1.1-1.9	未见葬具	多人合葬：上部共2具人骨，1号个体仰身直肢葬，头西脚东，双手似置于身身两侧，双足并拢，2号个体为二次葬；下部二次葬	无	矛1，镞2，斧1，削1，锄明器1，铲明器1，扣饰1，残铜器1	无	无	无	孔雀石珠1，犬牙饰1，螺壳1	被M106、M128、盗洞打破，并打破M217、M260、M265
M106	300°	2.1×0.9-0.2	未见葬具	多人合葬：至少4个个体，1号个体仰身直肢葬，头西脚东；2号个体压于1号个体之下，仰身直肢葬，头东脚西；3号个体头东脚西；4号个体仰身直肢葬，头东脚西；5号个体仰身直肢葬，头东脚西（可能与4号属一个个体）	无	无	玉珠1，玛瑙珠3，绿松石扣1，绿松石珠2	无	无	孔雀石珠1	打破M105、M173，叠压M265
M107	290°	2.2×1-0.9	未见葬具	墓主人仰身直肢葬	尊1，釜2	矛2，戈1，剑1，镞10，斧1，锄明器1，铲明器1	无	无	无	孔雀石珠1	被M53打破，并打破M175、M258
M108	50°	0.38×0.65-0.4	未见葬具	捡骨二次葬	无	铜渣1	无	无	无		被盗洞打破，并打破M104，叠压M92、M147

续附表一

墓号	墓向	墓葬形制（长×宽-深）（米）	葬具	葬式	随葬器物 陶器	随葬器物 铜器	随葬器物 其他	填土器物 陶器	填土器物 铜器	填土器物 其他	叠压、打破关系
M109	350°	0.96×(0.55~0.7)	未见葬具	双人合葬：墓主人仰身直肢葬，右侧手骨紧贴于右侧股骨，双足并拢；另一个体二次葬	无			无			被M71、M104打破，并打破M110、M113
M110	350°	1.25×0.73	未见葬具	仰身直肢葬，头向北、胸南，双手似置于盆骨下，手骨不完整	无	无	玉玦1	无			被M98、M109打破，并打破M113
M111	250°	1.5×(0.65~0.8)	未见葬具	墓主人仰身直肢葬，盆骨位置有一未出生幼儿	无			无			被M36、M42、盗洞打破
M112	西北—东南向	0.5×0.3	未见葬具	仰身直肢葬	无			无			被M6、M13打破，并打破M34、M248
M113		2×0.74-1.2	未见葬具	多人合葬：第①层，头向北，上半身呈仰身直肢状，从股骨头以下部分似被人为砍断后，翻转置于身体之上；第②层，葬3个个体，1号个体头向南，2号个体仰身直肢葬，头向北，双膝双足并拢，3号个体头向北；第③层，4个个体	无	镞3	无	无	镞2	玉玦1，犬牙饰1，串饰1，水晶1	被M70、M71、M109、M110打破
M114	290°	1.76×0.63-1	未见葬具	仰身直肢葬，头向北	无	镞1	骨镞2	无			被M122打破
M115	西北—东南向	0.44×(0.7~0.9)-0.65	未见葬具	仰身直肢葬	无			无			被M60打破，并打破M116
M116	西北—东南向	0.4×0.5-0.73	未见葬具	仰身直肢葬	无			无			被M115打破
M117	330°	2×0.7-0.5	未见葬具	仰身直肢葬，头向北，左侧上肢骨微屈，右侧近离身体，双膝双足并拢	无		孔雀石珠1	无			被M10打破，并打破M152、M154、M246，叠压M183

续附表一

墓号	墓向	墓葬形制（长×宽-深）（米）	葬具	葬式	随葬器物			填土器物			叠压、打破关系
					陶器	铜器	其他	陶器	铜器	其他	
M118	20°	0.5×0.5-0.2	未见葬具	不明	单耳罐1	大泉五十5、五铢钱2	无	无	无	无	被盗洞打破，并打破M96、M176
M119	290°	（0.45~0.8）×（0.7~0.75）-0.4	填土东部有较大面积炭灰痕迹，不确定是否为葬具	仰身直肢葬	侈口罐1	无	无	无	无	无	被盗洞、M131、M133打破，并打破M169、M170
M120	0°	0.8×0.25-0.8	未见葬具	二次葬（未清理完毕，大部分压于现代墓葬下）	无	无	无	无	无	孔雀石珠1	大部分被盗洞打破
M121	305°	（0.9~2）×0.58-0.62	未见葬具	仰身直肢葬	无			无			打破M153
M122	340°	2.2×0.8-1.25	未见葬具	多人合葬：第①层，墓主人仰身直肢葬，墓主人下肢上有幼年个体1具，头向东南，墓主人西侧和其他人个体2具，女性人骨位于其中，其他人骨位于其下方的幼儿；第②层，墓主人仰身直肢葬	盘1	矛1、镞5	无		无		被M26叠压，并打破M114、M233
M123	0°	1.3×0.28-0.45	未见葬具	未见人骨	无	无	无	无	无	无	被M45、M52打破
M124	115°	0.7×0.7-1	未见葬具	单人仰身直肢葬	无	戈1、镞2	无	无	无	无	被M89、M101、M129、M130、盗洞打破
M125	25°	1.25×0.5-0.47	未见葬具	未见人骨	无			无			被M89、M130打破，并打破M227

续附表一

墓号	墓向	墓葬形制（长×宽-深）（米）	葬具	葬式	随葬器物			填土器物			叠压、打破关系
					陶器	铜器	其他	陶器	铜器	其他	
M126	262°	1.6×0.6-0.6	未见葬具	不明	无	无		无	无	水晶1	被M66、盗洞及2006年发掘区打破
M127	260°	1×0.8-0.4	未见葬具	双人合葬，仰身直肢葬，头均向西，上下叠压	无	无	骨饰1	无	无	无	被盗洞打破
M128	270°	1.8×0.6	未见葬具	合葬：墓主人仰身直肢葬，右手置于身体一侧；其余个体二次葬	无	无	绿松石扣1	无	无		被盗洞打破，并打破M74、M105、M160
M129	270°	0.7×0.4-0.8	未见葬具	二次葬	尊1，圈足1	无	无	无	无		被M89、M90打破，并打破M124、M130
M130	340°	1.95×0.6-1	未见葬具	单人仰身直肢葬	无			无	无		被M89、M90、M129盗洞打破，并打破M124、M227
M131	270°	1.8×（0.4-0.6）-0.8	棺痕	仰身直肢葬，右手置于盆骨上，双膝双足并拢	无	无	玉玦4	无	无		被M65、盗洞打破，并打破M119、M161、M165、M170、M182、M185
M132	290°	0.5×0.65	未见葬具	仰身直肢葬	无	无	无	无	无		大部分被盗洞破坏，并打破M239
M133	290°	2.3×（0.4-0.7）-0.75	未见葬具	合葬：2个完整个体为仰身直肢葬，上下同向叠压在一起，下层个体双足足尖相对；其余个体葬式不明	侈口罐2，单耳罐2，纺轮1	无	无	侈口罐1，釜1，圈足1	鱼钩1，残铜器1	无	被M103、盗洞打破，并打破M119、M169、M186
M134	270°	0.48×0.57-0.9	未见葬具	合葬，二次葬	单耳罐1	锥1	无	无	无		被盗洞打破，并打破M146

续附表一

墓号	墓向	墓葬形制（长×宽-深）（米）	葬具	葬式	随葬器物			填土器物			叠压、打破关系
					陶器	铜器	其他	陶器	铜器	其他	
M135	275°	0.35×0.5-0.3	头骨南侧见一较大块的炭渣	仰身直肢葬	无	镯1，铃1，项链1	玉玦1		无		被盗洞打破，并打破M179，叠压M173
M136	300°	1×0.4-0.25	未见葬具	仰身直肢葬，头向西北	无	无			无		被M8、M149打破
M137	300°	1.6×0.4-0.7	未见葬具	仰身直肢葬，头向西北，左手压于盆下，双膝双足并拢					无		被M149打破，并打破M75
M138	330°	2.2×0.55-0.85	未见葬具	两层均为仰身直肢葬					无		无
M139	280°	1.9×0.6-0.92	未见葬具	单人仰身直肢葬					无		被M104打破，被M71叠压
M140	290°	（1.2~1.8）×0.45-0.45	未见葬具	不明					无		被M9打破，并叠压M145
M141	235°	1.29×0.63-0.42	未见葬具	不明					无		被M66、M142、盗洞打破，并打破M190
M142	110°	1.1×0.47-0.47	未见葬具	未见人骨					无		被M66打破，并打破M141
M143	270°	1.14×0.89-1.67	未见葬具	二次葬				无	无	砺石1，螺壳1	被盗洞打破，并打破M155
M144	290°	（0.4~1.75）×0.42-0.05	未见葬具	仰身直肢葬					无		被M25打破，被M30叠压
M145	310°	1.85×0.55-0.8	未见葬具	仰身直肢葬，右手置于身体边缘，左手置于身体一侧，双足并拢	釜1	无	无		无		被M24打破，被M140叠压
M146	270°	1.6×0.83-0.97	未见葬具	未见人骨					无		被M134、M156、盗洞打破，并打破M167、M179、M186、M190

续附表一

墓号	墓向	墓葬形制（长×宽-深）（米）	葬具	葬式	随葬器物			填土器物			叠压、打破关系
					陶器	铜器	其他	陶器	铜器	其他	
M147	290°	1.65×0.6-0.6	未见葬具	单人仰身直肢葬		无	无		无	无	被M92打破，被M108叠压
M148	305°	1.1×0.5-0.35	未见葬具	单人仰身直肢葬	尊1，单耳罐1	无	无		无	无	打破M162
M149	310°	1.4×0.6	未见葬具	单人仰身直肢葬，头向西北，右手稍远离身体，左手紧贴于身体放置，双膝双足并拢	无	针1	无		无	无	被M8、M56、盗洞打破，并打破M136、M137、M150
M150	280°	0.8×（0.4~0.6）-0.37	未见葬具	仰身直肢葬，头向西北	无				无	无	被M56、M149、盗洞打破
M151	295°	2.4×1-2.6	未见葬具	多人合葬：第①层，仰身直肢葬，左手置于盆骨上，右手压于盆骨下，手骨紧贴于股骨；第②层，二次葬；第③层，二次葬	无	矛1，剑1，镦8，夹1，锄明器1，铲明器1	玉玦3	无	镦1	水晶1	被M10、M84和盗洞打破，并打破M152、M153、M154、M183
M152	20°	0.6×0.5-0.3	未见葬具	不明	侈口罐1	无	无		无		被M10、M117、M151打破，并打破M153、M183
M153	290°	1×（0.2~0.5）-0.2	未见葬具	仰身直肢葬	无				无		被M10、M84、M121、M151、M152打破，并打破M183
M154	290°	1×（0.4~0.55）-0.7	未见葬具	合葬：上层仰身直肢葬，其下残骨葬式不明	无				无		被M10、M117、M151打破
M155	280°	2.3×1.4-2.3	未见葬具	二次葬，墓主人头向西向	釜1	矛1	砺石1，玉玦2，海贝3	单耳罐1，纺轮1	无	玛瑙扣1，装饰品1，海贝1	被M143、盗洞打破，并打破M263

续附表一

墓号	墓向	墓葬形制 (长×宽-深)(米)	葬具	葬式	随葬器物			填土器物			叠压、打破关系
					陶器	铜器	其他	陶器	铜器	其他	
M156	290°	1.7×0.4-(0.9~1)	未见葬具	墓主人仰身直肢葬，颈椎弯曲，头骨偏向右肩，双手紧贴于身体两侧，双足并拢，足尖朝东	尊1	无	无	无	铃1	无	被盗洞打破，并打破M146、M168、M186、M190
M157	290°	0.4×0.5-0.22	未见葬具	仰身直肢葬	釜1，纺轮1	无	红、绿色漆皮				被盗洞打破，并打破M185
M158	无	无	无	不明	随葬品未编号						清代墓葬
M159	290°	0.95×0.8-0.3	未见葬具	墓主人仰身直肢葬，头西脚东，双足相向并拢，左足压于右足上	无	镞2	无		无		被M95、M166打破，并打破M238
M160	290°	1.6×0.8-0.55	未见葬具	仰身直肢葬，头西脚东，双手置于身体两侧	无	镈1，凿1	无				被M74、M128打破
M161	0°	1.3×(0.23~0.3)-(0.25~0.34)	未见葬具	未见人骨	尊1	无	无				被M131打破
M162	280°	1.6×(0.6~1)-0.4	未见葬具	不明	尊1，口沿5，陶片1	无	无				被M148打破，并打破M218、M221
M163	325°	0.3×0.15	未见葬具	未见人骨		无	无				被M18打破
M164	280°	0.7×0.4-0.48	未见葬具	仰身直肢葬，双足并拢		无	无				被M169打破
M165	280°	1.65×(0.35~0.45)-0.32	未见葬具	仰身直肢葬，双手置于身体两侧，双膝双足并拢	无	无	骨饰1				被M131打破，并打破M185
M166	280°	2.2×1-0.4	未见葬具	多人合葬：1号个体仰身直肢葬，头西脚东，左手置于身体一侧，右手置于盆骨之上；2号个体部分的压于1号足骨、左侧足骨的压于右侧足骨上；3号个体仰身直肢葬，头西脚东，骨骼摆放为一堆；4号个体仰身直肢葬，头东脚西，双膝双足并拢	单耳罐1，侈口罐1，纺轮1	镞1，锄1，带钩3，小铜泡1，环1	铜鋄铁矛1，铜柄铁剑1，铁斧2，环首铁刀3，铁凿1，铁卷刃器1，石印章1，穿孔玻璃珠1	无			被M95打破，并打破M159、M222、M238

续附表一

墓号	墓向	墓葬形制（长×宽×深）（米）	葬具	葬式	随葬器物 陶器	随葬器物 铜器	随葬器物 其他	填土器物 陶器	填土器物 铜器	填土器物 其他	叠压、打破关系
M167	280°	0.9×0.5-0.8	棺痕	二次葬		无	无		无		被M146、盗洞打破，并打破M168
M168	285°	0.5×0.7-0.6	未见葬具	不明		无			无		被M156、M167打破
M169	290°	1.27×0.5-0.36	未见葬具	不明	无	凿1	无	无	无	石范1	被M119、M133、盗洞打破，并打破M164、M170
M170	290°	0.6×0.3-0.5	未见葬具	不明		无			无		被M119、M131、M169、盗洞打破
M171	290°	0.96×0.4-0.3	未见葬具	单人仰身屈肢葬		无			无		被M21、M22打破
M172	295°	1.8×0.5-0.05	木棺	单人仰身直肢葬	无	扣9、发饰1、钱1	无		无		叠压M180、M181
M173	280°	2.35×1.1-0.53	未见葬具	单人仰身直肢葬	无	无	木牌饰1（镶嵌孔雀石珠）		无		被M73、M106、盗洞打破，被M135叠压，并打破M179
M174	275°	2×0.6-0.3	未见葬具	多人合葬：1号个体仰身直肢葬，头南脚东，右手置于盆骨上，左手放于身体一侧，双膝双足并拢，头向东；2号个体仰身直肢葬，其余个体葬式不明	纺轮1	无	无		无		被M64、盗洞打破，并打破M200、M257
M175	270°	2.1×(0.6~0.9)-1.15	未见葬具	合葬：墓主人仰身直肢葬，头西脚东，双足并拢，双膝偏向南，双手紧贴于身体两侧；另一个体压墓主下肢骨之下，头骨压于右侧股骨下，二次葬	尊1、单耳罐1、钵1	矛1、剑1、斧1、扣饰1	砺石1		无		被M53、M54、M107打破

续附表一

墓号	墓向	墓葬形制（长×宽×深）（米）	葬具	葬式	随葬器物			填土器物			叠压、打破关系
					陶器	铜器	其他	陶器	铜器	其他	
M176	340°	不明	未见葬具	不明	无	三官五铢9，大泉五十6，大布黄千1	无	无	无	无	被M118、盗洞打破，并打破M96
M177	290°	1.5×0.42-0.15	未见葬具	单人仰身直肢葬	无	无	无	无	无	无	无
M178	290°	2.1×0.65-0.7	未见葬具	墓主人仰身直肢葬；其余碎骨葬式不明	无	矛1，剑2，凿1	无	无	无	无	无
M179	280°	0.4×0.25	未见葬具	不明	无	铃1	无	无	无	无	被M135、M146、M173打破
M180	270°	1.5×0.5	未见葬具	二次捡骨葬	无	削明器1	无	无	无	无	被M172叠压
M181	265°	2.3×0.5-0.3	未见葬具	双人合葬：墓主人仰身直肢，头向东；南侧人骨侧身，头向西	无	戈1，铃1	铁刃1，玛瑙珠1，绿松石扣7，绿松石管1，绿松石珠3	无	无	无	被M172叠压，并打破M205
M182	280°	0.55×（0.4-0.45）-0.75	未见葬具	不明	无	镞1	无	无	无	无	被M65叠压，被M131打破
M183	不明	0.17×0.57	未见葬具	不明	陶片1	无	无	无	无	无	被M10、M117叠压，被M151、M152、M153打破
M184	270°	2.5×0.9-2	未见葬具	合葬：第①层，仰身直肢葬；第②、③层，二次葬	纺轮2	镞1，铲明器1	绿松石扣1	无	无	无	打破M214
M185	290°	2.1×0.5-1.4	未见葬具	仰身直肢葬，双手紧贴于身体，双足并拢，右侧似置于盆骨下，趾骨压于左侧之上	无	无	玉块1	无	无	无	被M131、M157、M165打破

续附表一

墓号	墓向	墓葬形制（长×宽-深）（米）	葬具	葬式	随葬器物			填土器物			叠压、打破关系
					陶器	铜器	其他	陶器	铜器	其他	
M186	250°	（1.95~2）×0.7-0.15	未见葬具	仰身直肢葬，双足并拢		无			无		被M133、M146、M156打破，并打破M190
M187	290°	0.6×0.5-0.25	未见葬具	仰身直肢葬		无			无		被M74打破
M188	290°	2.5×0.8-0.6	未见葬具	仰身直肢葬，头西脚东，双手置于身体两侧，双足并拢	无	无	玉玦1		无		被盗洞打破，并打破M2、M245
M189	266°	0.9×0.8-0.33	未见葬具	二次葬	无	无	玉串珠1		无		被盗洞打破，并打破M201
M190	273°	1.9×0.88-0.5	未见葬具	不明	无	钺1	无		无		被M141、M146、M156、M186打破
M191	280°	4.4×1.78-2.6	未见葬具	不明	纺轮1	剑1，扣饰1，残铜器1	铜柄铁剑2，残铁器2，绿松石扣7，绿松石珠2，木柄1		无		金莲山西北坡
M192	310°	1.8×0.65-0.23	未见葬具	二次葬		无			无		被M57打破，并打破M58、M211
M193	南北向	1.74×0.56-（0.05~0.1）	未见葬具	仰身直肢葬，面向右侧，右手置于身体一侧，左手置于盆骨上，双足并拢	盏1，陶片1	无	铜骹铁矛1，环首铁刀1		无		被M76打破，并打破M194、M195、M212
M194	300°	2.3×1-（1~1.6）	未见葬具	墓主人仰身直肢葬，双手紧贴于身体两侧；右侧足端压有另一个体，二次葬	陶片1	矛2，戈1，钺3，箭镞1，锄明器1，铲明器1，扣饰1	铜柄铁剑1，砺石1		无		被M76、M193打破，并打破M195、M266

续附表一

墓号	墓向	墓葬形制（长×宽×深）（米）	葬具	葬式	随葬器物 陶器	随葬器物 铜器	随葬器物 其他	填土器物 陶器	填土器物 铜器	填土器物 其他	叠压、打破关系
M195	280°	2×（0.22~0.6）—0.8	未见葬具	仰身直肢葬，面向左，右手紧贴于身体	无	戈1，镞1，镈1，凿1	骨镞2	无	无	无	被M193、M194打破
M196	西北—东南向	2×0.5—（0.55~0.6）	未见葬具	仰身直肢葬，双手紧贴于身体两侧，双膝双足并拢	无	无	玉管6	无	无	无	无
M197	20°	1.1×0.3—0.2	未见葬具	不明	无	无	无	无	无	无	被M16、M203打破，并打破M198
M198	280°	0.8×0.7—0.4	未见葬具	未见人骨	无	无	无	无	无	无	被M97、M197、M203打破，并打破M204
M199	290°	1.15×0.5—（0.15~0.25）	未见葬具	双人合葬：南北并排，均为仰身直肢葬，1号个体左手似置于盆骨上，2号个体双手置于盆骨上	侈口罐1	无	无	无	无	无	被M39、盗洞打破
M200	290°	2.5×1.5—1.6	第①层人骨堆放成长方形，规整，推测有葬具；第②层人骨分布于整个墓底，堆积散乱，可能没有葬具	多人合葬	纺轮1	无	玛瑙饰1，海贝1	纺轮1	无	无	被M64叠压，被M174打破，并打破M257、M258
M201	270°	2×1.1—1.7	未见葬具	二次葬	无	无	无	无	无	无	被M96、M189、盗洞打破
M202	0°	0.5×0.5—0.15	未见葬具	未见人骨	无	无	无	无	无	无	被M85、盗洞打破

续附表一

墓号	墓向	墓葬形制（长×宽-深）（米）	葬具	葬式	随葬器物 陶器	铜器	其他	填土器物 陶器	铜器	其他	叠压、打破关系
M203	10°	2.05×0.8-0.4	未见葬具	二次葬	无	无	无	无	无	无	被 M16、M51、M55 打破，并打破 M197、M198、M204
M204	305°	2.3×0.75-0.6	未见葬具	单人仰身直肢葬，面向西南	无	戈 1，镞 1，锛 1，凿 1，锥 1，刻刀 1	无	无	无	无	被 M38 叠压，并被 M51、M55、M198、M203 打破
M205	290°	1.8×0.65-0.35	未见葬具	仰身直肢葬，左腿股骨上半部被人为砍断	无	无	无	无	无	无	被 M181 打破
M206	280°	2.4×1-（1.25~1.4）	未见葬具	多人合葬：第①层，墓主人侧身直肢葬，面向北，头部高，身体倾斜，盆骨至趾骨较平直，双手置于盆骨内，膝盖、双足并拢，似被捆绑或包裹，紧缩在一起。第②层，共 5 具人骨，1 号个体仰身直肢葬，头西脚东，双膝双足个体并拢；2 号个体压于 1 号个体之下，仰身直肢葬，头东脚西，头东脚西；3 号个体与 2 号个体位于同一平面，头东脚西，面向南，下肢骨呈椎身状，脊椎倾斜；4 号个体位于 1 号个体头骨之下；5 号个体位于 1 号个体头骨北侧，为未成年，目前无法确认 4 号和 5 号是否属同一个体；下方人骨摆放成长方形，西北侧有一较完整的盆骨及下肢骨，足向西，连接紧密；西南侧也可见一仰身直肢个体，足向东	无	斧 1，凿 1，扣饰 2，泡钉 3，鱼钩 1，铜渣 1，残片 1	铜骹铁矛 1，铜柄铁剑 1，铜柄铁削 1，铁锥 1，玛瑙扣 3，绿松石珠 1，玛瑙珠 1，骨饰 1，骨笛 1，海贝 2	无	无	孔雀石珠 1	打破 M223、M237、M249
M207	290°	0.7×0.6-0.4	未见葬具	仰身直肢葬，头向西，双足并拢	无			无			被 M28 打破

续附表一

墓号	墓向	墓葬形制（长×宽-深）（米）	葬具	葬式	随葬器物			填土器物			叠压、打破关系
					陶器	铜器	其他	陶器	铜器	其他	
M208	310°	1.1×0.5	未见葬具	不明	无	无	无	无	无	无	被 M209 打破
M209	290°	1.95×0.65-0.4	未见葬具	双人合葬：头胸相对，1号个体俯身直肢葬，头东脚西，双手重叠放于身体前右侧，双足并拢；2号个体仰身直肢葬，头西脚东，右侧肩部向内缩，双手置于身下，双膝、双足并拢	无			无	无	纺轮 1	被 M213 打破，并打破 M208
M210	290°	2.6×1.4-2.3	未见葬具	多人合葬。第①层，共 3 具人骨，1号个体仰身直肢葬，头西脚东，双手置于身体两侧，双足并拢；2号个体仰身直肢葬，头西脚东，头部低于足端（2号个体可能属于另一个单位）；3号个体可能属身直肢葬，头西脚东，面向 1 号个体，双手置于身体前侧，双腿双足并拢。第②层，共 3 具完整人骨，1号个体仰身直肢葬，头西脚东，右手置于身体一侧，左手放于盆骨上；2号个体仰身直肢葬，头东脚西，双手置于身体两侧，双足并拢；3号个体仰身直肢葬，头西脚东。第③层，共 3 具完整人骨，均为仰身直肢葬，1号个体头东脚西，双膝双足并拢，左膝压于右膝之上，右手置于盆骨下；2号个体头西脚东，右手置于盆骨上，左手似与 1 号个体右手叠压，左侧股骨压于 1 号个体左侧股骨下，双膝双足并拢，头东脚西；3号个体头东脚西，双膝双足并拢，二次葬。第④层	无	矛 1，镞 2，削 1，矜 1，针 1	玉块 2，孔雀石珠 1，骨块 2	无	镞 7，小铜饰 1，鱼钩 1，残铜器 1	孔雀石珠 2，海贝 1	被 M49 打破，并打破 M229，M238、M240、M251、M254

续附表一

墓号	墓向	墓葬形制（长×宽-深）（米）	葬具	葬式	随葬器物·陶器	随葬器物·铜器	随葬器物·其他	填土器物·陶器	填土器物·铜器	填土器物·其他	叠压、打破关系
M211	310°	0.6×0.6-1.2	未见葬具	头骨偏向左侧	瓮1	无	无		无		被M57叠压，被M58、M192，打破
M212	西北—东南向	0.9×0.53	未见葬具	不明	瓮1，残陶器1	无	无		无		被红烧土，M193打破
M213	不明	残存东端0.3	未见葬具	未见人骨	无	无			无		大部分被盗洞打破，并打破M209
M214	285°	1.6×1.1-1.9	未见葬具	不明	无	无	无	无	无	器盖1	被M184打破，并打破M215
M215	290°	0.8×0.8-1	未见葬具	仰身直肢葬		无			无		被M214打破，并打破M216
M216	288°	1.6×0.7-0.7	未见葬具	单人仰身直肢葬，右侧残存的少量指骨压于盆骨之下，双膝双足并拢	无	凿1，镰1，铜器残块1	无		无		被M215打破
M217	288°	(0.84-0.88)×0.42-0.35	未见葬具	仰身直肢葬，双足并拢，足尖朝东		无	无		无		被M105打破
M218	292°	(0.6~1.1)×(0.28-0.35)-0.33	未见葬具	不明	釜1	无	无		无		被M162打破，并打破M221
M219	270°	0.5×0.5-0.5	未见葬具	未见人骨		无			无		被M91打破
M220	270°	0.9×0.7-0.85	未见葬具	未见人骨		无			无		被M91、盗洞打破
M221	290°	1.5×0.2-0.3	未见葬具	未见人骨		无			无		被M162、M218、盗洞打破
M222	270°	2.2×0.8-0.7	未见葬具	仰身直肢葬，头西脚东，右手置于身体一侧，左手压于盆骨下，双足并拢	尊1，壶1	矛2，斧1，削1，镰1，凿1	砺石1		无		被M95叠压，并被M166、盗洞打破

续附表一

墓号	墓向	墓葬形制（长×宽-深）（米）	葬具	葬式	随葬器物			填土器物			叠压、打破关系
					陶器	铜器	其他	陶器	铜器	其他	
M223	280°	2.2×0.9-0.9	未见葬具	合葬：第①层，墓主人仰身直肢葬，头主西胸东，仰身直肢葬；第②层，墓主人仰身直肢葬，头西胸东	尊2，壶1，釜1，圈足1，纺轮1	镞1	无		无	无	被M206、盗洞打破，并打破M235、M239、M249
M224	296°	1.64×0.91-0.15	未见葬具	仰身直肢葬，头向东		无			无	无	被M25、M28打破，并打破M236
M225	280°	1×0.6-0.95	未见葬具	不明		无			无	无	被M69打破，并打破M226
M226	280°	0.5×0.6-0.95	未见葬具	未见人骨		无			无	无	被M225、盗洞打破
M227	270°	0.9×0.35-0.6	未见葬具	不明		无			无	无	被M67、M89、M90、M125、M130打破
M228	320°	2.3×0.8-0.4	未见葬具	单人仰身直肢葬，右手置于盆骨上，左手紧贴于身体，双膝双足并拢		无			无	无	被M44打破，并打破M48
M229	320°	0.9×0.37	未见葬具	仰身直肢葬，双手置于盆骨上		无			无	无	被M210打破，并打破M240、M254
M230	305°	1.6×（0.4-0.64）-0.35	未见葬具	仰身直肢葬，头向外弯曲，左侧上肢向内弯曲，右侧上肢向内弯曲，双足并拢	侈口罐1	无	无		无	无	被M36打破
M231	310°	1.85×0.6-0.6	未见葬具	仰身直肢葬，头西胸东，双手紧贴于身体两侧，双膝双足并拢		无			无	无	被M5、M27、M41打破，并打破M255
M232	0°	不明	未见葬具	不明	釜1	镯1	无		无	无	被M46、M47打破
M233	320°	1.2×0.5-0.4	未见葬具	仰身直肢葬		无			无	无	被M26、M122打破

续附表一

墓号	墓向	墓葬形制（长×宽-深）（米）	葬具	葬式	随葬器物 陶器	随葬器物 铜器	随葬器物 其他	填土器物 陶器	填土器物 铜器	填土器物 其他	叠压、打破关系
M234	310°	0.3×0.35-0.24	未见葬具	未见人骨	无	铃1	木镯1		无	无	被盗洞打破
M235	280°	2×（0.6-0.9）	未见葬具	不明	无	无	无		无		被M223、M249打破，并打破M239
M236	300°	1.68×（0.4-0.56）-0.4	未见葬具	仰身直肢葬，头西脚东	无	无	玉玦2，木镯2		无		被M224、06M61打破
M237	290°	1.9×1.2-1.4	未见葬具	多人合葬：第①层，葬式不明；第②层，大量人骨散乱放置，堆砌成长方形人骨堆；第③层，葬式不明	无	无	无		镯1	海贝1	被M206、06M4打破，并打破M267
M238	260°	2.1×0.65-1.2	未见葬具	仰身直肢葬，头西脚东，双手置于身体两侧，双膝双足并拢	无	戈1、镞1、凿1	无	豆1	无	无	被M159、M166、M210、盗洞打破
M239	270°	2.2×0.65-1	未见葬具	仰身直肢葬，头向西	无	戈1、镞2、凿1	无		无		被M132、M223、M235、盗洞打破
M240	295°	0.7×0.35	未见葬具	仰身直肢葬，头西脚东	无	无	无		无		被M210、M229打破，并打破M254
M241	290°	1.8×0.4-0.6	未见葬具	仰身直肢葬，头西脚东，左手置于身体一侧，双膝双足并拢	无	削1，扣饰1	无		无		被M74打破，并打破M247、M251、M253、叠压M254
M242	290°	2×（0.55~0.8）-1.1	未见葬具	仰身直肢葬，头西脚东，双手置于身体两侧，双膝双足并拢	无	无	无		无		被M210、盗洞打破
M243	290°	1.9×0.6-0.7	未见葬具	仰身直肢葬，头西脚东	无	无	无		无		被盗洞打破

续附表一

墓号	墓向	墓葬形制（长×宽-深）（米）	葬具	葬式	随葬器物			填土器物			叠压、打破关系
					陶器	铜器	其他	陶器	铜器	其他	
M244	290°	2×0.6-0.3	未见葬具	仰身直肢葬，头西脚东，右手紧贴于身体，左手置于左侧股骨上，双膝双足并拢	无	镞1	骨镞1	无	无	无	无
M245	290°	1.6×（0.1~0.5）-0.3	未见葬具	仰身直肢葬，头西胸东，右手压于盆骨下	无			无			被M2、M188打破
M246	320°	0.8×0.35-0.12	未见葬具	单人仰身直肢，左手置于腹部	无			无			被M26、M117打破
M247	280°	1.4×0.5-0.6	未见葬具	仰身直肢葬，头西胸东，右手似置于身体一侧，双膝双足并拢	无			无			被M74、M241打破，并打破M251、M253
M248	300°	1×0.4-0.15	未见葬具	仰身直肢葬	无			无			被M6、M112打破
M249	270°	2.2×（0.65~0.85）-0.6	未见葬具	墓主人仰身直肢葬，头西脚东	尊1	无	无	纺轮1	无	无	被M206、M223打破，并打破M235
M250	10°	0.7×0.5-0.5	未见葬具	第①层，出残断肢骨。第②层，南部出幼年人骨，人骨有火烧痕迹	无			无			被M69、06M99打破
M251	330°	1.7×0.55-1	未见葬具	仰身直肢葬，头北胸南，左手置于身体一侧，右手放于盆骨上，双足并拢	无			无			被M210、M241、M247打破，并打破M253、M254
M252	300°	1.4×0.38-0.14	未见葬具	单人仰身直肢葬，头西脚东，左手置于腹部，右手压于盆骨下，双膝双足并拢	无			无			无
M253	310°	1.4×0.4-0.9	未见葬具	仰身直肢葬，头西胸东，左手置于盆骨上，双膝双足并拢，足头朝东	无			无			被M74、M247、M251打破，并打破M254

续附表一

墓号	墓向	墓葬形制（长×宽-深）（米）	葬具	葬式	随葬器物 陶器	随葬器物 铜器	随葬器物 其他	填土器物 陶器	填土器物 铜器	填土器物 其他	叠压、打破关系
M254	280°	2.3×0.65-1.3	未见葬具	仰身直肢葬，头西脚东，右手置于身体一侧，左侧肱骨压于肋骨下，双膝双足并拢	无	无	玉玦1		无		被M210、M229、M240、M251、M253打破，被M241叠压
M255	280°	1.8×0.6-1.4	未见葬具	仰身直肢葬，双膝双足并拢，似被捆绑	无	无	木镯1		无		被M1、M5、M27、M231打破
M256	350°	1.4×0.25-0.95	未见葬具	单人仰身直肢葬	钵1	无	海贝1		无		被M97打破
M257	235°	0.7×0.6-0.3	未见葬具	不明	无	无			无		被M64、M174、M200打破
M258	230°	1.6×0.8-0.6	未见葬具	单人仰身直肢葬	无	无	玉管1，玛瑙珠1，木镯1		无		被M53、M107、M200、盗洞打破
M259	290°	1.2×0.5-0.4	未见葬具	仰身直肢葬，头西脚东	无				无		被M74、M260打破，并打破M265
M260	290°	1.3×0.5-0.5	未见葬具	仰身直肢葬，头西脚东，双手紧贴于身体两侧	无				无		被M105打破，并打破M259、M265
M261	300°	1.7×0.42-0.4	未见葬具	仰身直肢葬	无				无		无
M262	290°	1.7×0.55-1.1	未见葬具	仰身直肢葬，右手置于盆骨之上，呈半握状，左手压于盆骨下，双膝双足并拢	无				无		被M77、盗洞打破
M263	不明	1×0.8-0.5	未见葬具	不明	无				无		被M155打破
M264	不明	0.35×0.45-0.45	未见葬具	面向北	无				无		被M74打破

续附表一

墓号	墓向	墓葬形制（长×宽-深）（米）	葬具	葬式	随葬器物			填土器物			叠压、打破关系
					陶器	铜器	其他	陶器	铜器	其他	
M265	西北—东南向	1.4×0.45-0.6	未见葬具	仰身直肢葬	无			无			被 M74、M105、M259、M260 打破，被 M106 叠压
M266	300°	0.5×0.25-0.1	未见葬具	仰身直肢葬	无			无			被 M194 打破
M267	220°	2.2×0.93-（1.35~1.45）	未见葬具	多人合葬：第①层，墓主人仰身直肢葬，头西脚东，右手紧贴于身体，左手压于股骨下；第②层，头西脚东，墓主人仰身直肢葬，头骨置于右侧盆骨上，左手压于盆骨下，双膝双足并拢	尊 2，圈足 1	针 1，铜泡 2	砺石 1	尊 1，纺轮 1	残铜器 1	无	被 M237 打破
M268	350°	1.86×（0.5~0.6）-0.25	未见葬具	仰身直肢葬，头向南，面向西，面部骨骼破裂为两部分，压在下颌及其余头骨之上	无			无			被 K1 叠压

附表二　金莲山墓地 2006 年墓葬登记表

墓号	墓向	墓葬形制（长×宽－深）（米）	葬具	葬式	随葬器物			填土器物			叠压、打破关系
					陶器	铜器	其他	陶器	铜器	其他	
M1	15°	3.7×3.4-4.5	未见葬具	不明	无	无	无	尊1、单耳罐1、四足釜3、罐2、鼎足4、盒2、豆3、器盖4、器组3、圈足2、陶片1	矛1、镦1、残片2	磨制石器1，玉块3，玉管1，玛瑙管1，玛瑙珠2，孔雀石珠2，穿孔器1，海贝2，海贝饰品1	被盗洞扰乱严重
M2	215°	2.8×1.4-2.8	未见葬具	二次葬或殉葬	无	镞3、铃1	孔雀石珠1	鼎足1	无	无	打破M142
M3	330°	2.4×0.8-2.85	未见葬具	不明	无	臂甲1，小铜泡1	无	纺轮1	无	环首铁刀1，铁锥1，玉块1，绿松石珠2，孔雀石珠1，海贝饰件1	被盗洞扰乱严重
M4	285°	2.2×2.05-2.35	未见葬具	二次葬	无	无	无	尊1，器盖1	无	无	打破08M237
M5	10°	2.7×1.05	未见葬具	不明	纺轮2，弹丸1	锄明器1，铲明器1	无	无			打破M6
M6	东北—西南向	4×3.6-4.5	未见葬具	二次葬（殉葬）	修口罐1	臂甲1，削2，扣饰1，钏1，条1	铜柄铁削2，铁坂指1，玉管1，玛瑙珠1，绿松石管1，孔雀石珠1，骨饰2，海贝1，螺壳1	釜1、鼎1、鼎足3、陶片1	铜渣1，残片1	砺石1	被M5打破，并打破M7
M7	东北—西南向	3.4×1.2	未见葬具	多人合葬	无	剑1，扣饰1，铜泡1	海贝1	无	无	玉块8	被M6打破
M8	280°	2.5×1.5-3	未见葬具	二次葬	无	无	无	无	无	无	无

续附表二

墓号	墓向	墓葬形制（长×宽×深）（米）	葬具	葬式	随葬器物 陶器	随葬器物 铜器	随葬器物 其他	填土器物 陶器	填土器物 铜器	填土器物 其他	叠压、打破关系
M9	270°	2.2×1.1~2.05	未见葬具	单人仰身直肢葬	尊4	无	无		无	无	无
M10	0°	2.1×0.88-1.2	未见葬具	未见人骨	侈口罐1，单耳罐1	斧1，锄1，铃2	铜骹铁矛1，铜柄铁剑1，铜銎铁斧1，铁剑1，环首铁刀1，残铁器1，砺石1，绿松石扣3		无		无
M11	180°	3×（1.2~1.4）-1.5	未见葬具	不明	侈口罐1	矛1，镞1，锄1，镶斗1，凿1，带钩1，五铢钱1	铜柄铁剑1，铁斧1，环首铁刀2，残铁件4，砺石2，玛瑙扣7，绿松石扣1，绿松石珠1		无		打破M12
M12	190°	2.8×（0.8~1.1）-（0.8~1）	未见葬具	未见人骨	无	戈1，镦1，铍1，凿1	无		无		被M11，M21打破
M13	20°	2.2×（0.92~1）-1.8	未见葬具	不明	尊2，单耳罐2，釜2，纺轮2，陶片8	矛2	砺石1		无		无
M14	190°	1.72×1.2-0.76	未见葬具	未见人骨	侈口罐1，口沿4，陶片5	矛2，戈1，削1，凿1，锥1，扣饰1	砺石1		无		墓坑北部被水池破坏
M15	180°	2.1×（0.8~1.66）-（1.28~1.46）	未见葬具	未见人骨	无	无	玛瑙珠1	无	无		墓坑被扰乱
M16	270°	2.3×1.2-2	未见葬具	仰身直肢葬	尊1，单耳罐1，壶3	矛1，戈1，削1，扣饰1，泡钉2	玉块2	无	剑1	无	无

续附表二

墓号	墓向	墓葬形制（长×宽×深）（米）	葬具	葬式	随葬器物			填土器物			叠压、打破关系
					陶器	铜器	其他	陶器	铜器	其他	
M17	10°	2.14×1-(1.97~2.22)	未见葬具	不明	器盖1	无	无	无	无	无	无
M18	30°	2.7×(1~1.16)-1.7	未见葬具	未见人骨	无			无	矛1	无	无
M19	160°	2.3×(0.68~0.8)-(0.6~0.75)	未见葬具	未见人骨	单耳罐1	锄1、带钩1	铁矛1	无			无
M20	275°	1.98×(1.2~1.36)-2.45	未见葬具	多人合葬：第①层，双人仰身直肢葬；第②层，单人仰身直肢葬，头向西，上半身基本完整，下半身残缺，可能是载肢葬；第③层，墓主人仰身直肢葬；第④层，单人仰身直肢葬，头向西，双手压于盆骨下；第⑤层，3人仰身直肢葬，头向西，其余个体二次葬	尊1、釜2、豆3、口沿1	矛1、剑1、斧1、镞6、锄明器1、铲明器1、扣饰2	无	无			无
M21	170°	1.94×0.7-0.99	未见葬具	未见人骨	无	无	铜骹铁矛1	无	无		北壁及墓室北端被水池破坏，南壁及墓室南端打破M12
M22	165°	2.3×0.8-1	未见葬具	未见人骨	单耳罐1、釜1	矛1、镞1、釜1、带钩1、环2、五铢钱2	环首铁刀1、残铁器1、绿松石扣1	无	无	绿松石珠1、孔雀石珠1	墓口被扰乱，被M23打破
M23	165°	1.72×0.8-0.1	未见葬具	不明	无	无	玛瑙珠1、绿松石扣1	无			墓口被后期耕作破坏严重，并打破M22

续附表二

墓号	墓向	墓葬形制（长×宽-深）（米）	葬具	葬式	随葬器物 陶器	随葬器物 铜器	随葬器物 其他	填土器物 陶器	填土器物 铜器	填土器物 其他	叠压、打破关系
M24	160°	2×0.66-1.39	未见葬具	不明	纺轮1	镞1	绿松石扣1	无	无		墓口被后期耕作破坏严重
M25	200°	3×1.2-1.45	未见葬具	未见人骨	尊1	戈1、镈1	无	无			墓口被扰乱
M26	200°	3×1.1-1.45	未见葬具	未见人骨		无		无			墓口被扰乱，被M35打破
M27	200°	2.4×0.63-1.3	未见葬具	未见人骨		无		无			墓口被扰乱严重
M28	200°	2.2×0.6-1.3	未见葬具	未见人骨		无		无			墓口被扰乱严重，被M29打破
M29	200°	1.6×0.7-1.3	未见葬具	未见人骨		无		无			墓口被扰乱严重，并打破M28
M30	140°	2×0.8-（1.2~1.35）	未见葬具	未见人骨	侈口罐1	无	无	无	无		墓口被扰乱严重
M31	220°	2.65×0.75-1.15	未见葬具	侧身直肢葬，面向西	纺轮1	无	无	无	锄明器1、铲明器1	铜镞铁矛1、铜柄铁剑1、砺石1、骨管1	无
M32	210°	2.4×0.9-0.95	未见葬具	不明	釜1	锄明器1	无	无			无
M33	东北—西南向	2.9×（0.78~1.1）-1	未见葬具	不明		无		无			无
M34	190°	2.3×1-0.6	未见葬具	不明	尊1、陶片1	针2	无	无			无
M35	200°	3×1.6-1.12	未见葬具	未见人骨	纺轮1	剑2、镞5、斧3、锄明器3、铲明器1	砺石1、木镯1	无			墓口被扰乱，被M36打破，并打破M26

续附表二

墓号	墓向	墓葬形制（长×宽-深）（米）	葬具	葬式	随葬器物			填土器物			叠压、打破关系
					陶器	铜器	其他	陶器	铜器	其他	
M36	110°	2.3×0.8-1.72	未见葬具	未见人骨	纺轮1	扣饰1，锄1	铜骹铁矛2，铜柄铁剑2，绿松石扣1		无		墓口被扰乱，被M39打破，并打破M35、M48
M37	150°	2×0.8-2	未见葬具	不明	釜1，纺轮1	剑1，锄明器1，铲明器2	砺石1		无		墓口被扰乱
M38	145°	2×（0.75~1）-0.75	未见葬具	未见人骨		无			无		墓口被扰乱
M39	110°	2.5×0.8-2.7	未见葬具	不明	无	矛2，镦3，削1，锄明器1，铲明器1	无		无		墓口被扰乱，打破M36、M48、M49、M50
M40	135°	2.1×0.7-（0.6~0.76）	未见葬具	未见人骨	无	矛1，笄1	漆木器1		无		墓口被扰乱
M41	140°	2.55×（0.8~1.5）-1.2	未见葬具	不明	无	矛1，錾1	无		无		打破M42、M43
M42	135°	2×（0.58~0.68）-（0.94~1.03）	未见葬具	不明	无	矛1，剑1，斧1，扣饰1	铜骹铁矛1		无		墓口被扰乱，被M41打破
M43	135°	3×（0.32~1.16）-（1.2~1.8）	未见葬具	未见人骨	无				无		被M41打破
M44	220°	2.26×0.9-（0.2~0.8）	未见葬具	未见人骨	无	矛1，凿1，扣饰2，残铜器1	无		无		墓口被扰乱
M45	220°	2.3×（0.6~0.76）	未见葬具	未见人骨	无				无		墓口被扰乱
M46	215°	2.85×0.7-（0.47~1.1）	未见葬具	未见人骨	无	无	木镯1		无		墓口被扰乱
M47	264°	2×0.8-1.5	未见葬具	不明	侈口罐3	无	无		无		被盗洞扰乱严重

续附表二

墓号	墓向	墓葬形制（长×宽－深）（米）	葬具	葬式	随葬器物			填土器物			叠压、打破关系
					陶器	铜器	其他	陶器	铜器	其他	
M48	200°	3×1.16－2	未见葬具	未见人骨		无			无		被M36、M39、M51打破
M49	200°	1.6×0.6－1.7	未见葬具	未见人骨		无			无		被M39打破
M50	110°	0.95×0.9－2.1	未见葬具	未见人骨		无			无		被M39打破
M51	110°	2×（0.72~0.94）－1.5	未见葬具	未见人骨	侈口罐1，釜2，圈足1	矛2，斧2，扣饰1	砺石1		无		打破M48、M52
M52	190°	1.95×0.6－0.45	未见葬具	未见人骨		无			无		被M51打破
M53	100°	1.2×0.5－0.4	未见葬具	未见人骨		无			无		无
M54	190°	2.55×0.8－1.45	未见葬具	未见人骨		无			无		无
M55	200°	1.95×0.6－1.75	未见葬具	未见人骨		无			无		打破M80、M84
M56	190°	2.15×0.6－0.65	未见葬具	未见人骨		无			无		无
M57	285°	2.1×（0.65~0.85）－0.7	未见葬具	未见人骨		无			无		无
M58	115°	3.1×（1.85~2.3）－（0.55~0.95）	未见葬具	未见人骨	单耳罐1	镶斗1，锄1，釜1，带钩1，五铢钱1	铁矛1，铁剑1，环首铁斧3，铁刀1，残铁刀1，残铁件3，石砚1		无		叠压M143、M144
M59	288°	1.6×0.45－0.86	未见葬具	不明		无			无		打破M66
M60	100°	2.2×0.8－0.52	未见葬具	2具骨架交叉摆放，仰身直肢		无			无		被盗洞扰乱，并打破M61
M61	285°	2.5×（0.9~1）－1.12	未见葬具	不明	尊1，豆1	无	无		无		被M60、盗洞打破，并打破08M236

续附表二

墓号	墓向	墓葬形制（长×宽－深）（米）	葬具	葬式	随葬器物陶器	随葬器物铜器	随葬器物其他	填土器物陶器	填土器物铜器	填土器物其他	叠压、打破关系
M62	190°	1.4×0.75-1.35	未见葬具	未见人骨	无				无	无	无
M63	220°	2.4×1-0.45	未见葬具	未见人骨	无	矛1、戈1、剑1	无		无		墓口被扰乱
M64	190°	2.6×1-（1.55~1.79）	未见葬具	未见人骨	无	戈1、凿2、扣饰1	无		无		墓口被扰乱
M65	290°	1.9×（0.74~0.84）-0.65	未见葬具	未见人骨	釜1	钏1	无		无		无
M66	300°	2.04×1.2-1.45	未见葬具	不明	无	矛1、扣饰1	无		无		被M59、M67打破
M67	275°	2.8×0.9-1.84	未见葬具	不明	无				无		打破M66
M68	275°	2.6×1.6-2.5	未见葬具	大量骨骼摆放成长方形骨堆	单耳罐1	锄明器1	骨饰1	无	无	砺石1	打破M72
M69	290°	2.2×（1.15~1.35）-1.86	未见葬具	仰身直肢葬	无	矛1、剑2、钏5、铡1、铜泡1、环1	玛瑙扣2、骨饰2		无		被M71打破，并打破M77、M78、M110
M70	274°	1.86×0.53-1.44	未见葬具	多人合葬：第①层，葬式不明；第②层，1具较完整的个体头向西，东部放置1具从腰部截截肢的个体；第③层，葬式不明	纺轮1	无	玛瑙珠1、绿松石珠1		无		打破M95、M96
M71	270°	2×（0.7-0.9）	未见葬具	仰身直肢葬	无	矛1、剑1、钏3、斧1、铡1	骨管1		无		打破M69、M110
M72	西北—东南向	0.9×0.7-2.1	未见葬具	未见人骨	无			无	锸3	骨块1	被M68打破
M73	270°	2.2×（0.68-0.9）-1	未见葬具	双人叠肢葬：1号个体头向西，2号个体葬于1号个体下，头向东	无	斧1	无	无	锸2、泡钉1	无	无

续附表二

墓号	墓向	墓葬形制（长×宽-深）（米）	葬具	葬式	随葬器物 陶器	随葬器物 铜器	随葬器物 其他	填土器物 陶器	填土器物 铜器	填土器物 其他	叠压、打破关系
M74	280°	2.37×0.7-1.6	未见葬具	不明	壶1	无	无	无	无	无	无
M75	265°	2.1×0.8-2	未见葬具	不明	尊2，瓶1，釜1，口沿1，陶片1	无	无	无	无	无	打破M76、M93、M94
M76	270°	2.4×0.7-2.6	未见葬具	二次葬	无			无	无	无	被M75打破
M77	280°	2.1×0.75-0.7	未见葬具	仰身直肢葬，头向西	尊1，釜2	矛1，剑1，镞18，锄1，斧1，铲明器1，扣饰1，铜1，饰件1	砺石1	无	无	无	被M69打破，并打破M78
M78	285°	2.43×1.2-2.7	未见葬具	不明	侈口罐2	无	鹿角1	无	无	无	被M69、M77打破
M79	280°	不明	未见葬具	多人合葬：第①层，有15个颅骨分布在两端，其余骨架略堆成长方形；第②、③层，葬式不明	无	镞4，扣饰2，小铜泡2，镖1	铜柄铁剑1，铁刀1，环首铁刀1，铁锥1，残铁器1，砺石3，玛瑙扣2，绿松石扣3，牙饰2	无	无	铁刀1	无
M80	120°	2.1×1.6-0.74	未见葬具	未见人骨	单耳罐2，纺轮1	环1，五铢钱1，大泉五十1	绿松石珠1，琉璃珠1	无	无	无	被M55打破，并打破M84
M81	190°	2.5×0.8-1.13	未见葬具	未见人骨	无	戈1，镈1，刻刀1，凿1	无	无	无	无	无
M82	220°	2.14×（1.03~1.3）	未见葬具	未见人骨	无			无	无	无	无
M83	90°	2.44×（0.67~0.8）-1.26	未见葬具	未见人骨	无	无	砺石1	无	无	无	无

续附表二

墓号	墓向	墓葬形制（长×宽-深）（米）	葬具	葬式	随葬器物			填土器物			叠压、打破关系
					陶器	铜器	其他	陶器	铜器	其他	
M84	西北—东南向	2.5×1.1-1.66	未见葬具	未见人骨	侈口罐1，钵1，豆1，器盖3	矛1，剑1，锄1，明器1	砺石1，玉管1	无			被M55，M80打破，部分被现代墓叠压
M85	100°	2.1×1-1.4	未见葬具	未见人骨		无	无	无			无
M86	270°	1.75×0.68-1.45	未见葬具	未见人骨	尊1	无	无	无			打破M91
M87	260°	2.2×（0.6~0.75）-1.2	未见葬具	仰身直肢葬，头向西略偏侧		无	无	无			无
M88	20°	2.45×（0.85~1.1）-2.3	未见葬具	多人合葬：第①层，葬式不明；第②层，上下叠压2具人骨，仰身直肢，下层人骨双膝并拢；第③、④层，大量人骨垒砌成长方形骨堆	鼎1	镞3，斧1，锄1，明器1，铲1	铜骹铁矛1，铜柄铁削1，铁刃1，砺石1，玛瑙扣1	无			被盗洞打破，并打破M135
M89	20°	1.8×0.36-0.55	未见葬具	不明	尊1	无	无	无	矛1	无	被盗洞，M102，M103打破
M90	10°	3×1.6-0.3	未见葬具	双人仰身直肢，头向北	单耳罐1	凿1，锄1，釜1，环1，五铢钱2，印章1	无	无			西侧被盗洞打破，并打破M102，M103，M141
M91	263°	1.07×（0.5~0.7）-1.4	未见葬具	不明	尊1，口沿1	镞1，镜1，凿1，锥1	无	无			被M86，M97打破
M92	270°	1.7×0.6	未见葬具	未见人骨	残陶器1	无	无	无			无
M93	225°	1.1×（0.5~0.6）-0.24	未见葬具	未见人骨		无		无			被M75打破，并打破M94
M94	205°	2.3×1	未见葬具	未见人骨	无	矛2，凿1	无	无			被M75，M93打破

续附表二

墓号	墓向	墓葬形制（长×宽-深）（米）	葬具	葬式	随葬器物			填土器物			叠压、打破关系
					陶器	铜器	其他	陶器	铜器	其他	
M95	274°	0.7×0.6-0.89	未见葬具	头骨、髋骨、胫骨、肋骨和椎骨等呈方形堆积	无			无	无		西侧被M70打破，并打破M96
M96	100°	2.4×1.33	未见葬具	仰身直肢葬	无	矛1、镞1、锄明器1	无	无			被M70、M95打破
M97	234°	1.1×（0.52~0.65）-（0.2~0.3）	未见葬具	未见人骨	无	戈1、刺1	无	无			打破M91
M98	25°	2.05×0.8-1.7	未见葬具	墓主人仰身直肢葬，头向北；其余个体二次葬	无			无			打破M99
M99	280°	1.28×0.7-1.55	未见葬具	仰身直肢葬，头向西	无	镈1、凿1	无	无			被M98打破，并打破08M250
M100	260°	2.4×（0.48~0.6）-1.62	未见葬具	未见人骨		无		无			无
M101	293°	1.3×0.6-0.4	未见葬具	单人仰身直肢葬		无		无			无
M102	30°	2.1×1-0.4	未见葬具	不明	无	矛1	铜骹铁矛1	无			被盗洞、M90打破，并打破M89、M103
M103	30°	2×（1.1~1.3）-1.2	未见葬具	墓主人俯身直肢葬；身边堆有厚15厘米的骨骼和4个颅骨		无		无			被M90、M102、盗洞打破，并打破M89
M104	335°	1.9×（0.33~0.42）-1.4	未见葬具	单人仰身直肢葬		无		无			打破M140
M105	275°	1.8×0.76-1.3	未见葬具	未见人骨	无	斧1		无			无
M106	295°	1.1×0.76-0.06	未见葬具	未见人骨	无		铜柄铁剑1、玉坠1	无			无

续附表二

墓号	墓向	墓葬形制（长×宽-深）（米）	葬具	葬式	随葬器物			填土器物			叠压、打破关系
					陶器	铜器	其他	陶器	铜器	其他	
M107	270°	2×(0.7-0.8)-0.7	未见葬具	未见人骨	无	斧1，扣饰2	铜柄铁剑2，环首铁刀1	无	无		被M127打破
M108	340°	2×(0.9~1.2)-2	未见葬具	不明	尊1，单耳罐1	镦1，扣饰2	石纺轮1，玉玦1，玛瑙珠1，孔雀石珠1	无	无		无
M109	295°	0.8×0.76-0.33	未见葬具	未见人骨	釜1，盘1	无	无	无	无		无
M110	西北—东南向	0.9×(0.6~0.7)-1.8	未见葬具	不明	尊1，釜1	无	无	无	无		被M69，M71打破
M111	300°	2.1×0.54-0.5	未见葬具	未见人骨	尊2，釜2	无	无	无	无		打破M127、M128、M129
M112	230°	2.6×(0.96~1.05)-0.5	未见葬具	双人合葬	无	镦1，箭镞1，啄1，锥1，扣饰2，残片1	玉玦1，骨镦1	无	无		无
M113	90°	2.6×1.3-(1.75~2.1)	木板痕	仰身直肢葬	尊1	矛1，戈2，剑2，镞3，镦2，箭镞1，臂甲1，钺1，斧4，凿1，锄明器1，铲1，扣饰3	铜骹铁矛3，铜柄铁剑2，铜柄铁削2，磨制石器1，玛瑙扣6，纺织品1	无	扣饰1	木屑残片1	被水池打破，并打破M118、M131
M114	西北—东南向	2.2×0.85-1	未见葬具	不明	无	无	无	无	无		被盗洞严重破坏
M115	170°	2.1×0.5-0.37	未见葬具	未见人骨	无	戈1，钏1	木镯1	无	无		被M124打破
M116	270°	2.2×1-1.1	未见葬具	未见人骨	纺轮1	无	绿松石扣2	无	无		打破M117、M130
M117	270°	2×0.7	未见葬具	不明	无	矛1，剑1，镦6，铲明器1，泡钉1	石纺轮1	无	无		被M116打破，并打破M130
M118	西北—东南向	1.8×0.9-1.25	未见葬具	未见人骨	无	无	无	无	无		被盗洞和M113打破

续附表二

墓号	墓向	墓葬形制（长×宽－深）（米）	葬具	葬式	随葬器物			填土器物			叠压、打破关系
					陶器	铜器	其他	陶器	铜器	其他	
M119	285°	1.85×0.95	未见葬具	未见人骨	釜2、器盖1、纺轮2	无	无		无	无	无
M120	东西向	2.45×0.7-1.05	未见葬具	未见人骨		无			无	无	无
M121	210°	2.42×1.06-2.75	未见葬具	俯身直肢葬，头骨置于墓底南端，身躯置于腰底坑内，胫骨用土垫高去，形成腰部凹下，头脚上翘的葬态，腰椎处有明显的砍断痕迹	釜2、口沿1	无	孔雀石珠1、海贝1		无	无	无
M122	190°	1.74×0.7-0.8	未见葬具	仰身直肢葬，头向南，身体置于腰坑内	釜3、器盖2	无	无		无	无	无
M123	285°	2.2×（0.87~1.08）-1.25	未见葬具	不明	器、口沿1	无	无		无	无	无
M124	110°	2×0.89-0.52	未见葬具	未见人骨	尊1	无			无	无	打破M115
M125	280°	2.65×0.87-1.15	未见葬具	不明	尊1、侈口罐3、单耳罐1、圈足1、陶片1	剑1、挂钩1、残铜器2	无		无	无	打破M132
M126	近南北向	1.62×0.8-0.72	未见葬具	未见人骨		无			无	无	被盗洞洞严重破坏
M127	25°	0.45×0.55	未见葬具	未见人骨		无			无	无	被M111打破，并打破M107、M128、M129

续附表二

墓号	墓向	墓葬形制（长×宽－深）（米）	葬具	葬式	随葬器物 陶器	随葬器物 铜器	随葬器物 其他	填土器物 陶器	填土器物 铜器	填土器物 其他	叠压、打破关系
M128	320°	0.3×0.48	未见葬具	未见人骨	无	无		无	无		被M111、M127、M129打破
M129	东西向	不明	未见葬具	不明	无	无		无	无		被M111、M127打破，并打破M128
M130	东北—西南向	不明	未见葬具	未见人骨	无	无		无	无		被M116、M117打破
M131	南北向	0.6×1-1.4	未见葬具	未见人骨	无	无		纺轮1	无	无	被M113打破
M132	220°	（1.4~1.8）×（0.8~0.87）－0.95	未见葬具	未见人骨	无	矛1，铍1，凿1，鉴1	无	无	无		被M125打破
M133	西北—东南向	2.66×（0.66~0.72）－0.82	未见葬具	未见人骨	无	无		无	无		无
M134	295°	2.3×1-2.3	未见葬具	未见人骨	无	锄明器1，铲明器1，扣饰2	玉玦1	无	无		无
M135	25°	2.3×（1~1.1）-2	未见葬具	多人二次葬	陶器残片若干	无	无	无	无		被M88打破
M136	210°	2×0.5-1.2	未见葬具	不明	尊1，侈口罐1	削1，残铜器2	无	无	无		被M138打破，并打破M139
M137	120°	2.2×1.1	未见葬具	未见人骨	尊4，壶1，纺轮1	剑1，钏1，铜泡1	砺石1	无	无		打破M139
M138	120°	1.6×0.7	未见葬具	不明	侈口罐1，壶1	钏1	无	无	无		被灰坑、水沟打破，并打破M136
M139	200°	1.65×（1~1.1）	未见葬具	未见人骨	无	无		无	无		被M136、M137打破

续附表二

墓号	墓向	墓葬形制（长×宽－深）（米）	葬具	葬式	随葬器物			填土器物			叠压、打破关系
					陶器	铜器	其他	陶器	铜器	其他	
M140	355°	2.4×（0.8~1.03）－2.5	未见葬具	仰身直肢葬	无	无	玉玦1，玉管3		无		被M104打破
M141	280°	1.72×（0.46~0.6）－0.52	未见葬具	不明	无				无		被M90打破
M142	298°	1.9×0.5-0.82	未见葬具	仰身直肢葬	无				无		被M2打破
M143	115°	1.98×（0.73~0.82）－1.37	未见葬具	未见人骨	纺轮1	矛2，剑1，镞1，斧1，锄明器1，铲明器1，扣饰1	无		无		被M58叠压
M144	115°	2.05×（0.74~0.84）－1.77	未见葬具	未见人骨	无	矛1，镞1，锄明器1	无		无		被M58叠压

附录一

云南澄江金莲山墓地 2008~2009 年度发掘出土人骨现场鉴定报告

魏 东[1] 张林虎[2] 蒋志龙[3] 朱 泓[1]

1.吉林大学边疆考古研究中心 2.中国人民大学历史学院 3.云南省文物考古研究所

受云南省文物考古研究所委托，吉林大学边疆考古研究中心人类学实验室对 2008~2009 年度云南澄江金莲山墓地出土古代人类标本进行了现场鉴定，现将初步鉴定结果简报如下（表 1）[1]。

表 1　2008~2009 年度云南澄江金莲山墓地人骨标本鉴定表

墓号	编号	性别	死亡年龄（岁）	可见病理现象及异常	墓号	编号	性别	死亡年龄（岁）	可见病理现象及异常
M2	1	男性	40±	椎骨关节炎	M8②	3	？	成年	
	2	？	成年			4	？	9±	
M3	1	男性	成年			5	男性？	成年	
M4	1	男性	35~40	足部有束缚迹象	M8③	1	男性	30~35	
M5	1	？	成年	锁骨形状异常		2	？	成年	
	2	？	成年			3	？	成年	
M6	1	？	成年			4	？	成年	
M7	1	女性	25±			5	？	14~17	
M8①	1	女性	25±		M9②	1	女性	30±	
M8②	1	男性	50±	疑似有被肢解现象		2	男性	25~30	
	2	？	成年			3	？	成年	

---

[1] 现场鉴定中视实际情况参照了下列参考书提供的适用标准：陈世贤：《法医人类学》，人民卫生出版社，1998 年；张继宗：《法医人类学经典》，科学出版社，2007 年；朱泓：《体质人类学》，高等教育出版社，2004 年；Jane E.Buikstra, Douglas H.Ubelaker, *Standards for data collection from human skeletal remains*, Western Newspaper Company, 1994; Tim D. White, Pieter A. Folkens, *The Human Bone Manual*, Academic Press, 2005; Tim D. White, *Human Osteology*, Academic Press, 2000.

续表 1

墓号	编号	性别	死亡年龄（岁）	可见病理现象及异常	墓号	编号	性别	死亡年龄（岁）	可见病理现象及异常
M10	1	男性	成年		M25	1	男性	40±	腰椎关节炎，左侧胫骨骨折
	2	男性	成年		M26	1	女性	40±	腰椎关节炎
	3	女性	成年			2	?	成年	
M12（下层）	1	男性	35~40	枕骨病变，疑似外部创伤导致颅内感染	M27	1	女性	40±	
M13	1	男性	40±		M28	1	男性	40±	
M14（上层）	1	女性	成年			2	男性	40±	
M14（下层）	1	男性	20~25	足部有束缚迹象	M29	1	女性	20~25	
M15	1	女性	40±			2	?	成年	
	2	男性	30±	上颌犬齿磨耗异常		3	?	成年	
M16	1	男性	30±	关节炎	M30	1	男性	成年	
	2	女性	14~17		M31①	1	?	18 个月	
	3	男性	>40			2	女性	15±	
	4	女性	<25			3	?	5~7	
M17②	1	女性	25~30			4	?	5~7	
	2	?	6~8 个月			5	男性	40~45	腰椎存在骨性融合
M18①	1	?	2±		M31②	1	?	<14	足部可见束缚痕迹
M18②	1	男性	成年	足部可见束缚痕迹		2	?	成年	
M19①	1	女性	25~30			3	?	成年	股骨贯穿闭孔
	2	男性	30±		M31③	1	女性	15~20	足部可见束缚痕迹
	3	?	10±			2	?	成年	
	4	?	7±			3	男性	>50	
	5	?	成年		M32①	1	女性	30±	
	6	?	成年		M32③	1	男性	20~25	
	7	男性	45~50		M33	1	男性	25~30	
M21（采集）	1	女性	30~40		M36	1	女性	30±	
M22	1	女性	40±	足部有束缚迹象	M37	1	?	15	
M23	1	女性	15±		M38①	1	?	成年	
						2	?	3~5 岁	
M24	1	女性	>40	部分牙齿生前缺失	M38③	1	?	40±	

续表 1

墓号	编号	性别	死亡年龄（岁）	可见病理现象及异常	墓号	编号	性别	死亡年龄（岁）	可见病理现象及异常
M40	1	?	成年		M52	2	?	成年	
M41	1	?	2~5		M53	1	?	5±	
M42	1	女性	20±			2	?	8±	
M43	1	女性	45~50			3	男性	40~45	
	2	男性?	20~25		M54	1	女性	45~50	右侧顶骨疑似外伤
M44①	1	男性	25~30	腰椎关节炎	M56①	1	男性	成年	
	2	?	3~6			2	女性	成年	
M44②	1	?	1~1.5			3	?	12~13	
	2	女性	40~45	根尖脓疡		4	?	成年	
	3	?	成年			5	?	未成年	
	4	?	成年		M56②	1	女性	成年	
	5	男性	成年		M57	1	男性	25~30	
	6	男性	成年			2	男性	35±	
	7	女性	40~45			3	男性	30~35	
M45	1	女性	45~50			4	女性	55~60	
	2	女性	25~30			5	?	成年	
	3	?	7±			6	?	成年	
	4	?	成年			7	?	成年	
	5	?	14~18			8	?	成年	
M46	1	男性	35±			9	?	婴儿	
	2	男性	30~35		M58	1	男性?	25~30	足部可见束缚痕迹
	3	男性	成年			2	男性	20~25	
	4	男性	35±		M59	1	男性	30±	足部有束缚迹象
M47	1	男性?	成年			2	女性	30±	
M48	1	?	成年		M60①	1	?	4~5	
M50	1	?	2~3个月		M60②	1	女性	30±	
M51	1	男性	成年		M61	1	女性?	成年	
	2	?	2~4		M62	1	?	5±	
	3	?	1±		M63①	1	?	<6个月	
	4	女性?	成年			2	?	>6个月	
M52	1	男性	45~50		M63②	1	男性	25±	足部可见束缚痕迹

续表 1

墓号	编号	性别	死亡年龄（岁）	可见病理现象及异常	墓号	编号	性别	死亡年龄（岁）	可见病理现象及异常
M64①	1	男性？	25~30		M69②下部	2	?	成年	
	2	男性？	成年			3	?	成年	
	3	男性？	35~40			4	?	成年	
M65	1	?	＜6 个月			5	?	成年	
M66	1	男性？	成年			6	?	成年	
M67①	1	?	20~25		M69④	1	?	14~17	
	2	?	3~5			2	?	成年	
M67②	1	?	20~25	腰椎关节炎		3	?	成年	
M67③	1	男性	50~55			4	?	成年	
	2	女性	35~40			5	?	成年	
	3	?	4~6		M70	1	女性	25 ±	
	4	男性	30 ±	腓骨远端关节炎，第五腰椎骶骨化		2	?	1~4	
	5	?	＜6 个月			3	?	成年	
M67④	1	男性	成年	左右足部掌骨，跖骨远端发现有副关节面，推测为长期蹲姿所致	M71	1	?	8~10	
					M72	1	男性	35~40	足部有束缚痕迹
	2	女性	45~50			2	女性	20~25	
	3	?	3~5		M74①	1	男性	40 ±	
M68	1	男性？	25 ±			2	?	成年	
	2	?	＜6 个月			3	?	成年	
	3	?	成年			4	?	成年	
M69②上部	1	女性	成年		M74②	1	女性	50 ±	以不同个体的四肢长骨在墓中摆放成矩形边框
	2	?	35~40			2	?	14~17	
	3	女性	30 ±			3	?	成年	
	4	男性	成年			4	?	成年	
	5	男性	30~35			5	?	成年	
	6	?	成年		M75	1	男性	30 ±	足部可见束缚痕迹
	7	?	成年		M77②	1	男性	55 ±	
	8	?	35 ±			2	女性	成年	
M69②下部	1	?	成年		M78	1	男性	成年	
					M80①	1	?	6~12	
					M82	1	男性	25~30	

续表 1

墓号	编号	性别	死亡年龄（岁）	可见病理现象及异常	墓号	编号	性别	死亡年龄（岁）	可见病理现象及异常
M83	1	？	5±		M95	1	男性	30±	
M84	1	？	2±			2	男性	成年	骨骼重新堆放成一堆
M86	1	男性	35±	足部有束缚痕迹	M96	1	男性	成年	
M88 上层	1	女性	35~40			2	男性	20~25	
	2	男性	40~44		M97①	1	男性	20±	
	3	？	9			2	男性	成年	
	4	？	幼儿			3	女性	成年	
M88 下层	1	？	5~10			4	？	5~7	
	2	？	0~3 个月		M97②	1	？	成年	
	3	？	0~6 个月			2	？	15~20	
M89	1	？	成年			3	？	成年	
M90	1	女性	25±			4	？	14~17	
	2	男性	30~35	左侧股骨大转子后侧有疑似砍创		5	？	成年	
	3	男性？	30±		M97③	1	？	成年	
	4	男性	35~40	颅骨左侧乳突有疑似切割痕迹		2	？	成年	
	5	未成年	6 个月±			3	？	成年	
	6	男性	成年			4	？	成年	
M91	1	女性？	15±			5	？	成年	
M92①	1	？	3~9 个月			6	？	成年	
M92②	1	？	1~2 个月			7	？	成年	
M92③	1	女性	30±	足部有束缚痕迹		8	？	成年	
	2	女性	35~40	足部有束缚痕迹		9	？	成年	
M93①	1	？	5~8			10	？	成年	
	2	？	成年			11	？	成年	
M93②	1	？	5~10			12	？	14~17	
M93③	1	？	成年		M97④	1	女性	20~25	以不同个体的四肢长骨在墓中摆放成矩形边框
	2	？	14~17			2	？	14~15	
	3	？	12~16			3	男性	20±	
M94	1	男性	25±	下肢被束缚		4	？	成年	
						5	？	成年	

续表 1

墓号	编号	性别	死亡年龄（岁）	可见病理现象及异常	墓号	编号	性别	死亡年龄（岁）	可见病理现象及异常
M97④	6	?	成年	以不同个体的四肢长骨在墓中摆放成矩形边框	M104（150cm）	1	男性	20~30	
	7	?	成年		M105②	1	男性?	成年	
	8	?	成年			2	男性?	成年	
	9	?	成年			3	男性?	成年	
	10	?	成年			4	男性?	成年	
	11	?	成年			5	男性?	成年	
	12	?	成年			6	男性?	成年	
	13	?	成年			7	男性?	成年	
M98	1	?	成年			8	男性?	成年	
M99	1	女性	30~35		M106	1	女性	30±	
M101①	1	男性	20~25			2	男性	20±	
	2	男性	成年			3	男性	成年	
	3	男性	成年			4	男性	20±	
	4	男性	成年			5	?	成年	
	5	?	14~17		M107	1	男性	成年	
	6	男性	45~50		M108（40cm）	1	男性	30~35	上颌左侧中门齿与侧门齿非正常磨耗
	7	男性	40~45		M109②	1	女性?	成年	
	8	男性	30±		M110	1	女性	35~40	
	9	女性	30~40		M111	1	女性	成年	
	10	女性	20~25			2	?	胎儿（35~38周）	该个体存在于 1 号个体的骨性盆腔中
	11	?	成年		M113③	1	男性	30~35	
	12	?	成年			2	男性	35~40	
	13	?	成年			3	女性	30~35	
	14	?	成年			4	女性?	成年	
	15	?	成年		M114	1	男性	35±	
M101②	1	?	成年		M115	1	男性	35~40	
	2	?	成年		M116	1	男性	30~35	
	3	?	成年		M117	1	男性	35±	
	4	?	成年		M119	1	女性	成年	
M102	1	男性	30±						
M103	1	?	4±						

续表 1

墓号	编号	性别	死亡年龄（岁）	可见病理现象及异常	墓号	编号	性别	死亡年龄（岁）	可见病理现象及异常
M121	1	男性	成年		M140	1	?	15~20	
M122①	1	女性	25~30		M141	1	?	?	
	2	?	14~17		M143①	1	男性	20~25	
	3	女性	25~30	足部可见束缚痕迹		2	女性	12~18	
	4	?	＜6		M143②	1	男性	20~25	
M122②	1	男性	24~26			2	女性	50~60	
	2	?	成年			3	?	1~3	
M124	1	男性	成年		M145	1	男性	25~30	
M127	1	男性	20±		M147	1	?	30±	
	2	男性	25±		M148	1	?	成年	仅保留下肢
M128	1	女性	30~35		M149	1	男性	40~45	
M129	1	?	成年		M150	1	?	成年	仅保留下肢
	2	?	成年		M151②	1	?	成年	
M130	1	?	成年			2	?	成年	
M131	1	男性	30±			3	?	成年	
M132	1	?	成年	仅见右侧胫骨腓骨		4	?	成年	
	2	?	成年	仅见右侧胫骨腓骨		5	?	成年	
M133	1	男性	35±			6	?	成年	
	2	?	成年			7	?	成年	
	3	?	20~25			8	?	成年	
	4	?	20±			9	?	成年	
	5	男性	成年			10	?	成年	
M134②	1	女性	30~35			11	?	成年	
M135	1	?	＜6			12	?	成年	
M136	1	女性?	成年			13	?	成年	
M137	1	男性?	成年			14	?	成年	
M138①	1	女性?	45~50	足部可见束缚痕迹		15	?	成年	
M138②	1	男性	25±			16	?	成年	
M139	1	?	?	仅保留部分肢骨		17	?	成年	
	2	?	成年	仅保留两侧胫骨及右侧腓骨		18	?	成年	
					M151③	1	?	成年	

续表 1

墓号	编号	性别	死亡年龄（岁）	可见病理现象及异常	墓号	编号	性别	死亡年龄（岁）	可见病理现象及异常
M151③	2	?	成年		M160	1	男性	成年	
	3	?	成年		M162	1	?	?	仅发现了足部骨骼
	4	?	成年		M164	1	?	?	
	5	?	成年		M165	1	男性	30~35	
	6	?	成年		M166	1	女性	30 ±	足部可见束缚痕迹
	7	?	成年			2	男性	30~35	
	8	?	成年		M166	3	?	成年	散乱堆放的骨骼
	9	?	成年			4	?	成年	足部可见束缚痕迹
	10	?	14~17		M167	1	?	成年	仅见下肢骨骼，足部与下肢并不相连
M152	1	?	50 ±			2	?	成年	保留有四肢长骨
M153	1	男性	成年		M170	1	?	成年	仅保留破碎的颅骨
M155②	1	?	30 ±	以长骨围成矩形骨堆	M171	1	?	0~2	
	2	?	成年		M173	1	男性	成年	仅保留下肢
	3	?	成年		M174	1	男性?	45~50	
	4	?	25 ±			2	女性	45~50	
	5	?	成年			3	?	成年	
	6	?	成年			4	?	40 ±	
	7	女性	30~40			5	?	成年	
	8	男性?	40 ±			6	?	12~17	
	9	?	成年		M176	1	?	40 ±	
	10	男性?	20~25		M178	1	男性	30~35	
	11	?	成年			2	?	成年	
	12	女性	40 ±		M179	1	?	3 ±	
	13	?	成年		M180	1	?	?	
	14	?	成年			2	男性	20~25	发掘者认为是捡骨葬
	15	?	40 ±			3	?	成年	发现于腰坑中
M156	1	男性	35 ±		M181	1	女性	50 ±	
M157	1	女性	20~25			2	男性	成年	
M159	1	?	成年			3	?	成年	
	2	?	?			4	男性	> 40	
	3	?	14~17						

续表1

墓号	编号	性别	死亡年龄（岁）	可见病理现象及异常	墓号	编号	性别	死亡年龄（岁）	可见病理现象及异常
M184①	1	女性	> 50		M200①	1	?	成年	
	2	?	成年			2	?	成年	
	3	?	成年			3	?	成年	
M184②	1	男性	成年			4	?	成年	
	2	男性	成年			5	?	成年	
	3	男性？	成年			6	?	成年	
	4	女性	成年			7	?	成年	
	5	?	成年			8	?	成年	该墓中颅骨摆放比较集中，在颅骨上摆放凌乱肢骨，应可判定为二次捡骨葬
	6	?	成年			9	?	成年	
	7	?	成年			10	?	成年	
M184③	1	女性	> 35			11	?	成年	
	2	女性	> 35			12	?	成年	
	3	男性	> 35			13	?	成年	
M185	1	女性	30~35			14	?	成年	
M186	1	?	?			15	?	成年	
M188	1	女性	20 ±	足部可见束缚痕迹		16	?	成年	
M189	1	?	8~10			17	?	成年	
	2	?	3~5		M200②	1	?	成年	
M192	1	?	> 45			2	?	成年	
	2	?	成年			3	?	成年	
	3	?	成年			4	?	成年	
	4	?	成年			5	?	成年	
M193	1	男性	40~45		M203	1	?	成年	
M194	1	男性	40 ±	足部可见束缚痕迹		2	?	40 ±	
	2	?	成年			3	?	成年	
	3	?	?			4	?	成年	
M195	1	男性	40~45		M204	1	男性	40~45	
M196	1	男性	35~40	老年性关节炎	M205	1	男性	?	
M199	1	?	< 6		M206①	1	男性	50 ±	腰椎老年性关节炎，锁骨异常粗壮，可能与上肢日常运动有关
	2	?	6~12						

续表1

墓号	编号	性别	死亡年龄（岁）	可见病理现象及异常	墓号	编号	性别	死亡年龄（岁）	可见病理现象及异常
M206②	1	男性	20~25	足部可见束缚痕迹	M222	1	男性	25~30	足部可见束缚痕迹
	2	男性？	45±			2	？	成年	
	3	？	成年		M225	1	？	成年	仅保存残碎下肢
	4	？	成年		M228	1	男性	20~25	足部可见束缚痕迹
	5	？	14~17		M229	1	？	10~13	足部可见束缚痕迹
M208	1	？	？		M230	1	男性？	18~21	
M210①	1	？	成年		M231	1	女性	30~35	足部可见束缚痕迹
	2	？	＜5		M232	1	？	5~9	
	3	？	10~15		M233	1	女性	25~30	
	4	？	成年	仅保留右侧肩胛骨	M238	1	男性	30~35	
	5	？	6个月±		M240	1	？	3±	
M214	1	？	成年		M244	1	男性	50±	足部可见束缚痕迹
M216	1	男性？	成年		M245	1	女性？	45±	
M217	1	？	成年	足部可见束缚痕迹	M268	1	男性	25±	
M218	1	？	成年	仅保留残碎颅骨					

个别墓葬出土有少量的动物个体，初步鉴定结果如下（表2）：

表2 2008~2009年度云南澄江金莲山墓地动物标本鉴定表

序号 \ 项目	单位	种属	年龄	备注
1	M118	猪	幼年	完整个体
2	M97①	马	幼年（2~3.5岁）	
3	M97①	猪	成年	
4	M97②	猪	幼年	
5	M10④	鸟		至少2个个体
6	M10④	猪	幼年	完整个体

注：1、4、6均为幼年猪，1、6的年龄相近，4较前两者年龄稍大，但三者年龄均不超过12个月。表中出土遗骸编号为发掘时原始编号。

有初步鉴定结果的墓葬共183座，合计541例个体。其他墓葬内出土人骨由于保存条件的影响，暂无明确的鉴定结果。

已鉴定个体中，确定为男性个体130例，疑似男性个体25例，确定为女性的个体为75例，疑似女性个体 8 例。其他个体受保存条件所限，从形态学难以鉴定准确性别。男性可鉴定率较高，仅是由于男性骨骼较女性骨骼粗壮易保存所致。由于不可鉴定个体占多数，本文暂不做关于该组居民性别比例等的探讨。对性别、年龄鉴定结果的统计，经过实验室室内工作后尚有深入研究的可能。

由于没有发现可确定的明显杀殉行为的证据（M8 中 2 号个体虽然有疑似肢解的痕迹，但尚不能判断伤痕是死亡的直接原因），本文暂将所有个体假设为自然死亡，但并不排除有非自然死亡现象的存在。在所有个体死亡年龄鉴定结果中，1 岁左右早夭的个体为 14 例，受保存条件和埋葬方式的影响，实际存在的死亡个体数当高于这个数字。由于多数个体并没有保留全身骨骼，不具备进行准确年龄鉴定的条件，仅据存留骨骼的发育状态初步判定为成年。

据在现场初步对病理现象的观察，该组古代居民明显常见疾病主要为与死亡年龄偏大相关的退行性关节炎，多发于腰椎。另在 M67 ④、M108、M206 中发现 3 例个体可能有与功能相关的解剖学形态改变。

其他需要说明的问题：

（1）由于多数墓葬中埋葬个体较多，体骨分布非常散乱，同一墓葬内也存在分层埋葬多例个体的现象（如：M151 中可辨识个体最少有 28 例）；加之墓葬间叠压打破关系复杂，导致多数个体仅保存了部分骨骼。仅从形态学分析，难以区分个别骨骼的个体归属。表中鉴定的个体数仅为最小个体数。

（2）关于埋葬方式，除个别墓葬为单人葬外，多数墓葬为多人葬，且极少有骨骼在正常的解剖学状态。据发掘现场情况分析，笔者认为至少可以区分为捡骨葬和扰乱葬两种情况。其中，扰乱现象是确实存在的葬俗还是由于其他原因所致，目前难以有明确的结论。此外，用长骨在墓葬中摆放成矩形是一类更为特殊的情况（如：M97、M155 等），是否将这类个体视为墓葬中的个体，也有待商榷。

（3）在可确定的一次埋葬的墓葬中，可能为墓主的个体可辨识的葬式主要为仰身直肢。

（4）在一些墓葬中可辨识出的"束缚痕迹"现象，多集中在下肢膝盖至足部。具体表现为下肢非正常解剖学状态的紧靠或重叠。由于保存条件而难以发现绳结或其他束缚物，这种现象是发生在个体死亡之前还是之后，成因如何，目前尚无法定论。

（5）在个别墓葬中发现人骨与兽骨放置在一起的现象。这种现象可能为墓葬中原来有殉牲，扰动后同出，也不排除墓葬中某些个体的身份本就是"人牲"的可能。

致谢：中山大学人类学系李法军博士、吉林大学边疆考古研究中心 Christine Lee 博士在现场参与了部分鉴定工作，兽骨的鉴定由吉林大学边疆考古研究中心赵莹女士完成，特此致谢。

云南澄江金莲山墓地出土人骨稳定同位素的初步分析[*]

张全超

吉林大学边疆考古研究中心

金莲山墓地位于云南省澄江市东南约 3 千米处的右所镇旧城村东部边缘，2008~2009 年，云南省文物考古研究所主持并与玉溪市文物管理所、澄江县文物管理所联合对澄江金莲山古墓群进行正式考古发掘，清理墓葬 262 座，是迄今为止云南青铜时代文化考古中发现的规模最大的墓葬群[1]。金莲山墓地的墓葬形制与石寨山文化的其他墓地基本相同。研究人员初步推断该墓葬群的时代为战国至西汉时期，该墓葬群的发现对研究石寨山文化具有重大的学术价值。

本文通过对金莲山墓地出土人骨中 C、N 同位素比值的测定，初步复原了该墓地古代居民的饮食结构，为进一步复原滇池地区古代滇人的食谱结构积累了宝贵的科学参考数据。

一、材料与方法

1. 分析样品

本文对该墓地出土的 9 例个体骨骼中 $\delta^{13}C$ 和 $\delta^{15}N$ 比值进行了测定，样品的具体情况详见表 1。

表 1　金莲山墓地骨样列表

实验编号	人骨编号	性别	年龄	部位
1	08M88 ① –1	男性	成年	左侧胫骨
2	08M97 ① –2	男性	30 ±	左侧肱骨
3	08M166–2	男性	成年	左侧股骨

---

* 本文人骨是运到吉林大学边疆考古中心鉴定的结果，为保持原文原貌，未根据现场鉴定结果进行调整，只是更新墓葬数量和编号，以与正文保持一致，特此说明。

[1] 云南省文物考古研究所、玉溪市文物管理所、澄江县文物管理所等：《云南澄江县金莲山墓地 2008~2009 年发掘简报》，《考古》2011 年第 1 期。

续表 1

实验编号	人骨编号	性别	年龄	部位
4	08M200①–1	男性？	成年	左侧股骨
5	08M200①–2	女性？	成年	左侧肱骨
6	08M192①–2	？	成年	右侧肱骨
7	08M74②–3	？	成年	左侧胫骨
8	08M166–1	女性	30±	左侧胫骨
9	08M97①–1	女性	成年	右侧股骨

2. 仪器

同位素比值测定仪器：Thermo Finnigan 公司的 DELTA plus 型同位素比值质谱仪（isotope-ratio mass spectrometers，IRMS）。同位素制备系统：Thermo Electron SPA 公司的 FLASH EA 1112 型元素分析仪。

3. 试剂

硝酸、盐酸均为优级纯。实验过程中所使用的玻璃仪器均经 10% 硝酸浸泡 24 小时后，用蒸馏水冲洗，干燥备用。实验用水均为二次去离子水。

4. 标准物质

利用国际原子能机构的稳定同位素 NBS–22（^{13}C 同位素标准物质，$^{™13}C$ 值为 –29.7）和 IEAE–N–1（N 同位素标准物质，$\delta^{15}N$ 值为 + 0.4）标准物质标定 CO_2 和 N_2 钢瓶气，以标定的钢瓶气作为标准气体，测定骨胶原 C、N 同位素 δ 值。

5. 骨胶原的制备

选取股骨骨干中段锯取约 3 立方厘米作样品，机械去除骨样内外表面污染物质，超声清洗并干燥。骨样约 2 克，加入 0.5mol/L HCl 于 5℃ 下浸泡，每隔三四天换新鲜酸液，直至骨样酥软、无气泡。去离子水清洗至中性，0.125mol/L NaOH 室温下浸泡 20 小时，再洗至中性。0.001mol/L HCl 在 70℃ 下明胶化 48 小时，浓缩并热滤，冷冻干燥得骨胶原。称重，计算骨胶原得率（骨胶原重量 / 骨样重量）。

6. 样品的测试

利用锡箔杯将骨胶原包好，放在自动进样器内，通过自动进样器将样品送到元素分析仪氧化炉燃烧（1020℃），所释放出的 NO_2 和 CO_2 通过还原炉还原（650℃）成 N_2 和 CO_2，经色谱柱分离、纯化后进入 DELTA plus 型同位素比值质谱仪测定 C 和 N 的稳定同位素比值。N 同位素的分析精度为 0.2‰，C 同位素的分析精度为 0.2‰。C 和 N 稳定同位素比值的计算公式为：

$$\delta^{13}C = \left\{ \frac{\left[\left(^{13}C/^{12}C \right)_{sample} - \left(^{13}C/^{12}C \right)_{standard} \right]}{\left(^{13}C/^{12}C \right)_{standard}} \right\} \times 1000 \text{‰}$$

$$\delta^{15}N = \left\{ \frac{\left[\left(^{15}N/^{14}N \right)_{sample} - \left(^{15}N/^{14}N \right)_{standard} \right]}{\left(^{15}N/^{14}N \right)_{standard}} \right\} \times 1000 \text{‰}$$

7. 数据的统计分析

统计分析采用美国社会统计软件 SPSS11.5。

二、结果及讨论

1. 骨样的污染检验

判断骨样中稳定同位素是否受到污染，是使用其比值推断古代居民饮食结构的前提条件。因此，骨胶原中 C 和 N 的含量，成为检验骨胶原保存状况的一个重要指标。一般认为，现代骨骼中骨胶原的 C 含量约为 41%，N 含量为 15%，C/N 比值为 3.20[1]。由表 2 可知，该组样品的骨胶原中，C 的含量为 33.82%~45.96%，平均值为 42.27%。N 的含量为 12.36%~16.68%，平均值为 15.34%，C 和 N 的含量均接近现代骨骼中骨胶原的含量，保持了较高的水平，非常有利于进行稳定同位素的测试。此外，骨胶原的 C/N 摩尔比值是判断骨样受污染程度的另一项重要指标，如果 C/N 比值在 2.9~3.6，说明该样品保存较好，测定 13C 和 15N 的结果也比较可靠[2]。如果 C/N 比值高于 3.6，说明骨样中可能受到腐殖酸的污染，如果 C/N 比值低于 2.9，说明骨胶原中很可能掺杂了一定量的无机物质[3]。表 2 的结果显示，该组样品的 C/N 比值均处在 3.19~3.25，较为理想地落在了未污染样品的范围之内，且 C/N 比值的平均值为 3.21，与现代骨骼骨胶原中 C/N 比值 3.20 相比，十分接近，从而保证了稳定同位素最终测定结果的可靠性。

表 2　样品的分析测试值

人骨编号	N%	C%	$\delta^{15}N$（‰）	$\delta^{13}C$（‰）	C/N	C_3（%）	C_4（%）
08M88 ① -1	16.17	45.11	9.92	−18.92	3.25	91.68	8.32
08M97 ① -2	12.36	33.82	9.11	−18.70	3.19	90.02	9.98
08M166-2	14.56	39.99	11.39	−18.29	3.21	86.85	13.15
08M200 ① -1	15.55	42.83	9.74	−18.83	3.21	91.02	8.98
08M200 ① -2	16.68	45.96	8.84	−18.99	3.22	92.20	7.80
08M192 ① -2	15.38	42.26	9.90	−19.33	3.21	94.87	5.13
08M74 ② -3	15.51	42.72	9.51	−19.17	3.21	93.60	6.40
08M166-1	15.56	42.79	11.08	−18.16	3.21	85.85	14.15
08M97 ① -1	16.35	44.99	8.90	−19.13	3.21	93.34	6.66

注：本表测试值按照蔡莲珍和仇士华先生提供的计算公式[4]得出。

［1］ Ambrose S. H., Butler B. M., Hanson D. B., et al., Stable isotopic analysis of human diet in the Marianas Archipelago, Western pacific. *American Journal of Physical Anthropology*, 1997, 104:343–361.

［2］ DeNiro M. J., Post-mortem preservation of alteration of in vivo bone collagen isotope ratios in relation to palaeodietary reconstruction, *Nature*, 1985, 317:806–809.

［3］ Van Klinken, G. J., Bone Collagen Quality Indicators for Palaeodietary and Radiocarbon Measurements, *Journal of Archaeological Science*, 1999, 26:687–695.

［4］ 蔡莲珍、仇士华：《碳十三测定和古代食谱研究》，《考古》1984 年第 10 期。

2. 结果与讨论

由表 2 可知，所有样品的 $\delta^{13}C$ 值在 –19.33‰ ~–18.16‰，C_3 类食物所占比例约为 85.85%~94.87%，表明金莲山古代滇人的植物性食物摄入中以 C_3 类植物为主，而 C_4 类植物所占比重则相对较少，仅占 5.13%~14.15%。

N 在不同营养级之间存在着同位素的富集现象，按营养级的上升，每上升一级，大约富集了 3‰~4‰，即食草类动物骨胶原中的 $\delta^{15}N$ 比其所吃食物富集 3‰~4‰，以食草类动物为食的食肉类动物又比食草类动物富集 3‰~4‰[1]。其中食草类动物的 $\delta^{15}N$ 值大约为 3‰~7‰，一级食肉类动物以及各种鱼类 $\delta^{15}N$ 值一般要高于 10‰，杂食动物 $\delta^{15}N$ 值则在 7‰~9‰。因此，根据 $\delta^{15}N$ 值，我们大体可以推断先民所处的营养级状态，金莲山古滇人骨骼中的 $\delta^{15}N$ 值为 8.84‰~11.39‰，平均值为 9.82‰，表明其生前的食物结构中动物性食物的摄入占有较大的比例。

三、结论与讨论

通过对金莲山墓地滇国居民骨骼中 $\delta^{13}C$ 和 $\delta^{15}N$ 的比值测定，我们对古代滇人的饮食结构有了一个大致的认识，得出了以下几点结论。

（1）金莲山滇国居民的饮食结构中，肉类食物在食物结构中占有很大的比例。暗示当时的饲养业在经济生活中占据的重要地位。文献的相关记载表明，古代滇人的畜牧业是十分发达的，《史记·西南夷列传》和《汉书·西南夷传》载，始元年间，遣军正王平与大鸿胪田广明等并进，大破益州，获畜产十余万。考古学者对在石寨山、李家山出土文物上的动物图案分析研究表明：青铜时代的滇人在家畜的饲养方面已经是六畜俱全，这一时期最重要的家畜是牛、马、羊，其次是狗、猪、鸡[2]，发达的家畜饲养业为古代滇人提供了主要肉食资源，各种肉类食物的摄入导致了金莲山滇人骨骼中的 $\delta^{15}N$ 比值处于较高水平。此外，在从滇文化遗址当中出土的陂池模型分析，滇人已会利用水池和稻田养鱼，并且滇人已开始驯养水鸟为人捕鱼[3]，可见，鱼类等水产品为滇人提供了重要的副食品来源，而丰富的水产品的摄入也是造成金莲山滇人骨骼中 $\delta^{15}N$ 值偏高的一个重要因素。

（2）金莲山滇国居民在植物类食物的摄入中以 C_3 类植物所占比例较高，所占的比例高达 85.85%~94.87%，而 C_4 类植物所占的比例则相对较少，仅占 5.13%~14.15%。云南一直以来是研究中国栽培稻起源的重要地区，从目前考古发现的植物遗存来看，云南在距今 4000 年前，就已经开始栽培水稻，最初的栽培稻是粳稻。新石器时代滇池地区的贝丘遗址、宾川白羊村遗址、元谋大墩子遗址都发现有稻谷，其中滇池地区遗址群出土了大量的泥质红陶，在制作陶器时往往用稻穗、稻壳作垫子，陶器上普遍留下了稻穗和稻壳的印痕，甚至还发现整粒的稻壳，经鉴定，这些稻谷是粳稻[4]；宾川

---

[1] Bocherens H., Fizet M., Mariotti A., Diet, physiology and ecology of fossil mammals as inferred from stable carbon and nitrogen isotope biogeochemistry: implications for Pleistocene bears, *Paleogeograpgy, Paleoclimatology,Paleoecology*, 1994, 107:215–225.

[2] 张兴永：《云南春秋战国时期的畜牧业》，《农业考古》1989 年第 1 期。

[3] 萧明华：《青铜时代滇人的农牧业》，《农业考古》1997 年第 1 期。

[4] 诸宝楚：《云南水稻栽培的起源问题》，《学术研究》1962 年第 4 期。

白羊村遗址的窖穴中"填土松软，内含灰白色的粮食粉末与稻壳、稻秆痕迹"[1]；元谋大墩子新石器时代遗址 K7 出土的陶罐内发现大量的谷类炭化物。经中国科学院植物研究所鉴定，罐内的谷类炭化物是粳稻[2]。此外，在铜石并用时代的剑川海门口遗址出土有带芒的稻穗、麦穗、稗穗，稻穗经鉴定也是粳稻[3]。

云南地区青铜时代的考古发现表明，战国秦汉时期的滇池地区，农业是主要经济部门，而主要的农作物是稻谷[4]。总之，稻谷是云南地区已知时代最古老、种植最为普遍的农作物之一。稻谷属于 C_3 类植物，我们推测金莲山古代滇人食物结构中的 C_3 类植物很有可能来源于水稻，而稳定同位素的分析结果表明，C_4 类植物在滇人的食物结构中所占比重较小，可见，水稻应该是古代滇人的主要口粮之一。

（3）本文利用人骨的稳定同位素分析法进行研究，提取到了金莲山古滇国居民的生存环境和食物结构的第一手基础资料，开拓了古代滇人经济模式研究的新途径。必须指出的是，由于本文分析的样品只占整个金莲山墓地出土人骨的一小部分，目前还不能对整个墓地古代滇人的食物结构进行全面的复原。而要深入认识和分析云南古代民族的经济形态，还需要更多的不同地区、不同时段的古代居民人骨稳定同位素测定值的积累，但我们相信，以此为契机，更多地利用人类骨骼的化学元素分析（包括稳定同位素分析和化学元素分析），将会实现对云南古代民族经济形态的更加全面的认识和复原。

附记：本文的人骨标本由云南省文物考古研究所蒋志龙先生提供。本项研究得到了国家基础科学人才培养基金项目（J0030094）、国家社会科学基金项目（10BKG006）、2009 年度吉林大学基本科研业务费资助项目（2008JC004）的支持。在文章的写作过程中吉林大学边疆考古研究中心的朱泓先生、冯恩学先生、吴敬博士提出了宝贵的意见，在此一并致以最衷心的感谢。

（原载《考古》2011 年第 1 期）

［1］云南省博物馆：《云南宾川白羊村遗址》，《考古学报》1981 年第 3 期。

［2］云南省博物馆：《元谋大墩子新石器时代遗址》，《考古学报》1977 年第 1 期。

［3］诸宝楚：《云南水稻栽培的起源问题》，《学术研究》1962 年第 4 期。

［4］汪宁生：《云南考古》，云南人民出版社，1992 年。

附录三

云南澄江金莲山墓地人骨碳 –14 年代数据表

北京大学加速器质谱实验室第四纪年代实验室

Lab 编号	样品	样品原编号	出土地点	碳 –14 年代（BP）	树轮校正后年代	
BA091204	人骨	2008CJM5		2130±25	200BC（68.2%）110BC	350BC（7.5%）310BC 210BC（87.9%）50BC
BA091205	肢骨	2008CJM8②–1	1 号个体	2285±35	400BC（49.3%）350BC 280BC（18.9%）230BC	410BC（54.0%）340BC 310BC（41.4%）200BC
BA091206	肢骨	2008CJM8③		2140±40	350BC（13.6%）310BC 210BC（54.6%）100BC	360BC（22.6%）280BC 260BC（72.8%）40BC
BA091207	肢骨	2008CJM10	2 号个体	2040±40	110BC（68.2%）20AD	170BC（95.4%）60AD
BA091208	肢骨	2008CJM17①	单人葬	2310±45	410BC（51.3%）350BC 290BC（16.9%）230BC	510BC（64.3%）340BC 320BC（31.1%）200BC
BA091209	人骨	2008CJM19①	北侧上部	2115±40	200BC（64.3%）90BC 70BC（3.9%）60BC	360BC（8.8%）290BC 210BC（86.6%）30BC
BA091210	肢骨	2008CJM43	2 号人骨（二次葬）	1695±40	260AD（12.3%）290AD 320AD（55.9%）410AD	240AD（95.4%）430AD
BA091211–1	肢骨	2008CJM44②	2 号、7 号个体	2240±40	390BC（19.7%）350BC 300BC（48.5%）210BC	400BC（95.4%）200BC
BA091211–2	肢骨	2008CJM44②	2 号、7 号个体	1995±30	40BC（59.5%）30AD 35AD（8.7%）50AD	60BC（95.4%）80AD
BA091212–1	肢骨	2008CJM52	1 号、2 号个体	1805±30	40BC（59.5%）30AD 35AD（8.7%）50AD	60BC（95.4%）80AD
BA091212–2	肢骨	2008CJM52	1 号、2 号个体	2240±35	390BC（20.0%）350BC 300BC（48.2%）210BC	400BC（27.1%）340BC 330BC（68.3%）200BC
BA091213–1	肢骨	2008CJM53	1 号、3 号个体	1920±40	390BC（20.0%）350BC 300BC（48.2%）210BC	400BC（27.1%）340BC 330BC（68.3%）200BC
BA091213–2	肢骨	2008CJM53	1 号、3 号个体	2175±30	360BC（43.1%）290BC 230BC（25.1%）180BC	370BC（94.2%）160BC 130BC（1.2%）110BC
BA091214	肢骨	2008CJM56②	单人葬，头骨缺失	2135±20	205BC（53.0%）155BC 135BC（15.2%）110BC	350BC（8.9%）310BC 210BC（86.5%）90BC

续表

Lab 编号	样品	样品原编号	出土地点	碳 -14 年代（BP）	树轮校正后年代	
BA091215	肢骨	2008CJM60①	一幼儿个体	2260±30	390BC（31.3%）350BC 290BC（36.9%）230BC	400BC（38.5%）340BC 320BC（56.9%）200BC
BA091216	肢骨	2008CJM69④	二次葬	1765±40	220AD（68.2%）340AD	130AD（95.4%）390AD
BA091217	肢骨	2008CJM69⑤	二次葬	2190±40	360BC（42.0%）280BC 260BC（26.2%）190BC	390BC（95.4%）160BC
BA091218	肢骨	2008CJM69⑥	二次葬	2290±45	410BC（42.3%）350BC 290BC（25.9%）230BC	410BC（48.1%）340BC 330BC（47.3%）200BC
BA091219	肢骨	2008CJM69⑦	二次葬	2075±40	170BC（18.8%）130BC 120BC（49.4%）40BC	200BC（95.4%）20AD
BA091220	头骨	2008CJM70	仰直	1775±40	170AD（4.5%）190AD 210AD（63.7%）340AD	130AD（95.4%）380AD
BA091221-1	肢骨	2008CJM72	1号、2号个体	样品无法满足实验需要		
BA091221-2	肢骨	2008CJM72	1号、2号个体	2115±45	200BC（68.2%）50BC	360BC（11.1%）280BC 240BC（84.3%）20BC
BA091222	肢骨	2008CJM74①	2号个体	2225±50	380BC（12.7%）340BC 320BC（55.5%）200BC	400BC（95.4%）170BC
BA091223	肢骨	2008CJM74②	表层肢骨	2070±45	170BC（68.2%）40BC	200BC（95.4%）30AD
BA091224	肢骨	2008CJM74 - 腰坑		2160±80	360BC（25.1%）270BC 260BC（43.1%）100BC	400BC（95.4%）20BC
BA091225	肢骨	2008CJM83	幼儿，仰直	2265±30	400BC（37.5%）350BC 290BC（30.7%）230BC	400BC（42.6%）340BC 310BC（52.8%）200BC
BA091226-1	肢骨	2008CJM87	1号个体下压的个体	2230±40	380BC（15.0%）350BC 300BC（53.2%）200BC	390BC（95.4%）200BC
BA091226-2	肢骨	2008CJM87	1号个体下压的个体	2390±50	710BC（1.7%）690BC 540BC（66.5%）390BC	760BC（14.4%）680BC 670BC（5.4%）610BC 600BC（75.6%）380BC
BA091227	肢骨	2008CJM87 腰坑①	二次葬	1815±50	120AD（68.2%）260AD	70AD（95.4%）340AD
BA091228	肢骨	2008CJM87 腰坑②	二次葬	2625±40	830BC（68.2%）780BC	900BC（93.7%）760BC 690BC（1.7%）670BC
BA091229	肢骨	2008CJM87 腰坑③	二次葬	2360±50	520BC（68.2%）380BC	750BC（93.9%）350BC 300BC（1.5%）200BC
BA091230-1	肢骨	2008CJM88①	1号、2号个体	2130±30	205BC（68.2%）105BC	350BC（10.9%）300BC 210BC（84.5%）50BC
BA091230-2	肢骨	2008CJM88①	1号、2号个体	2260±30	390BC（31.3%）350BC 290BC（36.9%）230BC	400BC（38.5%）340BC 320BC（56.9%）200BC

续表

Lab 编号	样品	样品原编号	出土地点	碳 -14 年代（BP）	树轮校正后年代	
BA091231-1	肢骨	2008CJM95	1 号、2 号个体	1710 ± 50	250AD（68.2%）400AD	210AD（95.4%）440AD
BA091231-2	肢骨	2008CJM95	1 号、2 号个体	2125 ± 30	200BC（68.2%）100BC	350BC（7.0%）310BC 210BC（88.4%）50BC
BA091232	肢骨	2008CJM96	2 号个体	1890 ± 50	60AD（60.7%）180AD 190AD（7.5%）220AD	AD（95.4%）240AD
BA091233	肢骨	2008CJM97①	二次葬	2080 ± 30	160BC（16.0%）130BC 120BC（52.2%）40BC	200BC（94.3%）20BC 10BC（1.1%）AD
BA091234	肢骨	2008CJM97②	1 号、5 号个体	2090 ± 50	180BC（68.2%）40BC	350BC（4.9%）300BC 210BC（90.5%）30AD
BA091235-1	肢骨	2008CJM97③	5 号、6 号个体	样品无法满足实验需要		
BA091235-2	肢骨	2008CJM97③	5 号、6 号个体	2335 ± 40	490BC（8.8%）460BC 450BC（3.0%）430BC 420BC（56.4%）360BC	540BC（88.5%）350BC 290BC（6.9%）230BC
BA091236	肢骨	2008CJM97④	二次葬	2370 ± 50	520BC（68.2%）380BC	750BC（10.9%）680BC 670BC（3.1%）630BC 600BC（81.3%）360BC
BA091237	肢骨	2008CJM97⑤	二次葬	2250 ± 50	390BC（23.0%）350BC 300BC（45.2%）210BC	400BC（95.4%）200BC
BA091238	肢骨	2008CJM97⑥	二次葬	2310 ± 50	410BC（45.3%）350BC 290BC（22.9%）230BC	520BC（61.6%）340BC 330BC（33.8%）200BC
BA091239-1	肢骨	2008CJM106	1 号、3 号、5 号个体	2170 ± 30	360BC（40.3%）290BC 230BC（4.0%）220BC 210BC（23.8%）170BC	370BC（92.6%）150BC 140BC（2.8%）110BC
BA091239-2	肢骨	2008CJM106	1 号、3 号、5 号个体	样品无法满足实验需要		
BA091239-3	肢骨	2008CJM106	1 号、3 号、5 号个体	1815 ± 50	120AD（68.2%）260AD	70AD（95.4%）340AD
BA091240	肢骨	2008CJM107	仰直、单人	样品无法满足实验需要		
BA091241	肢骨	2008CJM111	怀有婴儿	1760 ± 35	230AD（68.2%）340AD	130AD（95.4%）390AD
BA091242	肢骨	2008CJM113②	2 号个体	2180 ± 30	360BC（44.7%）280BC 240BC（23.5%）190BC	370BC（95.4%）160BC
BA091243-1	肢骨	2008CJM155	1 号个体及其他	2345 ± 45	490BC（11.2%）460BC 450BC（3.7%）430BC 420BC（53.3%）380BC	540BC（95.4%）360BC
BA091243-2	肢骨	2008CJM155	1 号个体及其他	2340 ± 25	405BC（68.2%）385BC	510BC（7.4%）430BC 420BC（88.0%）370BC

续表

Lab 编号	样品	样品原编号	出土地点	碳 -14 年代（BP）	树轮校正后年代	
BA091244-1	肢骨	2008CJM166	1 号、2 号个体	2990 ± 25	1300BC（64.0%）1190BC 1150BC（4.2%）1130BC	1370BC（1.0%）1350BC 1320BC（94.4%）1120BC
BA091244-2	肢骨	2008CJM166	1 号、2 号个体	2360 ± 25	485BC（11.3%）460BC 450BC（0.7%）440BC 415BC（56.2%）385BC	520BC（95.4%）380BC
BA091245-1	肢骨	2008CJM174	1 号个体	2275 ± 25	400BC（52.9%）350BC 280BC（15.3%）250BC	400BC（57.8%）350BC 300BC（37.6%）210BC
BA091245-2	肢骨	2008CJM174	1 号个体	2295 ± 25	400BC（68.2%）365BC	410BC（78.6%）350BC 290BC（16.8%）230BC
BA091246	肢骨	2008CJM184①	仰直	1915 ± 30	60AD（68.2%）125AD （95.4%）	150AD（1.3%）170AD 190AD（1.3%）210AD
BA091247	肢骨	2008CJM184②	二次葬	2490 ± 35	770BC（13.4%）720BC 700BC（54.8%）540BC	780BC（91.6%）480BC 470BC（3.8%）410BC
BA091248	肢骨	2008CJM184③	二次葬	2340 ± 25	405BC（68.2%）385BC	510BC（7.4%）430BC 420BC（88.0%）370BC
BA091249	肢骨	2008CJM192	二次葬	2040 ± 45	110BC（68.2%）20AD	180BC（95.4%）60AD
BA091250	肢骨	2008CJM193	仰直、单人	1470 ± 35	565AD（68.2%）635AD	530AD（95.4%）650AD
BA091251	肢骨	2008CJM199	幼儿 2 具，2 号个体	2500 ± 25	770BC（9.1%）740BC 690BC（7.0%）660BC 650BC（52.2%）550BC	780BC（95.4%）520BC
BA091252	肢骨	2008CJM200①	二次葬	2325 ± 30	410BC（68.2%）380BC	490BC（3.3%）430BC 420BC（87.9%）350BC 290BC（4.2%）230BC
BA091253	肢骨	2008CJM200②	二次葬	2355 ± 25	480BC（5.6%）465BC 415BC（62.6%）385BC	510BC（95.4%）380BC
BA091254	肢骨	2008CJM200③	二次葬	2150 ± 40	350BC（23.6%）290BC 230BC（1.4%）220BC 210BC（43.1%）110BC	360BC（29.9%）270BC 260BC（65.5%）50BC
BA091255	肢骨	2008CJM206②	合葬，2 号个体	2260 ± 25	390BC（36.5%）350BC 290BC（31.7%）230BC	400BC（42.2%）340BC 310BC（53.2%）200BC
BA091256	肢骨	2008CJM206③	二次葬	2275 ± 40	400BC（35.8%）350BC 290BC（32.4%）230BC	410BC（42.6%）340BC 320BC（52.8%）200BC
BA091257	肢骨	2008CJM206④	二次葬	样品无法满足实验需要		
BA091258	肢骨	2008CJM210①	合葬，1 号个体	2355 ± 30	485BC（13.2%）460BC 450BC（4.3%）435BC 420BC（50.7%）385BC	520BC（95.4%）380BC

续表

Lab 编号	样品	样品原编号	出土地点	碳-14年代（BP）	树轮校正后年代	
BA091259	肢骨	2008CJM210②	合葬，3 号个体	2245±25	390BC（23.6%）350BC 290BC（44.6%）230BC	390BC（29.9%）340BC 320BC（65.5%）200BC
BA091260-1	肢骨	2008CJM210③	合葬，1 号、3 号个体	2315±40	410BC（61.7%）350BC 280BC（6.5%）250BC	510BC（73.5%）340BC 300BC（21.9%）200BC
BA091260-2	肢骨	2008CJM210③	合葬，1 号、3 号个体	2180±35	360BC（41.2%）280BC 240BC（27.0%）180BC	380BC（93.8%）160BC 140BC（1.6%）110BC
BA091261	肢骨	2008CJM240	幼儿	2890±35	1130BC（68.2%）1010BC	1210BC（93.8%）970BC 960BC（1.6%）940BC
BA091262	肢骨	2008CJM251	仰直、单人	2790±40	1130BC（68.2%）1010BC	1210BC（93.8%）970BC 960BC（1.6%）940BC
BA091263	肢骨	2008CJM267①	合葬、仰直	2470±30	760BC（25.6%）680BC 670BC（15.1%）610BC 600BC（27.5%）510BC	770BC（87.0%）480BC 470BC（8.4%）410BC
BA091312	人骨	2008YCJM26		2340±25	405BC（68.2%）385BC	510BC（7.4%）430BC 420BC（88.0%）370BC
BA091313	人骨	2008YCJM36③		2465±25	750BC（27.4%）680BC 670BC（11.4%）630BC 620BC（0.8%）610BC 600BC（28.5%）510BC	760BC（29.6%）680BC 670BC（56.9%）480BC 470BC（8.8%）410BC
BA091314	人骨	2008YCJM57		2255±20	390BC（36.5%）350BC 290BC（31.7%）230BC	400BC（41.4%）350BC 300BC（54.0%）200BC
BA091315	人骨	2008YCJM77②		2265±40	400BC（31.8%）350BC 290BC（36.4%）230BC	400BC（37.1%）340BC 330BC（58.3%）200BC
BA091316	人骨	2008YCJM86		3160±25	1490BC（5.9%）1480BC 1455BC（62.3%）1410BC	1495BC（95.4%）1395BC
BA091317	人骨	2008YCJM122②		2345±25	410BC（68.2%）390BC	510BC（12.5%）430BC 420BC（82.9%）370BC

注：所用碳-14半衰期为5568年，BP 为距1950年的年代。

　　样品无法满足实验需要，即有如下原因：送测样品无测量物质；样品成分无法满足制样需要；样品中碳含量不能满足测量需要。

　　树轮校正所用曲线为 IntCal 04（1），所用程序为 OxCal v3.10（2）。

1. Reimer PJ, MGL Baillie, E Bard, A Bayliss, JW Beck, C Bertrand, PG Blackwell, CE Buck, G Burr, KB Cutler, PE Damon, RL Edwards, RG Fairbanks, M Friedrich, TP Guilderson, KA Hughen, B Kromer, FG McCormac, S Manning, C Bronk Ramsey, RW WReimer,S Remmele, JR Southon, M Stuiver, S Talamo, FW Taylor,J van der Plicht, and CE Weyhemmeyer. 2004 *Radiocarbon* 46:1029-1058.

2. Christopher Bronk Ramsey 2005, www.rlaha.ox.ac.uk/orau/oxcal.html.

云南澄江金莲山墓地人群线粒体古 DNA 检测报告

中国科学院古脊椎动物与古人类研究所

一、古 DNA 测定结果

金莲山墓地位于云南省澄江市右所镇旧城村东南，是一处重要的石寨山文化墓地，大致涵盖了战国至东汉时期石寨山文化的时代特征。

金莲山墓地古人群样品共获得 38 例，通过古 DNA 样品处理、提取、建库、捕获和测序等步骤，获得 29 例样本的古线粒体基因组数据[1]，包括 9 例女性个体、18 例男性个体和 2 例未知性别个体（表一）。在 29 例古线粒体基因组数据中，所有样本均具有明显的古 DNA 特征，有 1 例样本（M73-1）表现出较高的线粒体污染情况，因此后续分析中仅筛选并保留具有古 DNA 特征损伤的部分进行后续分析。

表一　金莲山墓地古代样本文库、质控信息表

个体编号	性别	线粒体覆盖度	线粒体污染度 %	C→T%	线粒体单倍型	是否用于线粒体分析
M15-2	女	54	0.6	0.48	F1a1a*3	是
M15-4-3	男	48	0.6	0.52	R	是
M15-4-4	男	79	0.7	0.48	M75	是
M15-4-6	女	76	2.3	0.51	M75	是
M15-4-7	女	461	1.7	0.43	M20*	是
M15-4-8	男	81	0.7	0.55	M75	否（母系亲缘关系）
M15-4-9	男	191	1.1	0.52	M75	否（母系亲缘关系）
M15-5-5	男	222	0.2	0.47	F1a3	是
M15-5	男	226	1	0.53	M75	是

[1] Xinyu Wei, Ming Zhang, Rui Min, et al., Neolithic to Bronze Age human maternal genetic history in Yunnan, China. *Journal of Genetics and Genomics*, 2024. DOI: 10.1016/j.jgg.2024.09.013.

续表一

个体编号	性别	线粒体覆盖度	线粒体污染度%	C→T%	线粒体单倍型	是否用于线粒体分析
M15-5-1	女	127	0.9	0.46	F1a3	是
M22	未知	57	1.8	0.58	M75	是
M29-2	男	42	0.1	0.54	Z3a	否（母系亲缘关系）
M29-2-1	女	53	0.1	0.49	Z3a	是
M29-2-4	女	241	1.8	0.44	Z3a	是
M29-4-1	未知	111	3.9	0.56	M20*	是
M29-4-2	女	56	0	0.54	Z3a	是
M29-4-3	男	262	1.9	0.46	M20*	是
M29-4-4	女	163	3	0.53	Z3a	是
M29-4-5	男	121	1.6	0.47	M20*	是
M30-1-2	男	72	0.1	0.60	F1a4a1	是
M30-3	男	76	0.2	0.51	F1a4a1	是
M32-2-1	男	100	1.1	0.43	F1g	是
M62	男	177	0.6	0.53	F1a1d	是
M63	男	180	0	0.53	N9a6	是
M67-1	男	81	0.5	0.53	D4b2b4	是
M67-2	女	252	1.7	0.45	F1c1a2	是
M73-1	男	21	6.5	0.66	F2b1	是
M75-2-1	男	141	0.5	0.46	A17	是
M75-4-1	男	139	2.2	0.41	F2	是
M29-4						否
M11-2						否
M29-1						否
M29-5-1			9 例个体未成功测序，因此未进行线粒体基因组分析				否
M29-5-2						否
M75-3-1						否
M56-2-1						否
M75-3-2						否
M11-4-3						否

注：个体 M73-1 的线粒体污染值和 C→T% 为古 DNA 特征限制处理前的结果，线粒体覆盖度、单倍型均为古 DNA 特征限制处理后的结果。

二、古 DNA 分析结论

首先，我们对 29 例个体进行了线粒体基因组序列比对，发现 2 组样品具有相同的线粒体基因组序列（M15-4-8、M15-5、M15-4-9 和 M29-2、M29-4-2）。为了避免母系亲属关系带来的计算偏差，在后续线粒体基因组分析中，选择质量较好的 M15-5 和 M29-4-2 个体，排除 M15-4-8、M15-4-9 和 M29-2 个体。共有 26 个个体的线粒体基因组序列进入分析（见表一）。

通过对 26 例金莲山墓地个体的线粒体基因组进行单倍型分析发现，其线粒体单倍型涵盖 A17、D4b2b4、F1a1a、F1a1d、F1a3、F1a4a1、F1c1a2、F1g、F2、F2b1、M20*、M75、N9a6、R 和 Z3a（见表一）。进一步与已经发表的古代和现今人群线粒体基因组数据对比发现，大部分单倍型（F1a1、F1a4、F1c1、F1g、M20* 和 R）主要分布在现今中国南方和东南亚人群中；单倍型 F1a3 和 M75 主要分布在现今中国南方和东南亚人群中，在其他古代人群中未见分布；少部分亚单倍群（A17、D4、F2 和 Z3）主要分布在古代和现代中国北方人群中。主成分判别分析也发现，金莲山墓地人群与古代和现代的中国南方、东南亚人群聚集一起。这些结果体现了云南金莲山墓地古代人群与中国南方、东南亚古代和现代人群之间的母系遗传联系。

此外，研究也进一步结合合葬墓样本的线粒体基因组数据对样本间母系遗传关系进行分析。在合葬墓 M15 的 10 例样本中，有 5 个个体的单倍群均为 M75，3 个个体的单倍群为 F1a。在合葬墓 M29 的 8 例个体中，5 个个体的线粒体单倍群为 Z3a，3 个个体的线粒体单倍型为 M20*。在合葬墓 M30 的墓葬采集到的 2 例样本也均共享相同的线粒体单倍群 F1a4a1。这反映出金莲山合葬墓内个体之间可能存在相对紧密的母系遗传联系。

综上所述，初步分析结果表明，金莲山墓地古代人群与中国南方和东南亚古代和现今人群具有较近的母系遗传联系。此外，相同墓葬个体可能存在相对较近的母系遗传联系。

本研究为金莲山墓地古人群之间的母系遗传关系以及与周边人群的遗传联系提供了理论线索。但由于缺乏更多同时期中国南方其他地区、东南亚的样本，还需进一步研究来验证云南和相关人群之间的遗传交流。同时，线粒体研究无法解答祖先成分等更为细节的遗传历史问题，期待金莲山墓地人群进一步的核基因组研究，能够为解答这些问题提供更深层次的遗传学线索。

后 记

　　《澄江金莲山》要出版了，心里思绪难平，往日的发掘时光时时浮现在眼前，这是我职业生涯中碰到的最为复杂的墓地，但也是收获最大的一个考古发掘项目。

　　2006年初夏的一天，我在晋宁整理西山天子庙发掘资料的间歇，应玉溪市文物管理所所长杨杰先生的邀请，到澄江金莲山墓地发掘现场参观，时近正午，炽热的阳光炙烤着大地，满山的盗洞和裸露的人骨给我留下了深刻的印象。在此之前，我虽清理过个旧黑马井古墓群（1994年）、晋宁石寨山古墓群（1996年）、重庆万州老棺丘墓地（2001~2002年）和会泽水城古墓群（2002~2004年），但墓葬中保存有这么多的人骨还是头一次碰见。

　　2007年，我接手金莲山墓地的发掘工作。发掘之前，在征得时任云南省文物考古研究所所长杨德聪先生的同意后，我们聘请陕西龙腾勘探有限公司对金莲山墓地进行考古钻探。勘探取得了圆满的成功。考古钻探表明：金莲山除西坡和南坡因为山势太陡而没有墓葬外，其余区域均有墓葬分布。这是云南第一次在墓地发掘之前，通过考古钻探摸清墓地的墓葬分布情况。这是继2002~2004年会泽水城墓地发掘之后，云南又一个系统对墓葬进行钻探的墓地。

　　2008年，我们正式开始了对金莲山墓地的发掘工作。在发掘之前，我们虽做了充分的准备，但发掘现场遗迹现象的复杂程度还是我始料未及的。首先碰到的一个问题是遗迹现象的辨识，金莲山墓地的土壤颜色极难辨认（墓坑挖在基岩中的墓葬除外），通常都是发现人骨了再去找墓圹，再加上遍地的盗洞，满目疮痍（几乎没有一块地方是完整的、没有被盗过的，我们在绘制总平面图时，为了不影响观看，尽量省去了盗洞，不然，整张图都是密密麻麻的盗洞），更是让田野发掘难度加大；第二个问题是，单人葬和合葬、叠肢（叠层葬）中的死者，他们是男是女？他们之间是什么关系？为了解决这些现实的问题，我们除了仔细刮面、反复观察和分析外，别无他法。为了弄清楚墓葬中人的性别，我给母校吉林大学考古学系的朱泓教授打电话，希望他给予支持，朱老师很快就派他的第二个博士、已经在中山大学任教的李法军老师前来工地，对发掘的墓葬人骨进行体质人类学的现场鉴定，此后，由于李法军教授赴瑞士研学，吉林大学的魏东副教授、张林虎老师、Christe Lee副教授和南京大学的张敬雷教授等先后前来发掘工地进行现场人骨鉴定，一直到发掘结束。这样，我们便清楚地知道，埋葬在各个墓葬中的人，他们是男还是女，分别陪葬了些什么随葬品。知道哪些东西是他们生前随身佩戴的，而哪些则是埋葬时其亲人放入的。

　　随着鉴定人骨的增多，再结合对这些墓葬中出土的随葬品的观察与分析，我们逐渐总结出了哪些东西是男性墓主随葬的，哪些又是女性墓主随葬的。我称之为墓葬的性别指示器。通过现场的体质人类学鉴定，我们不仅知道墓主埋葬的先后顺序、他们的摆放体位，还知道该墓内埋葬了多少个个体。现场体质人类学鉴定远比将人骨采集回去后再进行体质人类学鉴定所得到的信息更丰富、也更有价值。这是在分析其他墓地发掘材料时有深切体会的，通过对金莲山墓地墓葬材料的分析，我们便能将以前发现的没有人骨的墓葬，根据他们随葬的物品，将他们的性别"复原"和"区分"出来。这在以前是很难办到的。

金莲山墓地墓葬的随葬品并不丰富，加上严重被盗，唯一的两个高等级墓葬都被盗一空，因此，在随葬品方面并不特别显眼，但该墓地的墓葬中保存的大量人骨，是"石寨山文化"（俗称滇文化）的宝贵财富（因为此前发掘的十余处墓地数百座墓葬几乎都没有人骨保存下来），因此，对人骨的鉴定和分析就显得尤其重要。除了想知道这些墓主的年龄、性别外，我们还希望知道这些古人到底跟我们现生的哪个民族有关（云南有众多的世居少数民族），采集了部分样本进行脱氧核糖核酸的分析，可惜，由于人骨保存太差，未能提取到古 DNA。后来，中国科学院古脊椎动物与古人类研究所的付巧妹教授团队采用新的方法和技术，对部分金莲山人骨进行分析，十分欣喜的是，她们有了一些结果。

在进行金莲山墓地发掘的同时，我又在思考另外一个问题，这么多的人埋在金莲山，他们的村落在哪里？于是产生了寻找聚落遗址的想法。这样，我们一边进行金莲山墓地的发掘，又派出一队人马在金莲山周边进行考古调查，不久，我们就发现了学山遗址，学山遗址位于金莲山的旁边，地势比金莲山低，听村民说，早年学山东北边有一条从附近山上流淌下来的水沟，常年有水，方便人们的生产生活用水。

在学山遗址发掘前，我们通过对两个地点出土的遗物分析认为金莲山和学山遗址是大体同时期的墓地遗址和聚落遗址。当时认为找到了聚落和墓地遗址的一一对应关系（后来发现它们部分是同时存在的）。基于这一来自田野考古中的认识，我们陆续在滇中地区的滇池盆地有一些新的发现，逐渐解决了长期以来"滇文化"只见墓地（墓葬），不见聚落（村落）的尴尬局面，取得了石寨山文化在聚落遗址考古发现的重大突破。

在进行金莲山墓地发掘的同时，为了提高自己的科研水平，2009 年，我考入了吉林大学研究生院（在职），师从杨建华教授，专攻先秦至两汉考古。这样，我一边发掘整理、一边完成博士课程的学习。

2010 年，我依据金莲山墓地的材料申请了国家社科基金项目，国家社科基金管理办公室通过了申请。2013 年，顺利完成了《云南澄江金莲山考古研究》项目，获评良好。

几乎在金莲山墓地发掘的同时，我们与美国密歇根大学人类学系开展的滇池东南岸的史前聚落考古调查项目得到国家文物局的批准并启动，调查取得圆满成功，这些调查成果的取得，为我们后续在滇池盆地的石寨山大遗址考古工作的启动奠定了基础。

由此，石寨山文化聚落遗址的考古发现和发掘以及研究正式提上日程，十余年后河泊所遗址群的古滇国都城、益州郡郡治以及大量封泥和简牍的重大发现（入选 2022 年中国社会科学院中国重要考古新发现，俗称"六大考古发现"），滥觞于金莲山墓地的发掘。

由金莲山墓地的发掘导致的一系列考古发现，我认为有必要在这里做一记录。

金莲山墓地的发掘，需要感谢的单位和个人很多，我在这里就不一一列举，但我首先要感谢国家文物局、云南省文物局和云南省文物考古研究所的领导对该项目和我个人长期以来的关心、支持，感谢时任国家文物局单霁翔局长、宋新潮司长亲临发掘现场指导，感谢时任云南省文物局熊正益局长，感谢时任云南省文物考古研究所杨德聪所长、刘旭副所长，玉溪市文化局雷新华副局长和文物管理所杨杰所长，澄江县文化体育局李锐局长、奚强副局长和文物管理所资培芳所长等，没有他们的支持是不可能取得这些成果的。

参加 2006 年金莲山墓地发掘的人员有：云南省文物考古研究所张新林（领队），玉溪市文物管理所杨杰、李洪海、马永昌，玉溪市博物馆吴建伟，澄江县文物体育局阮学才，江川县文物管理所杨忠德、覃生。参加 2008~2009 年金莲山墓地发掘的人员有：云南省文物考古研究所蒋志龙（领队）、周然朝、何琳珊，玉溪市文物管理所杨杰、方志红、马利辉、李永学，澄江县文物管理所资培芳、刘艳萍、毕佳、李学雁，吉林大学吴敬老师（现在上海复旦大学任教）、博士研究生陈章龙（现在山东大学任教）、硕士研究生刘辉（现在山西大学任教）、硕士研究生韦伟燕（现在中山大学任教）。参加 2008 年金莲山墓地发掘现场人骨鉴定的为中山大学李法军教授，吉林大学魏东副教授、张林虎老师（现在中国人民大学任教）、Christe Lee 老师和南京大学张敬雷教授等。执笔：蒋志龙，绘图：毕佳、郝晓菲、黄家全等，电子绘图：吉林大学林雪川等，拍照：邢毅。英文摘要由四川大学艺术学院副研究员胡听汀翻译。云南省文物考古研究所石寨山考古工作站徐欢为报告的出版做了大量的工作。感谢为金莲山墓地发掘和整理付出辛勤劳动的考古团队的每一个人，这些成果的取得是大家共同努力的结果。同时还要感谢为金莲山墓地保护奔走呼吁的退休干部张友贵，正是他的大声疾呼，金莲山墓地被盗的情况引起了各级领导的重视，也才有 2006 年金莲山墓地的抢救性发掘，感谢长期看护金莲山墓地的巡护队员村民李汝奎、赵刚和李平等。

感谢文物出版社的乔汉英编辑为本报告的编辑和出版付出的辛勤劳动。在此向所有为金莲山的发掘整理和报告出版付出心血的朋友们表示衷心的感谢！！

由于本人水平有限，在发掘和整理过程中难免存在这样或那样的问题，请大家批评指正。

蒋志龙

2024 年 5 月 7 日于云南省文物考古研究所石寨山考古工作站

ABSTRACT

Located at the east and south of Jiucheng Village in Yousuo Town, Chengjiang, Yuxi, Yunnan Province, the Jinlianshan Ancient Graveyard stands out as one of the most abundant and distinctive sites for burial customs associated with Shizhaishan Culture, also recognized as Dian Culture.

In 2006 and again during 2008-2009, the Yunnan Institute of Cultural Relics and Archaeology conducted two archaeological excavations at the site, collectively uncovering 406 tombs. The graveyard accommodates both individual and communal interments, with the most prominent burial methods being superimposed and multilayer burials. Concurrently, a series of identification analyses, including physical anthropology and ancient DNA testing, were initiated to enhance the understanding of gender, age, and kinship relationships among diverse individuals within a tomb.

The analysis of unearthed artifacts indicates that the Jinlianshan Graveyard was utilized during at least two consecutive archaeological cultures: (1) the Shiliuba Culture, broadly corresponding to the Shang dynasty through the Western Zhou dynasty; and (2) the Shizhaishan Culture, roughly contemporaneous with the Spring and Autumn period to the Han Dynasty. This chronological division implies two significant perspectives: firstly, the Jinlianshan Graveyard was systematically used across various periods; secondly, this site contributes to establishing the chronology of the bronze culture from the 17th century BCE to the 3rd century CE in central Yunnan.

In summary, the Jinlianshan graveyard provides crucial evidence for examining the social stratification of Shizhaishan Culture and the ancient Dian Kingdom. Especially, considering the scarcity of human remains at most Shizhaishan Cultural sites, this discovery is a positive indication for further exploration into ethnic issues related to this culture.

北

彩版一　金莲山墓地外景

彩版二　金莲山墓地发掘现场

1. 铜镞M2：1（T）[1]

2. 铜镞M2：2

3. 铜斧M2：5

4. 铜骹铁矛M2：4

5. 玉管M2：7

6. M4

彩版三　08M2出土器物及08M4

[1] 为行文方便，省略编号前"08"。

1. M5

2. 斧 M5：4

3. 镞 M5：2-1

4. 镞 M5：2-2

5. M9

彩版四　08M5、08M9及08M5出土铜器

1. 陶单耳罐M7：5

2. 铜镜M7：2

3. 陶纺轮M7：6

5. 绿松石扣M7：4

4. 铜釜形鼎M7：7

彩版五　08M7出土器物

1. M8第①层

5. 镞 M8③：8

2. M8第③层上部

6. 扣饰 M8③：6

3. M8第③层下部

4. 削 M8③：5

彩版六　08M8及其出土铜器

1. M10

2. 陶单耳罐M10：1

3. 陶单耳罐M10：3

4. 铜锄M10：4

彩版七　08M10及其出土器物

1. M13

3. 砺石 M14:1

4. 骨管 M16:3

2. M14

5. 陶纺轮 M16:1

6. 陶器盖 M16:2

彩版八　08M13、08M14及08M14、08M16出土器物

1. M17第①层

5. 陶侈口罐M17②：1（T）

2. M17第②层

6. M18

3. 铜镞M17①：1

4. 铜臂甲M17①：2

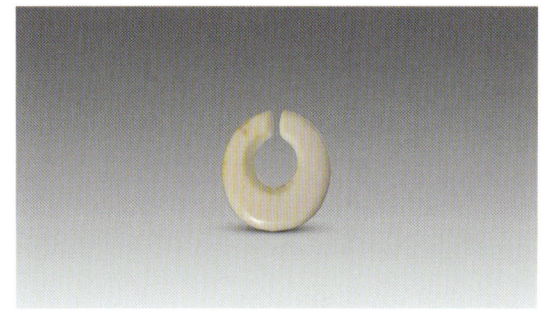

7. 玉玦M18②：1

彩版九　　08M17、08M18及其出土器物

1. 玦M22：1

2. M23

3. M24

5. 玦M26：1

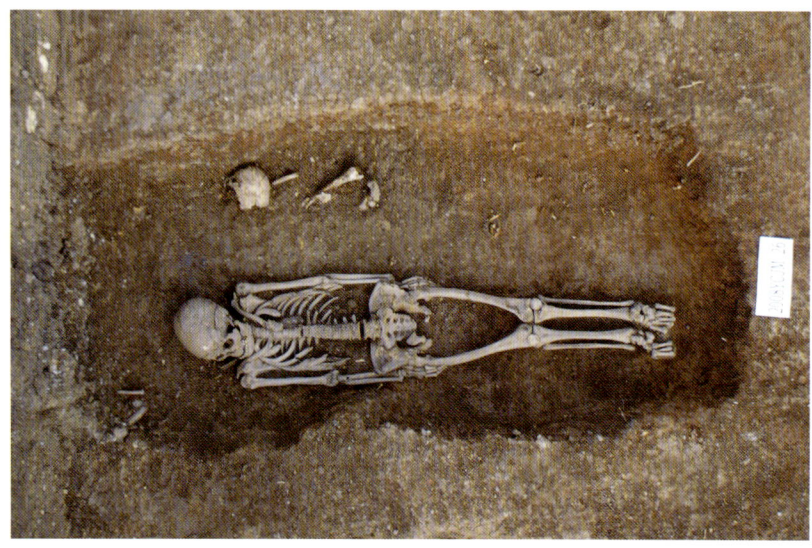

4. M26

彩版一〇　08M23、08M24、08M26及08M22、08M26出土玉器

1. M28

2. 铜镞M28：3（T）

3. 铜泡M28：6

4. 玉玦M28：2（T）

5. M29

6. 玉珠M29：1

彩版一一 08M28、08M29及其出土器物

1. M30

2. 磨制石器M30：1

3. 石范M30：2

4. M33

彩版一二　08M30、08M33及08M30出土石器

1. M31第①层

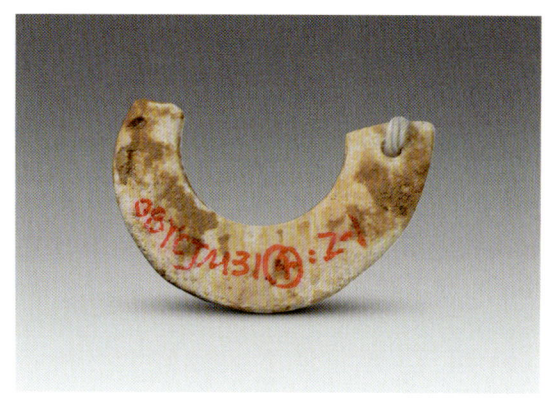

4. 玉玦M31③：2-1

2. M31第②层

5. 玉玦M31③：2-2、2-3（左→右）

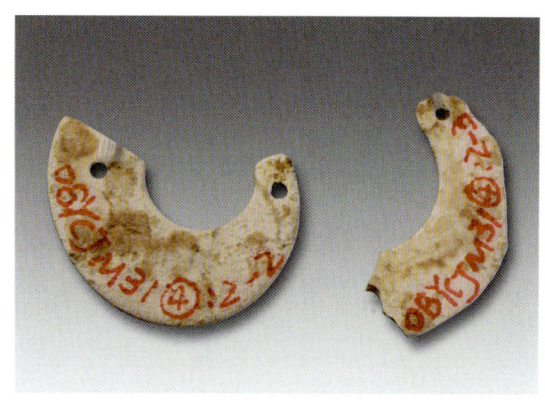

3. M31第③层

6. 玛瑙珠M31③：3

7. 孔雀石珠M31③：4

8. M36第①层

彩版一三　08M31、08M36及08M31出土器物

1. M36第②层

2. M36第③层

3. 侈口罐M36②：2

4. 侈口罐M36③：1

5. 壶M36①：3

6. 壶M36①：2

彩版一四　08M36及其出土陶器

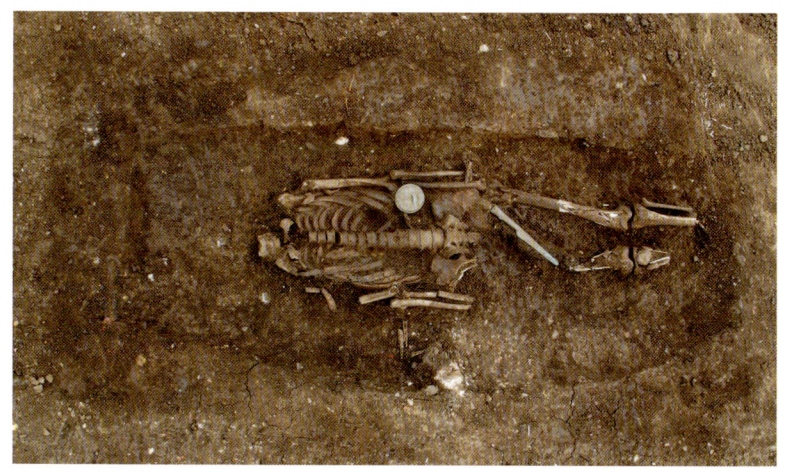

1. M39

2. 铜削M39：2

4. M43

5. 玛瑙珠M43：2-1、2-2、2-3（左→右）

3. 铜扣饰M39：1

6. 陶纺轮M43：3

彩版一五　　08M39、08M43及其出土器物

1. M44第②层

2. 五铢钱M44①：3-1、3-2（左→右）

3. 五铢钱M44②：1-1、1-2（左→右）

4. 五铢钱M44②：2-1、2-2（左→右）

5. 陶纺轮M44①：2

6. M45

彩版一六　08M44、08M45及08M44出土器物

1. M46

2. 铜镞 M46：1

3. 铜柄铁剑 M46：2

4. 铜斧 M46：3

5. 绿松石珠 M46：6

彩版一七　08M46及其出土器物

1. M52

5. 铜斧 M52：5

3. 铜镞 M52：6-1

4. 铜镞 M52：6-2

2. 铜剑 M52：1

6. 砺石 M52：7

7. 铁锥 M52：8

8. 铜骹铁矛 M52：2

彩版一八　08M52及其出土器物

1. 铁削M52：4

2. 海贝M52：9

3. M53

5. 玉玦M54：2

4. M54

彩版一九　08M53、08M54及08M52、08M54出土器物

1. 第①层　　　　　　　　2. 第②层　　　　　　　　3. 第③层

4. 第④层

彩版二〇　　08M55

1. M56第①层

2. M56第②层

3. 单耳罐M56：2

4. 纺轮M56：1

5. M57

彩版二一　08M56、08M57及08M56出土陶器

1. M58

2. M58

3. 矛M58：4

4. 镞M58：3-1

5. 镞M58：3-2

6. 剑M58：6

彩版二二　08M58及其出土铜器

1. 镞M58：3-3　　　　　　2. 镞M58：3-4　　　　　　3. 镞M58：12（T）

5. 扣饰M58：7

4. 斧M58：5　　　　　　　　　6. 扣饰M58：11（T）

彩版二三　　08M58出土铜器

1. M59

3. 镞 M59 : 2-2

2. 矛 M59 : 1

4. M61

彩版二四　08M59、08M61及08M59出土铜器

2. M60第①层

1. M116第①层、M115第①层、M60第①层、M59
（从上至下）

3. M60第②层

4. 玉管M60②：1-1

5. 陶纺轮M60②：3

彩版二五　08M60及其出土器物

1. M63第①层

3. 矛M63②：2

2. M63第②层表层

4. 泡M63②：3

5. 斧M63②：1

彩版二六　08M63及其出土铜器

1. 扣饰M63②：4

2. M64第①层

3. M64第②层

4. 扣饰M64①：8（T）

彩版二七　08M64及08M63、08M64出土铜器

1. 铜扣饰 M64②：1（T）

2. 石纺轮 M64②：5（T）

3. 小铜扣 M64①：2

4. 玛瑙珠 M64①：3

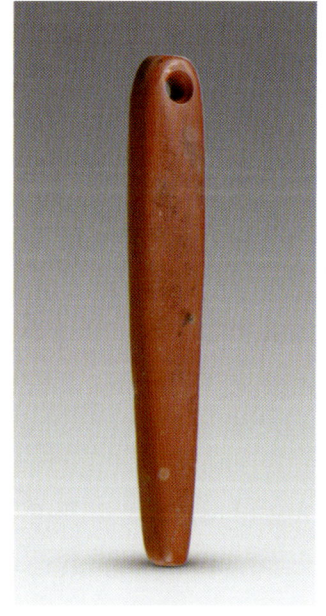

5. 砺石 M64②：3（T）

6. 骨笛 M64①：4

7. 骨针筒 M64①：5

8. 水晶 M64①：7（T）

彩版二八　08M64出土器物

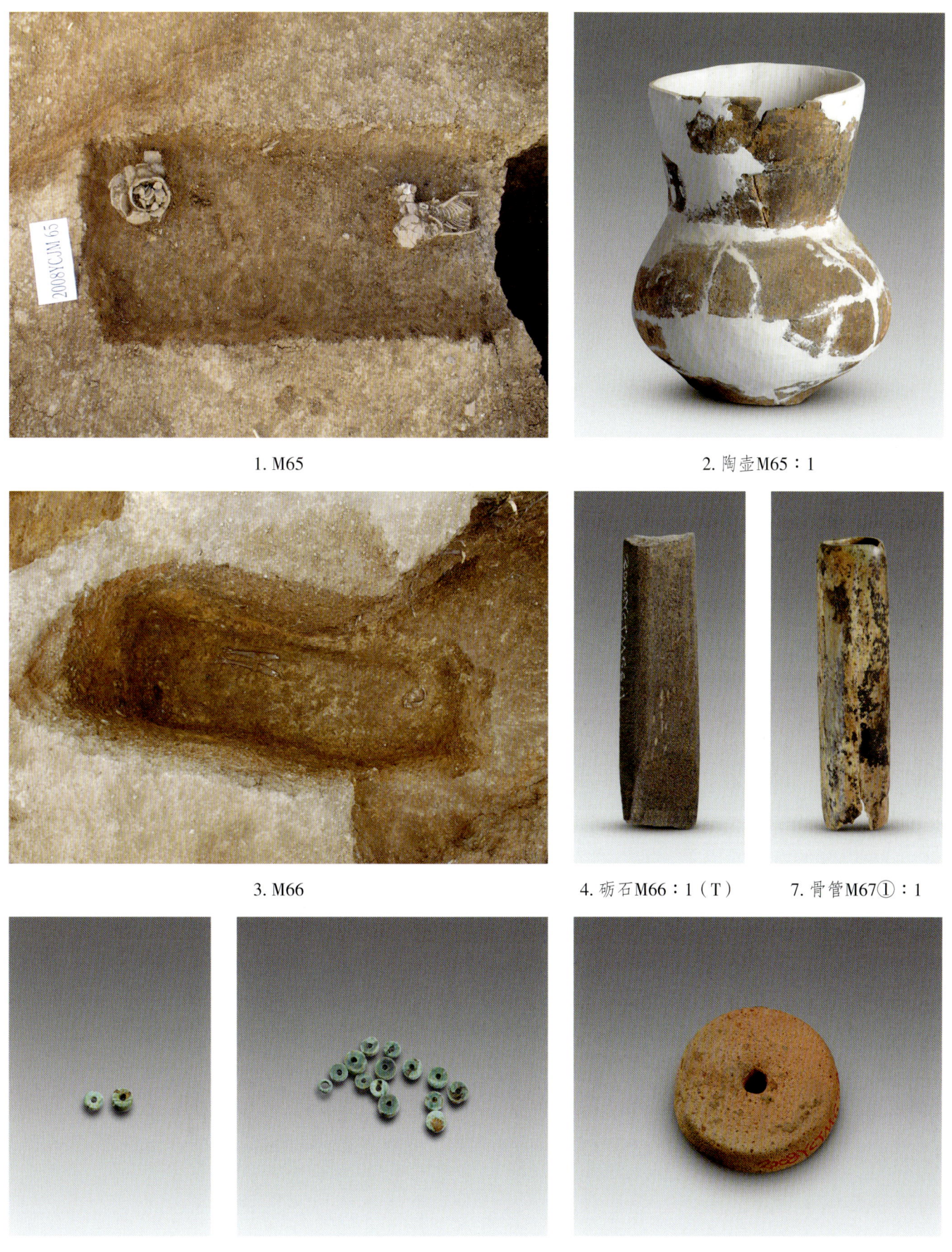

1. M65

2. 陶壶 M65：1

3. M66

4. 砺石 M66：1（T）

7. 骨管 M67①：1

5. 孔雀石珠 M67②：1

6. 孔雀石珠 M67④：1

8. 陶纺轮 M67④：2

彩版二九　08M65、08M66及08M65～08M67出土器物

1. 第①层

2. 第④层

3. 第⑤层

4. 第⑥层

彩版三〇　08M69

1. M69第⑦层

3. M69第⑧层下部

2. M69第⑧层上部

4. 铜笄M69③：7

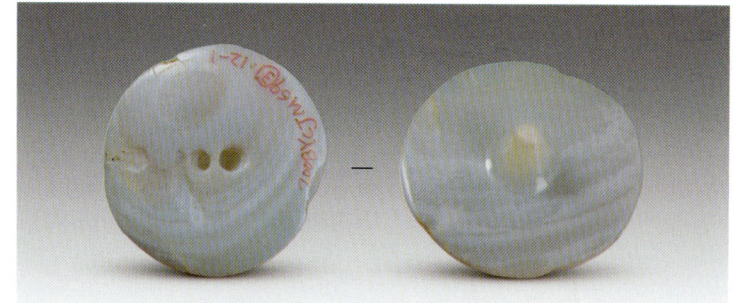

5. 玛瑙扣M69③：12-1

彩版三一　08M69及其出土器物

1. 陶纺轮M69①：1（T）

2. 玛瑙扣M69③：12-2

3. 玛瑙扣M69③：12-3

4. 绿松石扣M69③：2-1

5. 绿松石扣M69③：3-2

6. 绿松石扣M69③：3-1

7. 绿松石扣M69③：2-2

8. 绿松石珠M69③：1

9. 绿松石珠M69③：4-1

10. 绿松石珠M69③：4-2

11. 绿松石珠M69③：5

12. 绿松石珠M69③：11

13. 绿松石珠M69③：13

14. 绿松石珠M69③：15-1
（T）

15. 绿松石珠M69③：15-2
（T）

彩版三二　08M69出土器物

1. M71

2. M72

3. 矛 M72：7

4. 锥 M72：9

5. 铲 M72：10

彩版三三　08M71、08M72及08M72出土铜器

1. 铜扣饰M72：6

2. 铜笄M72：5

3. 铜钏M72：11-4

4. 铜钏M72：11-5

5. 铜钏M72：11-6

6. 铜钏M72：11-7

9. 砺石M72：12

7. 铜钏M72：11-8

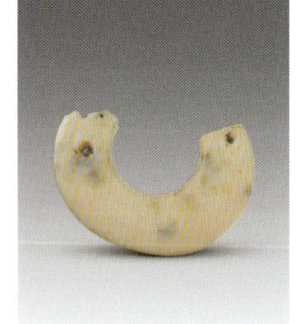

8. 玉玦M72：13

10. 玛瑙玦M72：15

1. 陶尊M72：3

2. 陶侈口罐M72：2

3. M74 第①层

4. M74第②层第1小层

彩版三五　08M74及08M72出土器物

1. M74第②层第2小层

2. M74第②层第3小层

4. 矛M74①：3

5. 斧M74①：2

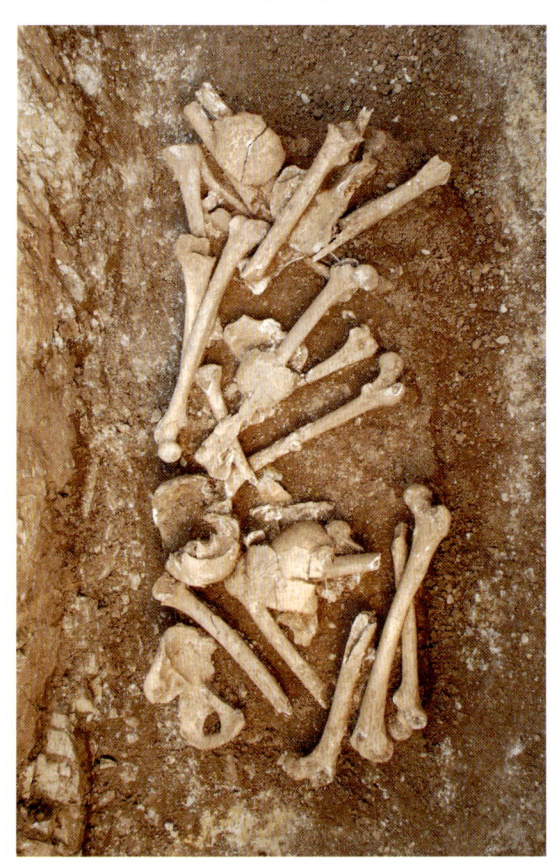

3. M74第②层第4小层

彩版三六　08M74及其出土铜器

1. 铜镞M74①：5

2. 砺石M74①：12

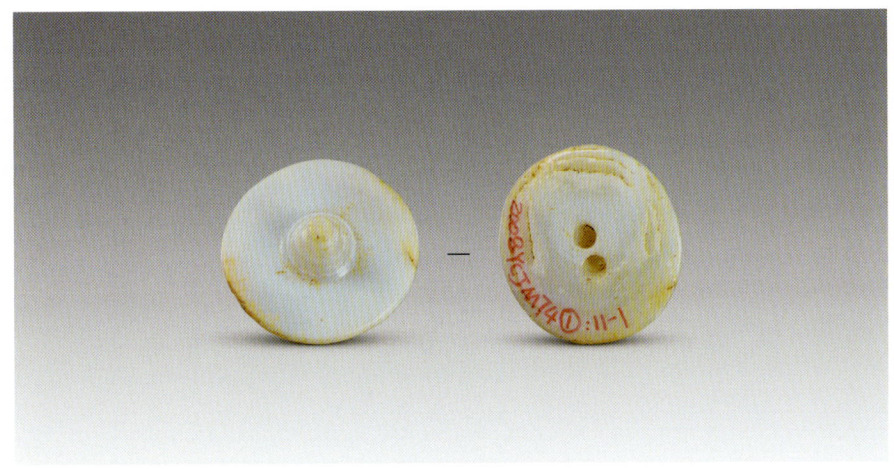

4. 玛瑙扣M74①：11-1

3. 铜柄铁剑M74①：9

5. 铜扣饰M74①：8

彩版三七 08M74出土器物

1. 陶纺轮M74③：1

2. 孔雀石珠M74①：15（T）

3. 玛瑙扣M74①：11-3

4. 水晶M74①：14（T）

5. M75

彩版三八　08M75及08M74出土器物

1. M77第①层

3. 石扣M77②：5

4. 砺石M77②：6

2. M77第②层

5. M82

6. 陶敛口罐M82：1

彩版三九　08M77、08M82及其出土器物

1. M84

2. 玛瑙管 M84：1-3

3. 玛瑙珠 M84：1-1

4. M86

5. 铜镞 M86：2

6. 铜镈 M86：6

彩版四〇　08M84、08M86及其出土器物

1. 铜戈M86：4

2. 铜镞M86：5

3. 骨镞M86：1

5. M88第①层

4. 骨镞M86：3

6. M88第②层

彩版四一　08M88及08M86出土器物

1. M90

2. 海贝M90：1

3. M91

4. 铜钏M91：2

5. 陶侈口罐M91：7

彩版四二　08M90、08M91及其出土器物

1. 陶壶M91：10

2. M92第③层

4. 铜镦M93④：3

3. M93第④层

5. 铜戈M94：1

彩版四三　08M92、08M93及08M91、08M93、08M94出土器物

1. M94

3. 陶纺轮M95：3

4. 五铢钱M95：1

2. M95

5. M99

彩版四四　08M94、08M95、08M99及08M95出土器物

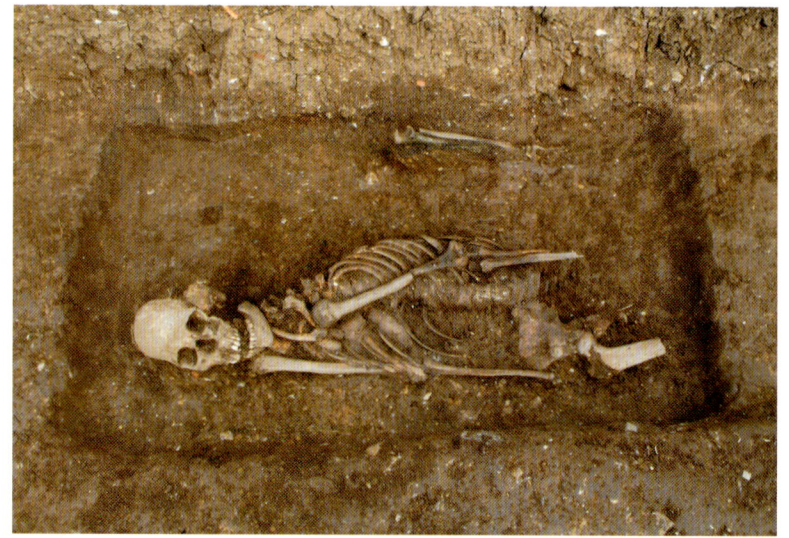

1. M96

2. M96

3. 矛M96：1

4. 矛M96：2

5. M102

彩版四五　08M96、08M102及08M96出土铜器

1. M103

2. M106出土1号人骨

3. M106出土2、3号人骨

4. M106出土5号人骨

彩版四六　08M103、08M106

1. 玛瑙珠M106：2

2. 玛瑙珠M106：5-1

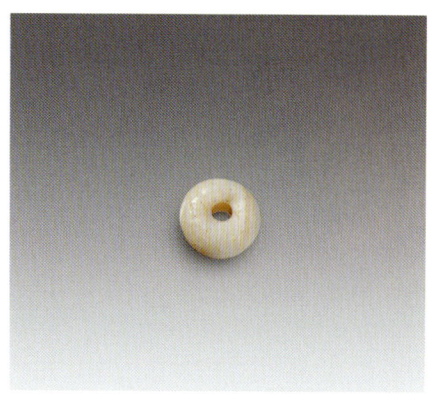

3. 玛瑙珠M106：5-2

4. 绿松石扣M106：3

5. 绿松石珠M106：4

6. 绿松石珠M106：6

7. M109第①层

8. M109第②层

彩版四七　08M109及08M106出土器物

1. M107

2. 矛 M107：4

3. 矛 M107：8

4. 剑 M107：5

5. 戈 M107：3

6. 斧 M107：2

彩版四八　08M107及其出土铜器

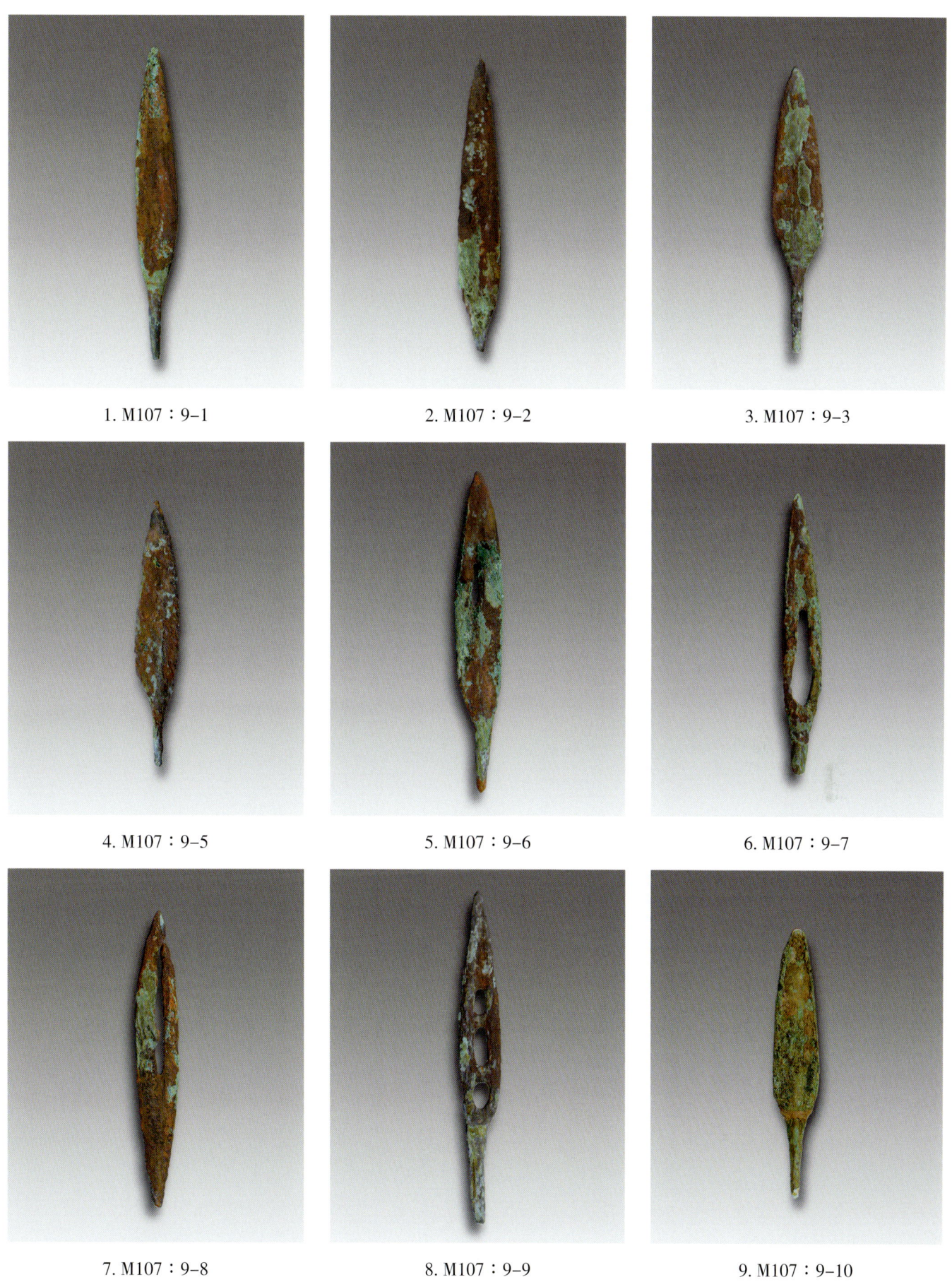

1. M107：9-1

2. M107：9-2

3. M107：9-3

4. M107：9-5

5. M107：9-6

6. M107：9-7

7. M107：9-8

8. M107：9-9

9. M107：9-10

1. 陶尊M107：10

2. 陶釜M107：11

3. M111

4. M114

5. M117

彩版五〇　08M111、08M114、08M117及08M107出土器物

1. M119木炭标本

2. 陶侈口罐M119：1

3. M122第①层

5. 铜矛M122②：1　　　　6. 铜镞M122②：6　　　　

4. M122第②层

彩版五一　08M119、08M122及其出土器物

1. M124

2. 铜镞M124：1-1

3. 铜镞M124：1-2

4. 铜戈M124：2

5. 水晶M126：1（T）

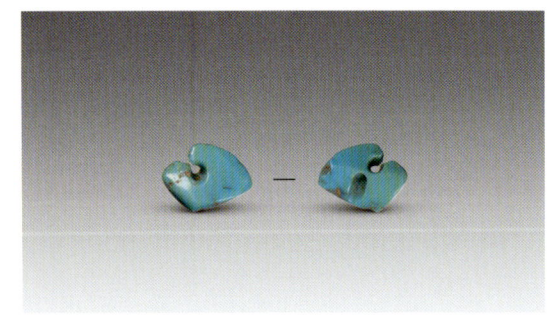

7. 绿松石扣M128：1

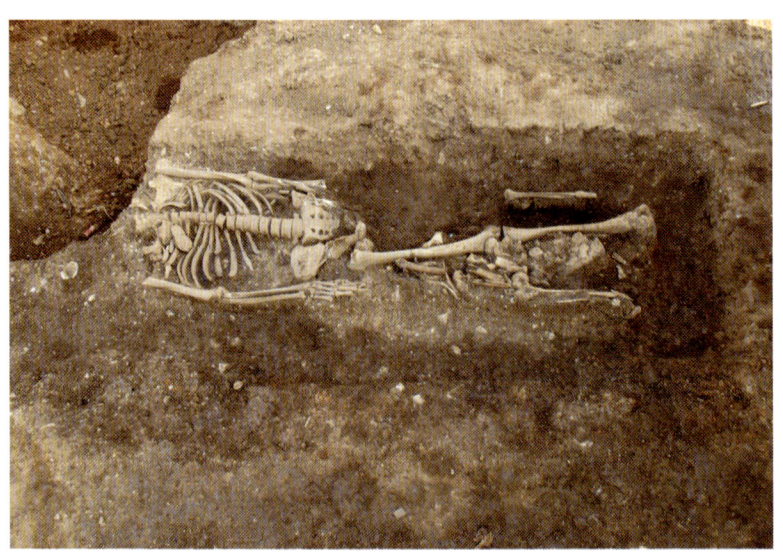

6. M128

彩版五二　08M124、08M128及08M124、08M126、08M128出土器物

1. M127上层人骨

2. M127下层人骨

4. M131

3. 骨饰M127：1

5. 玉玦M131：1-1~1-4（左→右）

彩版五三　08M127、08M131及其出土器物

1. M133

3. 陶侈口罐M133：3

2. 铜鱼钩M133：1（T）

4. 陶釜M133：10（T）

彩版五四　08M133及其出土器物

1. M135

2. 铜镯 M135：2

3. M136（下）、M137（上）

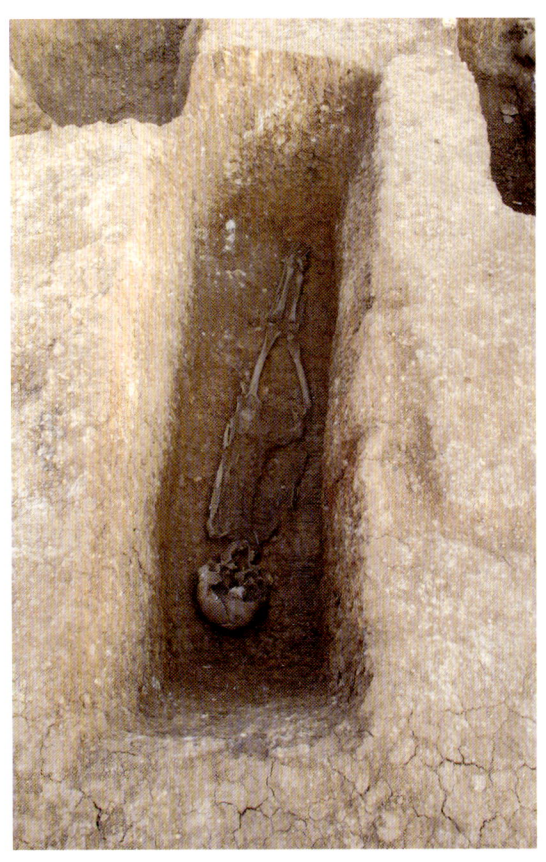

4. M138第①层

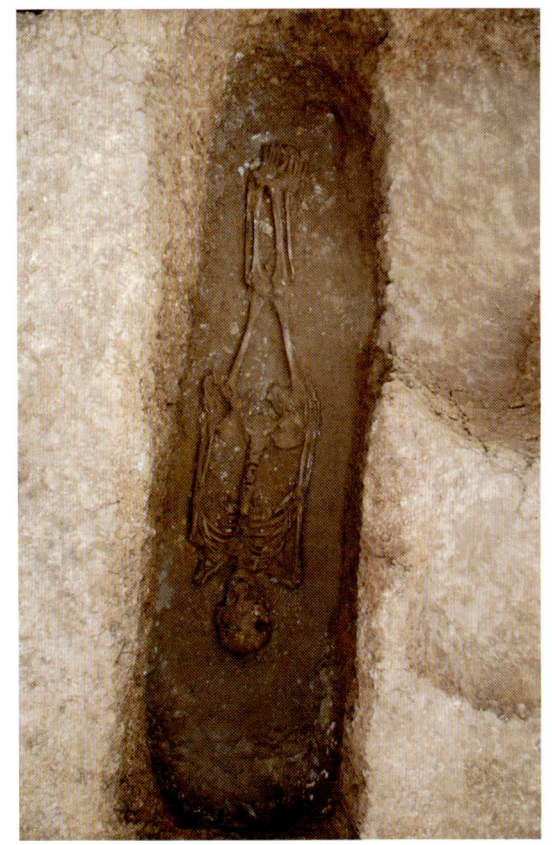

5. M138第②层

彩版五五　08M135～08M138及08M135出土铜镯

1. M143第①层

3. 砺石M143：1（T）

2. M143第②层

4. M145

5. M148

彩版五六　08M143、08M145、08M148及08M143出土砺石

1. M149

3. 矛 M151①：8

2. M151第③层

4. 斧 M151①：3

5. 剑 M151①：6

彩版五七　08M149、08M151及08M151出土铜器

1. 铜镞M151①：7-1

2. 铜镞M151①：7-2

3. 铜镞M151①：7-3

4. 铜镞M151①：7-4

5. 铜镞M151①：7-6

6. 玉玦M151①：1-1

7. 玉玦M151①：1-2

8. 水晶M151①：9（T）

彩版五八　08M151出土器物

1. M156

2. 铜铃 M156：2（T）

3. M157

4. 陶釜 M157：1

5. 陶纺轮 M157：2

6. M159

7. 铜镞 M159：2

彩版五九　08M156、08M157、08M159及其出土器物

1. M160

2. 铜镈M160：2

3. 铜凿M160：1

4. 陶尊M161：1

5. M162

彩版六〇　08M160、08M162及08M160、08M161出土器物

1. M164

4. 骨饰 M165：1

2. M165

5. 铜镞 M166：15

3. M166

彩版六一　08M164～08M166及08M165、08M166出土器物

1. 铜带钩M166：9

2. 小铜泡M166：8

3. 铜带钩M166：20

4. 铜带钩M166：19

5. 铜环M166：5

6. 铁斧M166：12

7. 铁斧M166：14

8. 石印章M166：4

彩版六二　08M166出土器物

1. 陶单耳罐M166：2

2. 陶侈口罐M166：16

4. 穿孔玻璃珠M166：3

5. 陶纺轮M166：1

3. 铜骹铁矛M166：11

6. 铜凿M169：1

7. 石范M169：2（T）

彩版六三　08M166、08M169出土器物

1. M171

4. 木牌饰M173：1

2. M172

5. 陶纺轮M174：1

3. 铜扣M172：3～10

6. 铜发饰M172：2

彩版六四　08M171、08M172及08M172～08M174出土器物

1. M174

2. M175

3. 铜矛 M175:4

6. 铜扣饰 M175:7

5. 铜斧 M175:3

4. 铜剑 M175:5

彩版六五　08M174、08M175及08M175出土器物

1. 陶单耳罐M175：1

4. M177

2. 砺石M175：6

5. M178第①层

3. 铜铃M179：1

6. M178第②层

彩版六六　08M177、08M178及08M175、08M179出土器物

1. 铜矛 M178②：3

2. 铜剑 M178①：1

3. 铜剑 M178②：1

4. 铜凿 M178②：2

5. M180

彩版六七　08M180及08M178出土器物

1. 铜戈 M181：1

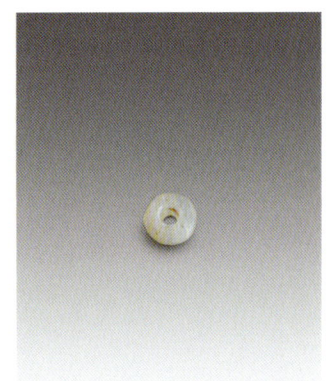

2. 玛瑙珠 M181：12

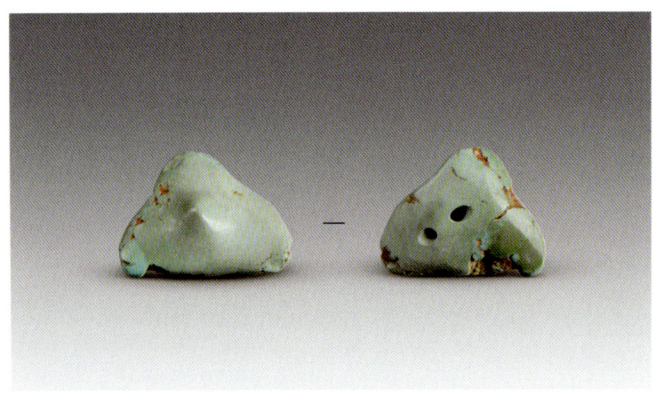

3. 绿松石扣 M181：3

4. 绿松石扣 M181：4

5. 绿松石扣 M181：5

6. 绿松石扣 M181：14

7. 绿松石管 M181：11

8. 绿松石珠 M181：8

9. 绿松石珠 M181：9

10. 绿松石珠 M181：10

彩版六八　08M181出土器物

1. M181

2. M182

4. M184第②层

3. M184第①层

5. M184第③层

彩版六九　08M181、08M182、08M184

1. 陶纺轮 M184①：1　　　　2. 陶纺轮 M184②：1

3. 绿松石扣 M184②：2

4. M185

5. 玉玦 M185：1　　　6. 玉玦 M188：1　　　7. M188（下）打破 M2（上）

彩版七〇　　08M185、08M188及08M184、08M185、08M188出土器物

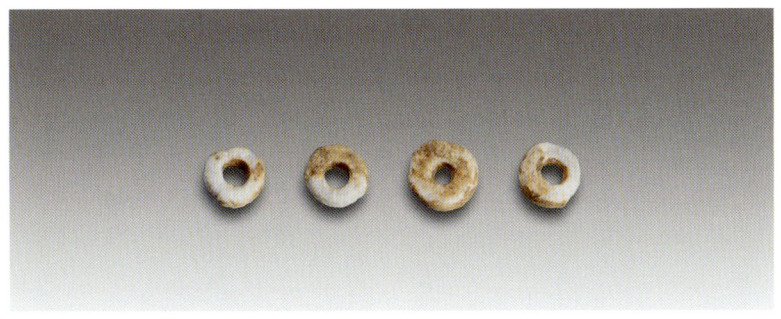

1. 玉串珠 M189:1

2. 铜钺 M190:1

3. 环首铁刀 M193:2

4. M192

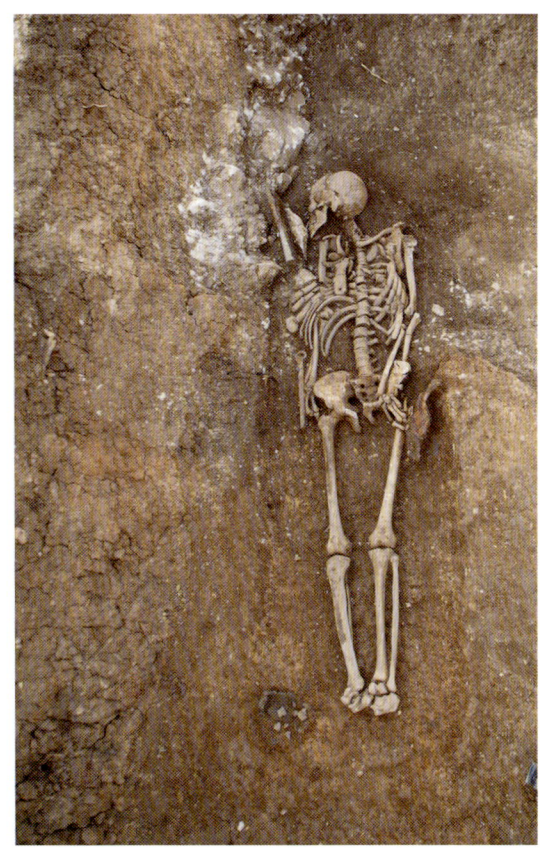

5. M193

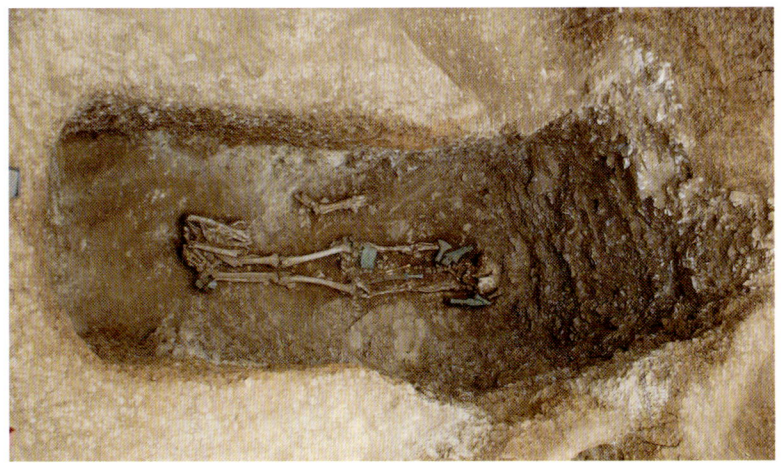

6. M194

彩版七一　08M192～08M194及08M189、08M190、08M193出土器物

6. 铜镞M194：14

7. 铜钺M194：4

1. 铜矛M194：1

2. 铜矛M194：2

8. 铜扣饰M194：8

3. 铜戈M194：3

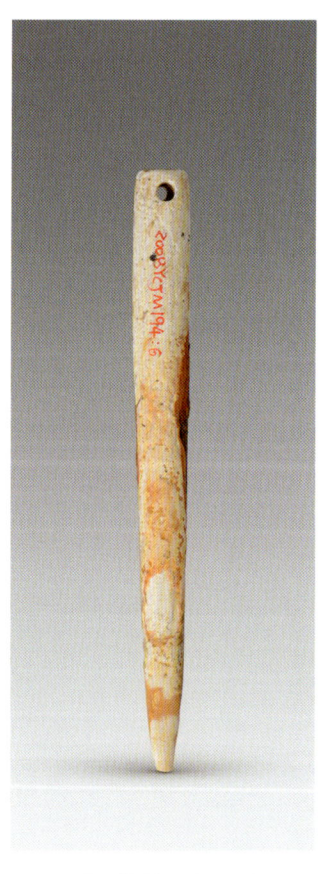

4. 铜镞M194：12

5. 铜镞M194：13

9. 铜柄铁剑M194：5

10. 砺石M194：6

彩版七二　08M194出土器物

1. M195（左）

3. 铜戈 M195：3

2. 铜镈 M195：2

4. 铜凿 M195：4

5. 骨镞 M195：1-1

7. 玉管 M196：1

8. 玉管 M196：2

6. M196

彩版七三　08M195、08M196及其出土器物

1. M199

2. 陶侈口罐 M199：1

3. 铜戈 M204：3

4. 铜镞 M204：6

5. 铜镈 M204：5

6. 铜凿 M204：2

7. 铜锥 M204：1

彩版七四　08M199及08M199、08M204出土器物

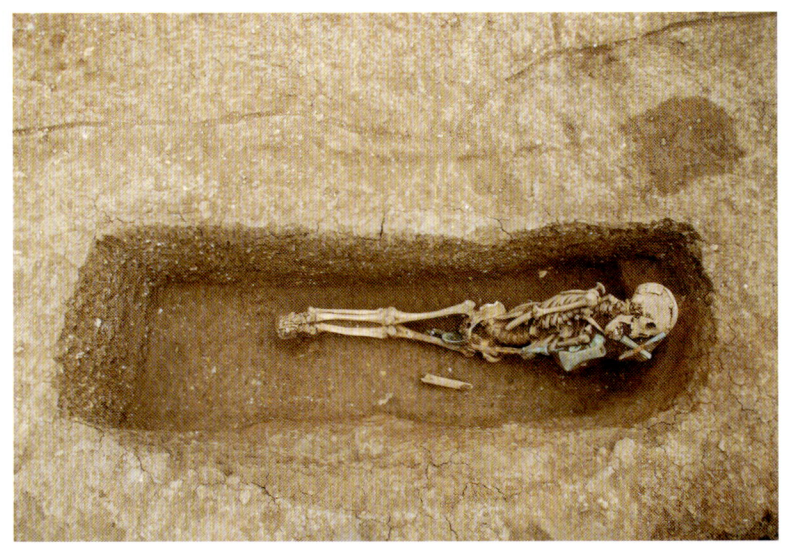

1. M206第①层人骨

2. 铜斧M206①：3

3. 铜凿M206①：2

4. 铜扣饰M206①：7

5. 铜泡钉M206①：4-2

6. 铜泡钉M206①：4-3

7. 铜鱼钩M206①：8

8. 砺石M206①：10

9. 玛瑙扣M206①：11-1

11. 玛瑙珠M206②：2

13. 骨饰M206①：9

10. 玛瑙扣M206①：11-2

12. 绿松石珠M206①：12

14. 骨笛M206①：15

彩版七五　08M206及其出土器物

1. M209

2. M210第①层

3. M210第②层

4. M210第③层

彩版七六　08M209、08M210

1. 铜镞M210②：1（T） 2. 铜镞M210②：4（T） 3. 铜镞M210②：5（T） 4. 铜鱼钩M210①：8（T）

5. 铜笄M210①：5 6. 玉玦M210③：2-1、2-2（左→右）

7. 孔雀石珠M210③：3（T） 8. 骨玦M210①：4-1、4-2（左→右）

1. 铜凿 M216：2

2. 铜镰 M216：1

3. 铜矛 M222：3

4. 陶釜 M218：1

5. 铜矛 M222：4

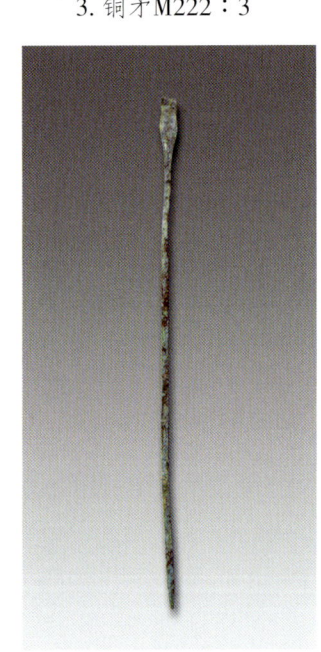

6. 铜笄 M222：1

7. 铜斧 M222：2

8. 铜镳 M222：5

9. 砺石 M222：6

彩版七八　08M216、08M218、08M222出土器物

1. 壶 M222：8

2. M223第①层

3. M223第②层

4. 尊 M223②：1

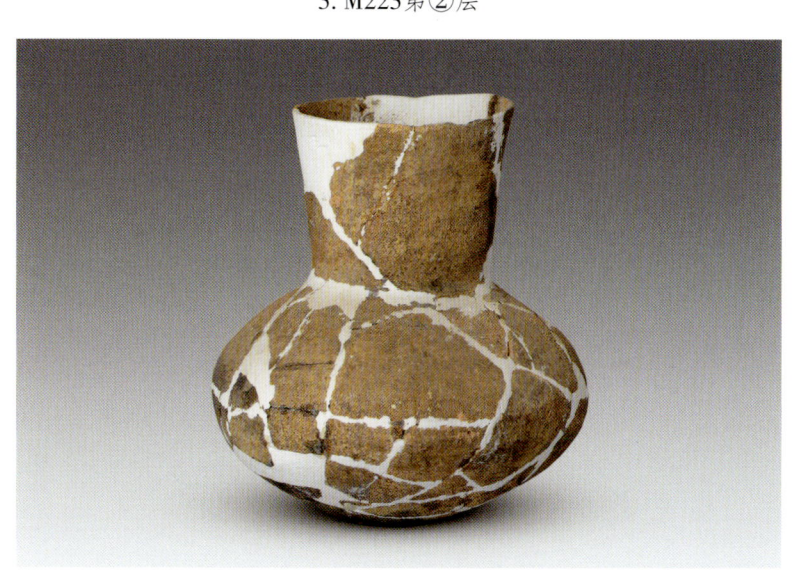

5. 壶 M223①：3

彩版七九　08M223及08M222、08M223出土陶器

1. M228

3. 陶侈口罐M230：1

2. M230

4. M231

5. 铜镯M232：1

彩版八〇　08M228、08M230、08M231及08M230、08M232出土器物

1. 铜铃 M234：1

4. M238

2. 玉玦 M236：2

5. 铜戈 M238：1

3. M237腰坑（第③层）

6. 海贝 M237②：1（T）

7. 铜凿 M238：2

彩版八一　08M237、08M238及08M234、08M236～08M238出土器物

1. 铜戈 M239：2

2. 铜镞 M239：1

3. 铜凿 M239：3

4. M240

5. M241（上）

6. 铜削 M241：1

7. 铜扣饰 M241：2

彩版八二　08M240、08M241及08M239、08M241出土器物

1. M242

2. M243

3. M244

4. M246

1. 骨镞M244：2

4. 陶尊M249：2

2. M247

3. M249

5. M251

彩版八四　08M247、08M249、08M251及08M244、08M249出土器物

1. M252

2. M254

3. M255

4. M261

彩版八五　08M252、08M254、08M255、08M261

1. M262

2. M267第①层

3. M267第②层

4. M268

彩版八六　08M262、08M267、08M268

1. 玉玦M254：1

2. 玉管M258：2

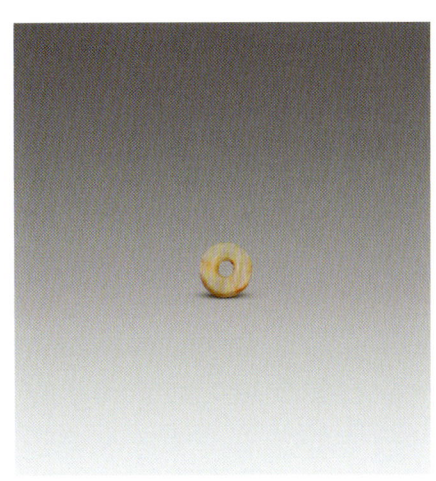

3. 玛瑙珠M258：3

4. 砺石M267②：4

5. 陶尊M267②：2

6. 陶纺轮M267②：1（T）

7. 绿松石扣M19①：1

彩版八七　08M19、08M254、08M258、08M267出土器物

1. M25第②层

2. 陶釜M25①：2

3. 陶器盖M25①：3

4. 石纺轮M48：1

5. 铜矛M87：1

6. 铜矛M87：2

7. 铜剑M87：6

彩版八八　08M25及08M25、08M48、08M87出土器物

1. M87

2. M87腰坑第①层

3. M87腰坑第②层

4. M87腰坑第③层

1. 镞M87：21-1~21-5（左→右）

2. 镞M87：22-1~22-4（左→右）

3. 扣饰M87：4

4. 钏M87：11-1

5. 钏M87：11-4

彩版九〇　08M87出土铜器

2. 玛瑙扣M87：9

3. 玛瑙珠M87：8

1. 砺石M87：10

4. 玉玦M87：20

5. 玛瑙珠M87：7

6. 玛瑙珠M87：15

7. 玉镯M87：12

8. 玛瑙珠M87：3-1

彩版九一　08M87出土器物

1. M97第①层

3. M97第⑤层

2. M97第②层

4. M97第⑥层

彩版九二　08M97

1. 陶单耳罐M97②：11

3. 铜斧M97②：12-1

5. 铜锄M97②：7

2. 陶纺轮M97①：3

4. 铜斧明器M97②：12-2

6. 铜带钩M97②：5

7. 铜扣饰M97②：6

彩版九三　08M97出土器物

1. 铜铃 M97②：9

2. 铜策 M97②：10

3. 环首铁刀 M97②：14

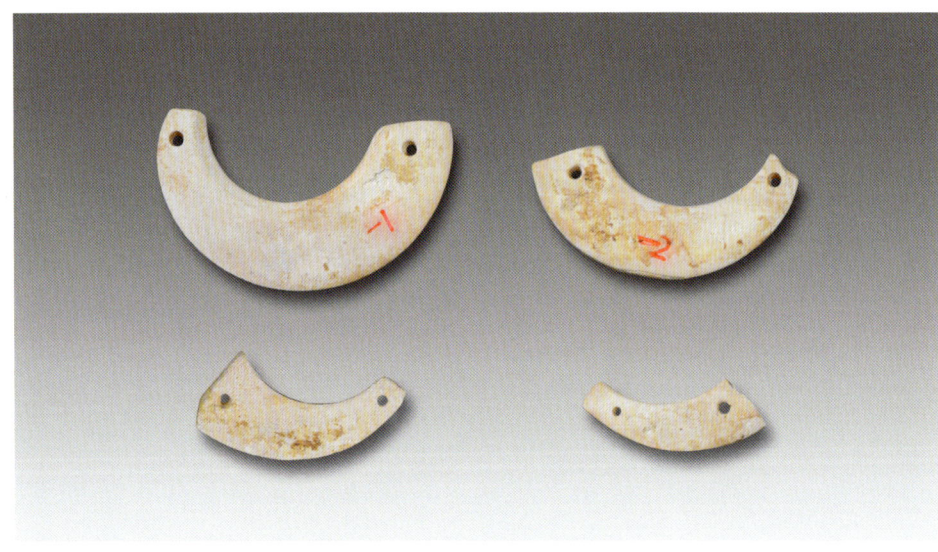

4. 玉玦 M97⑥：1-1~1-4（左上→右下）

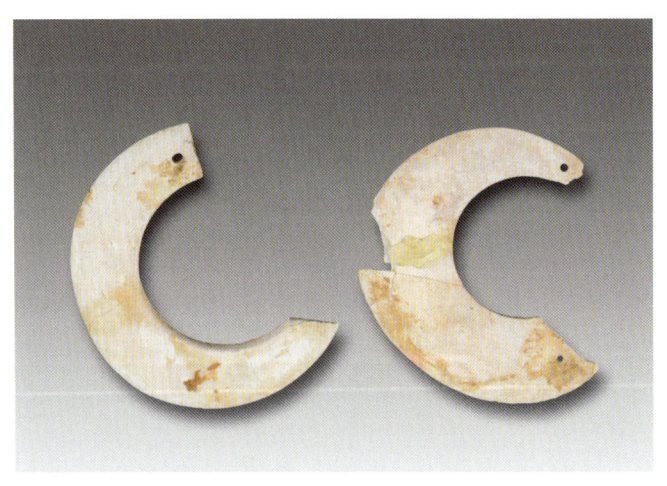

5. 玉玦 M97⑥：3-1~3-2（左→右）

6. 玛瑙珠 M97③：4

7. 骨饰 M97④：1

彩版九四　08M97出土器物

1. M101第②层

2. M105第①层

3. M105第②层

4. 陶器盖M101②：2

5. 铜矛M105①：4

彩版九五　08M101、08M105及其出土器物

1. 铜镞M105①：5

2. 铜斧M105①：3

4. 铜扣饰M105①：2

3. 铜削M105①：6

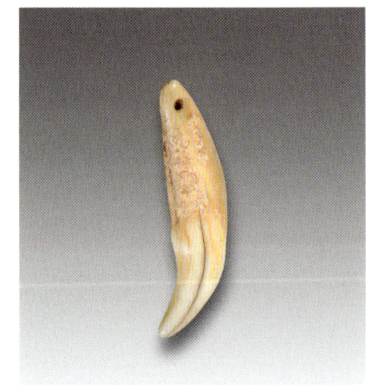

5. 犬牙饰M105①：10（T）

彩版九六　08M105出土器物

1. M155第②层

3. 玛瑙扣M155①：3（T）

4. 玛瑙珠M155①：1-1（T）

2. 铜矛M155②：4

5. 陶釜M155②：7

6. 陶纺轮M155①：2（T）

7. 砺石M155②：5

彩版九七　08M155及其出土器物

1. 扣M191：8

2. 扣M191：9

3. 扣M191：11-1

4. 扣M191：11-2

5. 扣M191：12-1

6. 扣M191：12-2

7. 扣M191：13

8. 珠M191：15-1

9. 珠M191：15-2

彩版九八　08M191出土绿松石器

1. 陶纺轮M191：10

3. 陶纺轮M200②：2

4. 陶纺轮M200②：3（T）

5. 玛瑙饰M200①：1

2. 铜柄铁剑M191：2

6. 海贝M200②：1

彩版九九　08M191、08M200出土器物

1. 陶纺轮 M12∶9

2. 小铜扣 M12∶10

3. 铜柄铁剑 M12∶6

4. 小铜泡 M12∶2-1、2-2（左→右）

5. 绿松石扣 M12∶1

6. 玛瑙珠 M12∶7

7. 绿松石扣 M12∶5

1. 海贝M50：1

2. 海贝M50：2

4. 铜骹铁矛M76：2

3. 铜钺M76：1

5. M113第①层（上左）

6. M113第③层

彩版一〇一　08M113及08M50、08M76出土器物

1. 铜镞M113①：1-1、1-2（左→右）　　　2. 水晶M113①：4（T）　　　3. 犬牙饰M113③：2（T）

4. 大泉五十M118：2-1　　　5. 大泉五十M118：2-2　　　6. 大泉五十M118：2-3

7. 大泉五十M118：2-4　　　8. 大泉五十M118：2-5　　　9. 五铢钱M118：2-6

彩版一〇二　08M113、08M118出土器物

1. 陶侈口罐M152：1

2. M163动物骨骼

3. 三官五铢M176：1-1~1-9（左→右，上→下）

4. 大泉五十M176：1-10~1-15（左→右，上→下）

5. 大布黄千M176：2

彩版一〇三　08M163及08M152、08M176出土器物

2. 小铜泡 M3：2

1. 陶纺轮 M3：6（T）[1]　　　4. 绿松石珠 M3：10（T）　　　3. 环首铁刀 M3：5（T）

6. 铜臂甲 M3：1　　　　　　　　　　7. 陶尊 M4：1（T）

5. 孔雀石珠 M3：7（T）　　　8. 铜锄明器 M5：1　　　9. 铜铲明器 M5：2

彩版一〇四　06M3～06M5出土器物

[1] 为行文方便，省略编号前"06"。

1. 陶尊 M9：2

2. 铜斧 M10：2

5. 铜柄铁剑 M10：12

3. 铜锄 M10：7

4. 铜骹铁矛 M10：6

6. 铜銎铁斧 M10：14

彩版一〇五　　06M9、06M10出土器物

1. 陶侈口罐M10：15

2. 陶单耳罐M10：1

3. 砺石M10：13

4. 绿松石扣M10：9

5. 绿松石扣M10：10-1

6. 绿松石扣M10：10-2

彩版一〇六　06M10出土器物

1. 陶单耳罐M13：7

2. 陶纺轮M13：2

3. 砺石M13：5

4. 玛瑙珠M15：1

5. 陶壶M16：9

6. 铜矛M16：4

7. 铜戈M16：3

彩版一〇七　　06M13、06M15、06M16出土器物

1. 铜剑 M16：2

2. 铜扣饰 M16：1

3. 铜泡钉 M16：6-1

4. 玉玦 M16：7　　　　　5. 玉玦 M16：14　　　　　6. 陶器盖 M17：1

彩版一〇八　06M16、06M17出土器物

1. 铜锄M19：1

2. 铜带钩M19：3

3. 铁矛M19：4

4. 铜矛M20①：1

5. 铜剑M20①：5

彩版一〇九　06M19、06M20出土器物

1. 镞M20①：3-1　　2. 镞M20①：3-2　　3. 镞M20①：3-3　　4. 镞M20①：3-4　　5. 镞M20①：3-5

6. 斧M20①：4　　　　　　　　　　7. 扣饰M20①：2

8. 扣饰M20⑤：2

彩版一一〇　　06M20出土铜器

1. 陶尊M20⑤：1

2. 陶豆M20④：1

3. 铜骹铁矛M21：1

4. 铜矛M22：1

5. 陶单耳罐M22：8

6. 陶釜M22：15

彩版一一一　06M20～06M22出土器物

1. 铜带钩M22：5

2. 铜环M22：4

4. 五铢钱M22：6-1

5. 五铢钱M22：6-2

3. 铜环M22：7

6. 绿松石扣M22：12

7. 绿松石珠M22：13（T）

彩版一一二　06M22出土器物

1. 铜锄M22：10

2. 铜釜M22：9

3. 玛瑙珠M23：2

4. 孔雀石珠M22：14（T）

5. 绿松石扣M23：1

6. 绿松石扣M24：2

彩版一一三　06M22～06M24出土器物

1. 陶侈口罐 M30：1

2. 铜柄铁剑 M31：4（T）

5. 砺石 M31：7（T）

3. 铜骹铁矛 M31：5（T）

4. 骨管 M31：6（T）

6. 陶纺轮 M31：1

彩版一一四　06M30、06M31出土器物

1. 铜钏M36：2-5

2. 铜钏M36：2-6

3. 铜钏M36：2-8

6. 铜剑M37：6

4. 铜柄铁剑M36：5

5. 铜柄铁剑（带镖）M36：8

彩版一一五　06M36、06M37出土器物

1. 陶釜M37：5

4. 铜矛M39：1

6. 铜笄M40：2

2. 陶纺轮M37：1

3. 砺石M37：3

5. 铜削M39：3

彩版一一六　06M37、06M39、06M40出土器物

5. 铜扣饰 M44：5

1. 铜剑 M42：4

3. 铜矛 M44：3

2. 铜斧 M42：1

4. 铜凿 M44：1

6. 陶侈口罐 M47：2

彩版一一七　06M42、06M44、06M47出土器物

1. M47

4. 陶豆M61：2

2. 铜矛（带挂钩）M51：6

3. 铜矛M63：2

5. 砺石M51：7

6. 铜剑M63：3

7. 铜戈M63：1

彩版一一八　06M47及06M51、06M61、06M63出土器物

1. 钏M65：1–1

2. 钏M65：1–2

3. 钏M65：1–3

4. 钏M65：1–5

5. 钏M65：1–6

6. 矛M66：1

彩版一一九　06M65、06M66出土铜器

2. 铜镞M69：6-1　　3. 铜镞M69：6-2　　4. 铜镞M69：6-4

1. 铜矛M69：1　　5. 铜镞M69：6-5　　6. 玛瑙扣M69：3

7. 玛瑙珠M70：2　　8. 绿松石珠M70：3　　9. 陶纺轮M70：1

彩版一二〇　　06M69、06M70出土器物

1. 铜矛 M71：2

2. 铜剑 M71：3

3. 铜斧 M71：4

5. 铜斧 M73：1

4. 骨管 M71：1

6. 铜泡钉 M73：3（T）

彩版一二一　06M71、06M73出土器物

1. M73

2. M75

3. 尊M75：3

4. 瓶M75：2

彩版一二二　06M73、06M75及06M75出土陶器

1. M77（左）、M78（右） 2. 矛M77：2

3. 镞M77：3-1 4. 镞M77：3-2 5. 镞M77：3-3 6. 镞M77：3-4

7. 镞M77：3-5 8. 镞M77：3-6 9. 镞M77：3-7

彩版一二三　06M77、06M78及06M77出土铜器

1. 镞 M77：3-8

2. 镞 M77：3-9

3. 镞 M77：3-11

4. 镞 M77：3-12

5. 镞 M77：3-14

6. 镞 M77：3-15

7. 镞 M77：3-16

8. 斧 M77：1

彩版一二四　　06M77出土铜器

1. 陶尊M77：12-2

2. 陶釜M77：11

3. 陶釜M77：12-1

4. 铜锄明器M77：5

5. 铜铲明器M77：6

6. 铜饰件M77：4

彩版一二五　06M77出土器物

1. 砺石M77：7

4. 砺石M83：1

2. 陶侈口罐M78：1

3. 陶侈口罐M78：2

5. 铜斧M88②：1

6. 铜铲明器M88③：2

彩版一二六　　06M77、06M78、06M83、06M88出土器物

1. 陶鼎 M88①：2

2. 铜柄铁削 M88②：3

3. 砺石 M88②：4

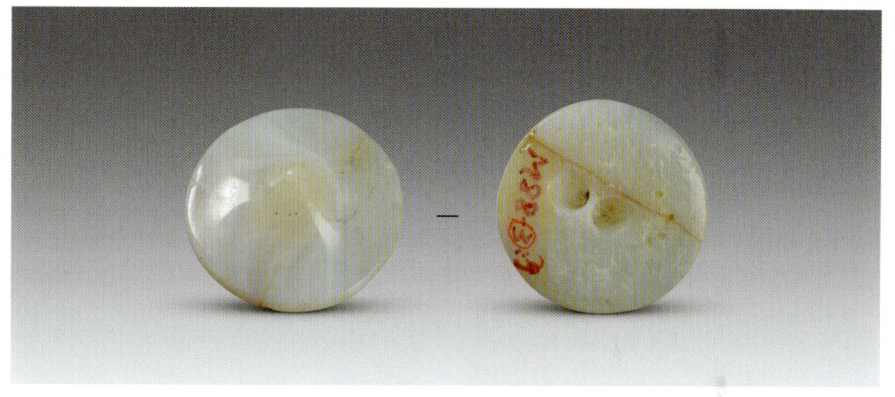

4. 玛瑙扣 M88③：3

5. 铜斧 M106：1

6. 玉坠 M106：3

彩版一二七　06M88、06M106出土器物

1. 铜斧M107：1

2. 铜柄铁剑M107：2

3. M108

4. 石纺轮M108⑤：2

5. 玉玦M108⑤：1

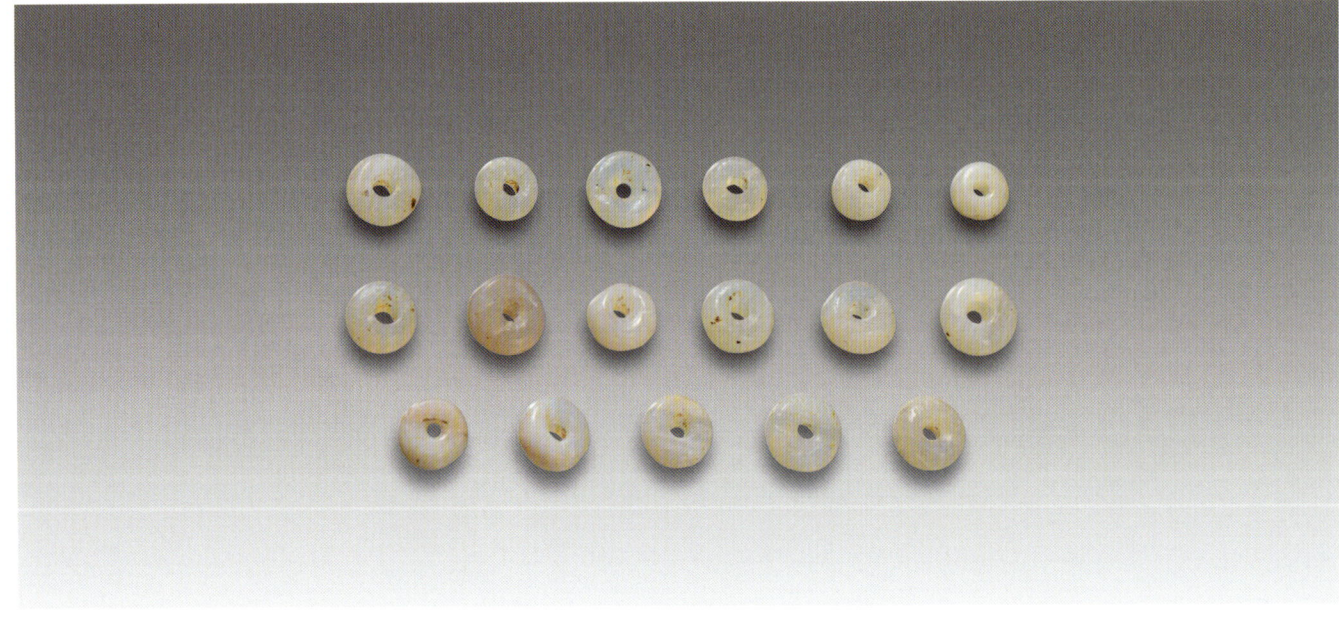

6. 玛瑙珠M108③：1

彩版一二八　06M108及06M107、06M108出土器物

1. 陶尊M108④：1

2. 陶单耳罐M108①：1

3. 铜镞M112：4-1

4. 铜箭箙M112：5

5. 铜啄M112：1

6. 铜锥M112：6

7. 铜扣饰M112：2

彩版一二九　06M108、06M112出土器物

1. 骨镞M112：4-2

2. 陶纺轮M116：2

3. 绿松石扣M116：1

4. 绿松石扣M116：3

5. 铜矛M117：2

6. 铜剑M117：1

彩版一三〇　06M112、06M116、06M117出土器物

1. 铜泡钉M117：3

2. 石纺轮M117：5

3. 孔雀石珠M121：3

4. 海贝M121：4

5. 铜錾M132：4

6. 铜扣饰M134：4

7. 铜扣饰M134：5

8. 玉玦M134：2

彩版一三一　　06M117、06M121、06M132、06M134出土器物

1. 铜削 M136：1

2. 陶壶 M137：3

4. 铜剑 M137：7

3. 陶纺轮 M137：4

5. 铜泡 M137：9

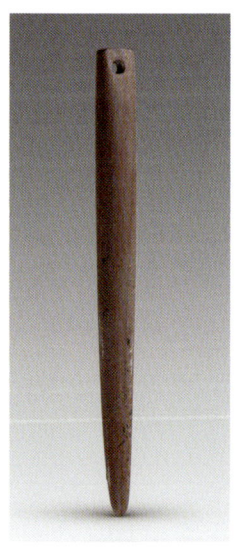

6. 砺石 M137：6

彩版一三二　06M136、06M137出土器物

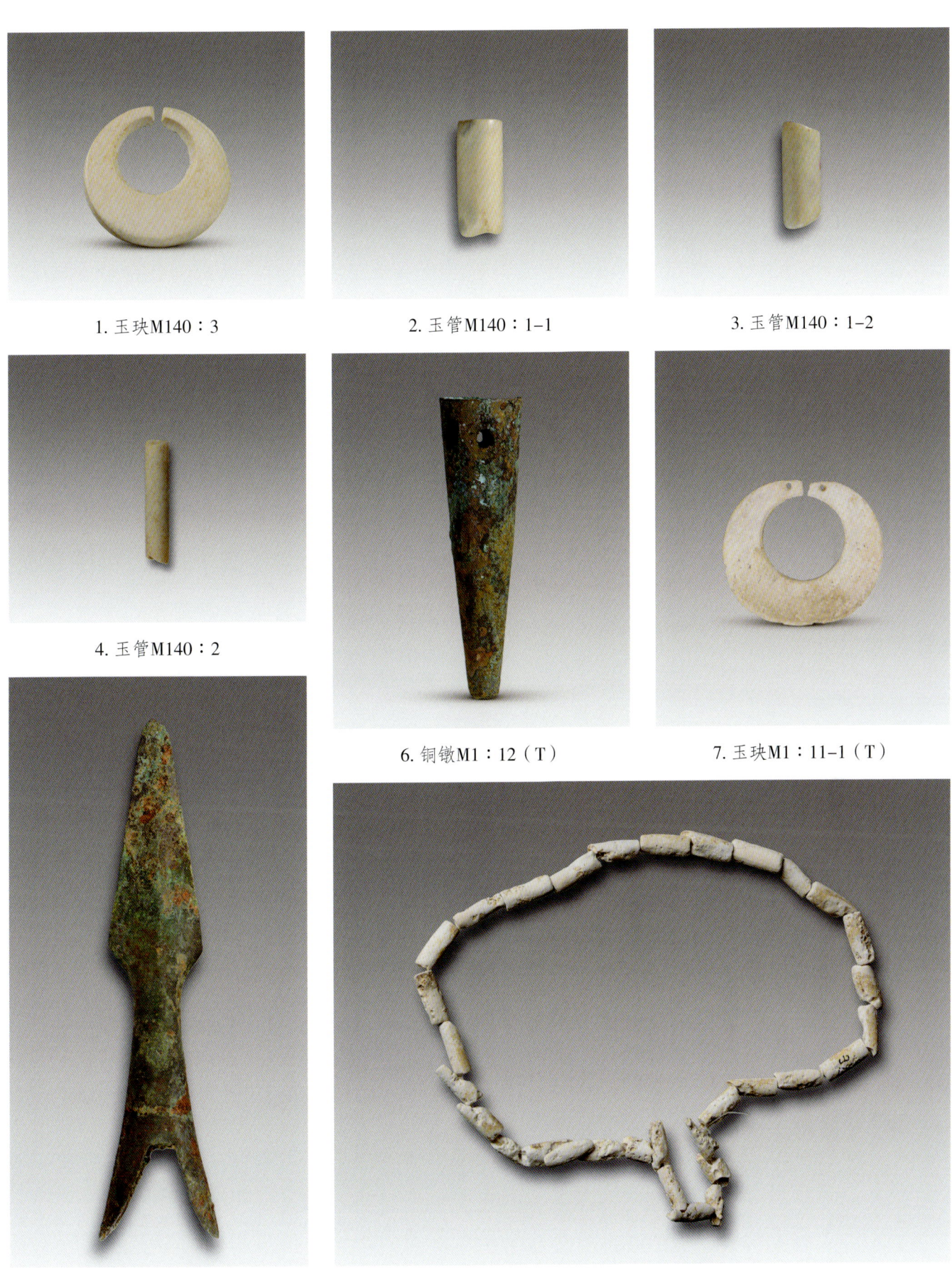

1. 玉玦M140：3

2. 玉管M140：1-1

3. 玉管M140：1-2

4. 玉管M140：2

6. 铜镦M1：12（T）

7. 玉玦M1：11-1（T）

5. 铜矛M1：21（T）

8. 玉管M1：7（T）

彩版一三三　06M1、06M140出土器物

1. 玛瑙珠M1：25（T）

2. 玛瑙珠M1：28（T）

6. 海贝M1：26（T）

3. 孔雀石珠M1：20（T）

7. 铜镞M2：1-1　8. 铜镞M2：1-2　9. 铜镞M2：1-3

4. 海贝M1：23（T）

5. 海贝饰品M1：24（T）

10. 孔雀石珠M2：3

彩版一三四　06M1、06M2出土器物

1. 陶纺轮M6：2

2. 陶纺轮M6：5

3. 陶弹丸M6：1

4. 铜削M6：8

5. 铜臂甲M6：13-1

6. 铜爪镰M6：3

彩版一三五　06M6出土器物

1. 铜钏M6：4-1

2. 铜钏M6：4-2

3. 铜钏M6：4-4

4. 铜钏M6：4-5

5. 铜钏M6：4-6

6. 铜柄铁削M6：7

7. 铁扳指M6：10

8. 砺石M6：28（T）

1. 玉管 M6：17

5. 骨饰 M6：11

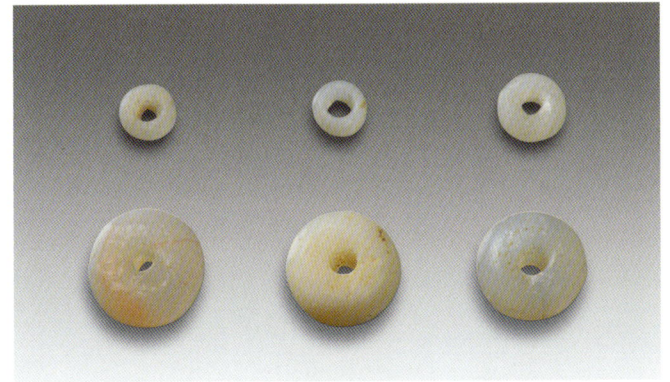

2. 玛瑙珠 M6：14

6. 骨饰 M6：12

3. 绿松石管 M6：18

7. 海贝 M6：6-2

4. 孔雀石珠 M6：16

8. 螺壳 M6：6-1

彩版一三七　　06M6出土器物

2. 铜扣饰M7：1

1. 铜剑M7：5

3. 铜泡M7：2

4. 玉玦M7：4-2（T）

5. 玉玦M7：4-6（T）

6. 铜矛M11：16

彩版一三八　06M7、06M11出土器物

1. 陶侈口罐M11：10　　　　2. 铜镳斗M11：9

3. 铜镞M11：5　　　　4. 铜鍪M11：8　　　　5. 铜锄M11：1

6. 铜带钩M11：15　　　　7. 五铢钱M11：6

彩版一三九　06M11出土器物

1. 铜柄铁剑M11：11

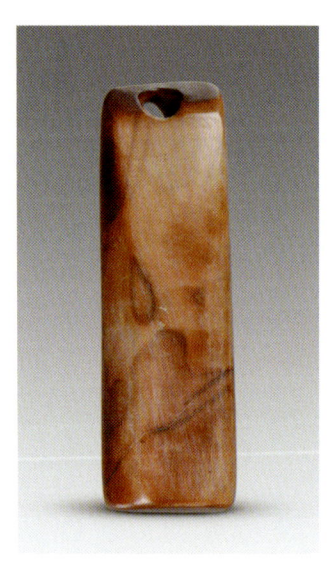

2. 铁斧M11：2

3. 砺石M11：24

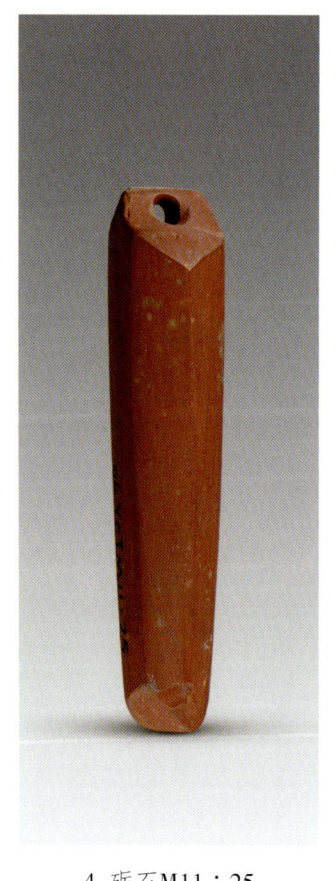

4. 砺石M11：25

5. 玛瑙扣M11：17

6. 玛瑙扣M11：18

7. 玛瑙扣M11：19

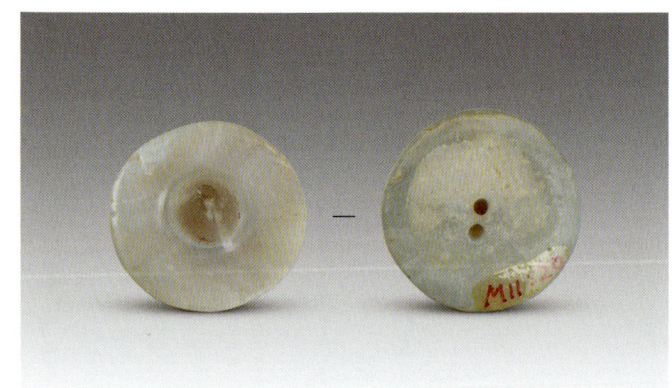

8. 玛瑙扣M11：20

彩版一四〇　06M11出土器物

1. 玛瑙扣M11：21

2. 玛瑙扣M11：22

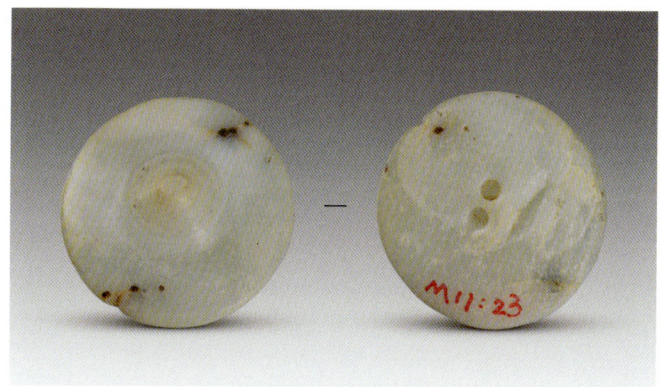

3. 玛瑙扣M11：23

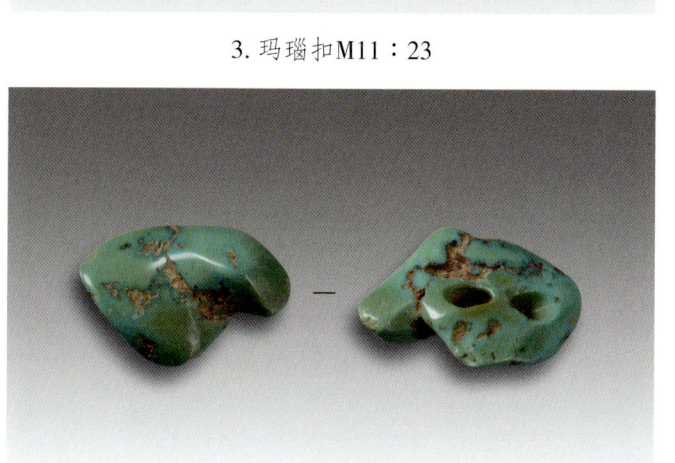

4. 绿松石扣M11：7

5. 铜镈M25：2

6. 铜镞M35：10-1

7. 铜镞M35：10-2

8. 铜镞M35：10-3

彩版一四一　　06M11、06M25、06M35出土器物

1. 陶纺轮 M35∶5

2. 木镯 M35∶3

3. 铜斧 M35∶4

4. 铜斧 M35∶9

5. 铜铲明器 M35∶8

6. 砺石 M35∶11

彩版一四二　06M35出土器物

1. M58

2. 铜锄 M58：1

3. 铜带钩 M58：14

4. 铜镳斗 M58：3

5. 石砚 M58：11

6. 铁斧 M58：15

7. 陶单耳罐 M58：10

彩版一四三　06M58及其出土器物

1. 陶单耳罐M68：1

2. 砺石M68：4（T）

5. 绿松石珠M80：4-1

6. 琉璃珠M80：4-2

3. 骨饰M68：2

7. 陶单耳罐M80：1

4. 大泉五十M80：7

8. 陶纺轮M80：5

彩版一四四　06M68、06M80出土器物

1. 陶单耳罐M90：5　　　　　　　　　　　2. 铜锄M90：7

3. 铜凿M90：6　　　　　　　　　　　4. 铜釜M90：8

5. 铜环M90：3　　　　　　　　　　　6. 铜印章M90：4

彩版一四五　　06M90出土器物

1. 五铢钱M90：1

3. 铜矛M96：1

2. 五铢钱M90：2

彩版一四六　06M90、06M96出土铜器

1. M113

2. 矛 M113：8

3. 戈 M113：5

5. 臂甲 M113：26

4. 剑 M113：19

彩版一四七　06M113及其出土铜器

1. 钺M113：6

2. 斧M113：2

3. 斧M113：3

4. 斧M113：4

5. 斧M113：30

6. 凿M113：29

彩版一四八　06M113出土铜器

1. 铜扣饰M113：23

2. 铜骹铁矛M113：9

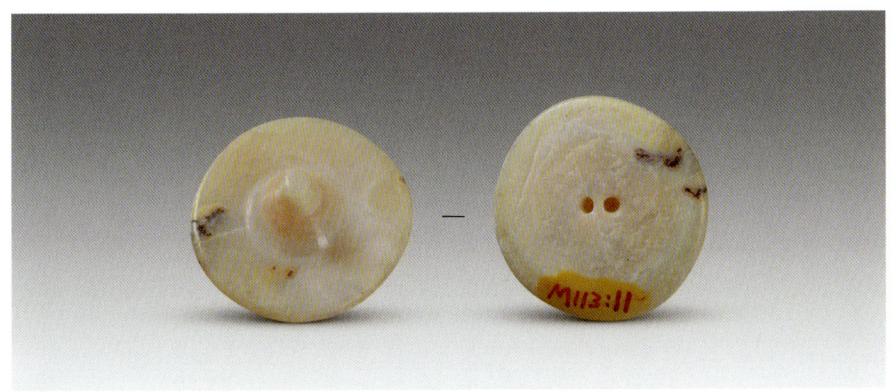

3. 玛瑙扣M113：11

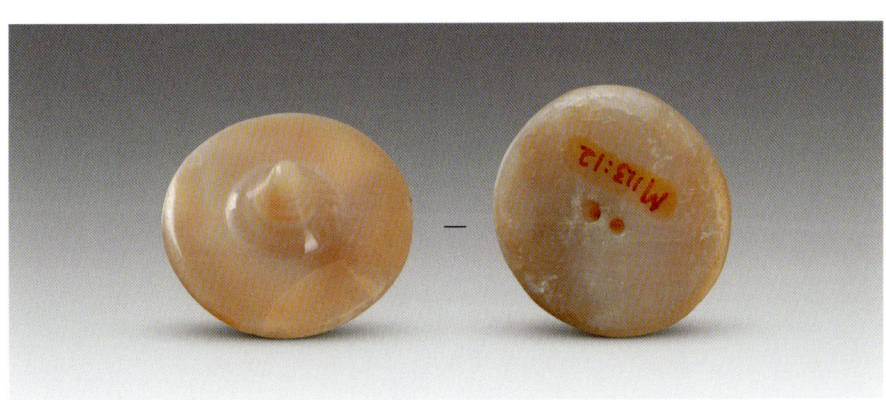

4. 玛瑙扣M113：12

5. 玛瑙扣M113：13

6. 玛瑙扣M113：14

彩版一四九　06M113出土器物

1. 玛瑙扣M113：15

4. 铜戈M14：8

2. 铜矛M14：2　　　　3. 铜矛M14：7　　　　5. 铜凿M14：9

6. 铜扣饰M14：1

彩版一五〇　　06M14、06M113出土器物

1. 砺石M14：3

2. 铜针M34：1

3. 铜针M34：3

4. 铜镞M72：2-1（T）

5. 铜镞M72：2-2（T）

6. 骨玦M72：3（T）

7. 陶壶M74：1

8. 铜镞M79①：5-1

9. 铜镞M79①：5-2

彩版一五一　06M14、06M34、06M72、06M74、06M79出土器物

1. 铜扣饰 M79③：6

2. 小铜泡 M79③：4-1

3. 铜柄铁剑 M79③：3

4. 环首铁刀 M79③：8

5. 砺石 M79①：2

6. 砺石 M79③：9

彩版一五二　　06M79出土器物

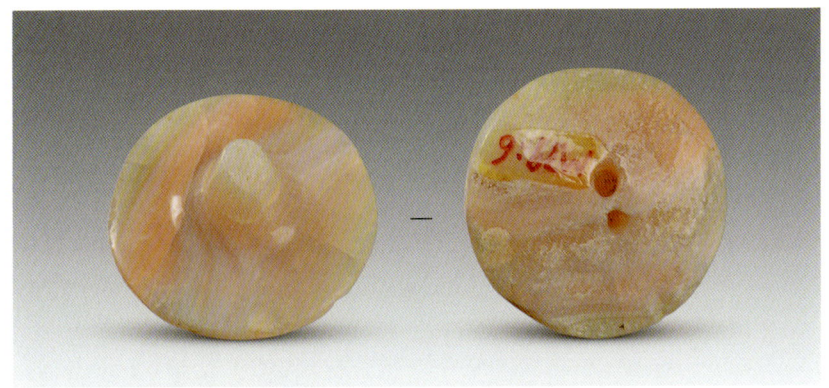

1. 玛瑙扣M79①：6

2. 绿松石扣M79①：1

3. 绿松石扣M79①：3

4. 绿松石扣M79①：4

6. 砺石M84：3

7. 玉管M84：2

5. 牙饰M79③：12

彩版一五三　　06M79、06M84出土器物

1. 陶侈口罐 M84：8

2. 陶钵 M84：9

3. 陶器盖 M84：10-1

4. 铜矛 M89：2（T）

6. 铜凿 M91：3

5. 铜镈 M91：2

7. 铜锥 M91：4

彩版一五四　　06M84、06M89、06M91出土器物

1. 矛 M94：2

2. 矛 M94：3

3. 凿 M94：1

5. 镈 M99：2

4. 戈 M97：2

6. 凿 M99：1

彩版一五五　　06M94、06M97、06M99出土铜器

1. 铜矛M102：1

3. 陶纺轮M131：1（T）

2. 铜骹铁矛M102：2

4. 陶壶M138：3

彩版一五六　　06M102、06M131、06M138出土器物